KEY TECHNOLOGY & PRACTICE
OF GUANGZHOU RAILWAY TRANSIT LINE 9
CIVIL ENGINEERING PROJECTS

广州市轨道交通九号线
土建工程关键技术与实践

黄　辉　彭洪秋　罗淑仪　主编

人民交通出版社股份有限公司

北　京

内容提要

本书主要记录了广州市轨道交通九号线工程的建设历程和技术成果,详细阐述了九号线岩溶地质风险、勘察设计及岩溶处理技术,系统总结了盾构、明挖车站等工法的施工和管理经验。

全书共分四篇11章,主要内容包括工程综述、工程勘察技术、工程设计方案、岩溶发育情况及其风险分析、岩溶处理设计及施工技术、盾构选型、盾构施工技术、联络通道施工技术、明挖法车站围护结构施工技术、明挖法车站基坑施工技术、既有盾构区间新增车站施工技术。

本书可供从事地铁工程、城市轨道交通工程以及相关领域工程建设的技术人员使用,也可作为在校师生的参考用书。

图书在版编目(CIP)数据

广州市轨道交通九号线土建工程关键技术与实践 / 黄辉,彭洪秋,罗淑仪主编. —北京:人民交通出版社股份有限公司,2022.8
 ISBN 978-7-114-17711-8

Ⅰ.①广… Ⅱ.①黄…②彭…③罗… Ⅲ.①城市铁路—铁路工程—工程施工—研究—广州 Ⅳ.①U239.5

中国版本图书馆 CIP 数据核字(2021)第 233142 号

Guangzhou Shi Guidao Jiaotong Jiu Hao Xian Tujian Gongcheng Guanjian Jishu yu Shijian

书　　名	广州市轨道交通九号线土建工程关键技术与实践
著 作 者	黄　辉　彭洪秋　罗淑仪
责任编辑	刘彩云
责任校对	赵媛媛　龙　雪
责任印制	刘高彤
出版发行	人民交通出版社股份有限公司
地　　址	(100011)北京市朝阳区安定门外外馆斜街3号
网　　址	http://www.ccpcl.com.cn
销售电话	(010)59757973
总 经 销	人民交通出版社股份有限公司发行部
经　　销	各地新华书店
印　　刷	北京印匠彩色印刷有限公司
开　　本	787×1092　1/16
印　　张	17
字　　数	365千
版　　次	2022年8月　第1版
印　　次	2022年8月　第1次印刷
书　　号	ISBN 978-7-114-17711-8
定　　价	138.00元

(有印刷、装订质量问题的图书由本公司负责调换)

《广州市轨道交通九号线土建工程关键技术与实践》编审委员会

主　　编　黄　辉　彭洪秋　罗淑仪

副 主 编　肖瑞传　张　标　王保磊

主　　审　张志良　孙成伟　黄威然

参　　编　仇培云　邱仕雄　翟利华　黄嘉恒　李立军
　　　　　　张会东　赖俊鹏　马瑞升　李康健　赵　俊
　　　　　　张　华　刘佳宇　孟繁璟　宋学禄　马素芳

编写单位　广州地铁集团有限公司
　　　　　　广州轨道交通建设监理有限公司

序 PREFACE

  我国是世界上碳酸盐岩分布面积最大且岩溶发育最为典型的国家之一，岩溶地面塌陷灾害时有发生。广州早在 2001 年修建二号线时即遇到了灰岩溶洞，是国内城市轨道交通建设最先遇到岩溶发育地层的城市。而广州市轨道交通九号线是全国第一条全线均位于富水岩溶发育区且全地下敷设的地铁线路。

  该条线路建设规划初期，广州地铁集团有限公司邀请全国专家联合"会诊"。在勘察设计阶段即邀请了多名中国工程院院士和全国知名专家进行岩溶处理方案、下穿武广高铁设计方案的咨询，并与科研院校合作进行岩溶地质风险分析等专题研究。建设各方如此高度重视，只因在岩溶发育地层中修建地下工程确实艰难，地层中的土、岩、洞、水为工程建设带来太多的不确定因素及巨大风险。正如作者所说，广州市轨道交通九号线是广州地铁历史上建设难度最大的线路之一，建设过程如履薄冰。广州地铁建设者素来注重技术沉淀，以问题为导向不断创新，并能及时将第一手资料进行知识积累，这样的优良传统极其宝贵。该书的作者亲历九号线的建设过程，经受过岩溶发育区建设地铁的磨难，在工程建成之后深入总结了该条线路土建工程建设经验教训，撰写了本书。

  本书在分析岩溶区工程建设风险的基础上，从勘察设计、岩溶处理、盾构工法、明挖工法等体系入手，系统总结了九号线土建工程技术创新和风险防控措施，为读者全面呈现了岩溶发育区建设地铁线路的实践成果，是一本集专业性、实践性、创新性于一体的工程技术专著。本书进一步丰富了我国在复杂岩溶地质条件下进行地铁建设的技术知识体系。

我国地铁建设发展至今，虽然取得了很大的进步，但岩溶区修建地铁仍然遇到许多难题。后续，我国贵阳、南宁、昆明、深圳、武汉、南京、长沙、大连、济南、杭州、徐州等城市修建地铁还将大范围遇到岩溶发育区。相信此书的出版，会对我国其他城市在岩溶发育区开展地铁建设具有重要的借鉴意义，对从事地铁勘察、设计及施工的同行读者亦大有裨益。

2022 年 3 月

前言

广州市轨道交通九号线能够顺利建成,可以说是创造了世界地铁建设史上的奇迹,因为该线路是国内首条全部在岩溶发育地层中修建的地铁,也是我国第一次下穿时速 350km 高速铁路路基段的地铁线路。中国工程院院士钱七虎在参加该线路岩溶地质处理方案论证时曾表示:"国内修建地铁所遇到的地质条件中最复杂的是在广州,而花都区的地质更是异常复杂"。根据地质勘探结果,九号线所穿越的地层岩溶发育强烈,全线溶土洞见洞率平均为 50%,部分工点高达 70%,并且岩面上直接覆盖富水砂层,在如此复杂的地质条件下修建地铁,工程风险巨大,施工过程如履薄冰。

为了应对岩溶地质风险,广州地铁集团有限公司高度重视,在建设全过程采取了精准有效的风险防控措施。首先,在勘察阶段采取高于勘察规范要求的钻孔布置方案,并进行了大量物探试验、抽水试验,开展了地下水流速调查、断裂带专项勘察等工作。其次,在设计阶段开展了线路埋深专题研究、盾构选型专题研究、岩溶地质风险及处理方案咨询、下穿高铁专项设计方案评估等工作,采取了房屋保护专项设计、盾构管片预留注浆孔设计、基坑采用两道混凝土支撑加强设计等措施以降低风险。再次,在施工阶段组织参建各方应用了一系列新设备、新工法,如首创具有国际领先水平的双模盾构成套技术及装备,实现了不同掘进模式和功能的快速转换,突破了传统单一模式盾构设备只能适应某一种地层环境的功能局限性;国内首创盾构施工时地面配备应急综合工程车,可随盾构掘进移动,一旦出现险情可立即处理,有力确保了施工安全及道路交通安全;在下穿京广高铁时引进 MJS(全方位高压喷射)技术进行水平注浆加固,确保了盾构下穿时高铁的安全运营;此外,全线7次使用钢套筒接收技术,2次使用冷冻法施工联络通道,有效地化解了富水岩溶地层盾构进出洞及联络通道施工风险。同时,九号线开发了全国轨道交通行业首创的信息化管理系统——广州地铁工程管理一体化项目管理平台,推广精细化管理模式。通过以上措施,九号线成功攻克了岩溶发育区下穿高铁路基段、6条断裂带、3条河流、3条高速公路以及数十栋无法拆除的房屋建筑、在已建成隧道上加站等重大风险难题。

九号线自2009年实验段开工,至2017年底全线建成,期间受到前期征拆工作停滞、方案上报原铁道部审批、2次增加车站的影响,经历了下穿高铁、河流、房屋、高速公路、道路等重大风险时各方24h值守,遭遇了岩溶区上软下硬地层盾构掘进困难、全线累计开仓达102次的难题,建设过程曲折而艰难。在九号线建设过程中,广州地铁集团有限公司领导丁建隆、谭文、张志良及副总工孙成伟等为全线设计方案的确定果断决策,为工程建设的推进指明方向。原广州地铁集团公司常务副总经理竺维彬身先士卒,数十次深入盾构施工现场指导,解决一个又一个工程难题,鼓励全体参建者直面困难、大胆创新。面对岩溶发育区地下施工不可预知的风险,以施工单位广东华隧建设有限公司的易觉、吕明豪、陈少锋、刘天生、李奕,中铁三局集团有限公司的曹建锋、王明亮、魏勇,中铁十六局集团有限公司的郭银波、李晓亮、孙国辉、苏周勃,广东省基础工程集团有限公司的林朝庆、郭荣煊,北京建工土木工程有限公司的刘晓毅,西安铁一院工程咨询监理有限责任公司的毛建安、王小卫,华铁工程咨询有限责任公司的白海利,华南铁路建设监理公司的李术希,广州市城市建设工程监理公司的赵晓勇、刘立新,广州轨道交通建设监理有限公司的吴东生等为首的管理人员,带领全体参建人员奋力拼搏、坚守一线、呕心沥血、接续奋战,在长时间高强度、高压力的工作环境下,有人早生华发、有人大病一场、有人因病去世,是他们用自己的生命书写了历史、创造了九号线建设的奇迹!在本书即将完成和付梓之际,谨对为攻克广州轨道交通九号线工程岩溶风险及建设难题而付出辛勤劳动和血汗的广州地铁建设者们表示最崇高的敬意!

本书主编黄辉、彭洪秋、肖瑞传等同志亲历了九号线建设的全过程,并先后于2014年9月、2015年11月组织召开全线施工技术总结会,在此基础上反复讨论、主持确定了研究方向和全书架构,组织参与九号线建设的技术骨干开展本书的撰写。九号线参建单位广东华隧建设集团股份有限公司、中铁三局集团有限公司、中铁十六局集团有限公司、广东省基础工程集团有限公司、北京建工土木工程有限公司提供了大量一线资料,成书过程中广州轨道交通建设监理有限公司给予了大力支持。本书着重翔实记录九号线工程的建设历程和技术成果,详细阐述了九号线岩溶地质风险、勘察设计及岩溶处理技术,系统总结了盾构、明挖车站等工法的施工和管理经验,并提炼出能为后续工程提供借鉴的关键技术。谨对指导、支持和配合本书完成的单位表示衷心的感谢!

本书成果源于实践,可为国内外富水岩溶发育区城市修建地铁线路提供借鉴。但由于编者水平和精力有限,书中一定会存在不少错漏,希望国内同仁在参阅本书成果的同时给予指正,共同为降低富水岩溶地区修建地下工程风险作出应有的贡献。

作　者

2022 年 3 月

目录

第一篇　勘察设计技术　/　001

第一章　工程综述　/　002
第一节　规划和建设　/　002
第二节　工程特点与难点　/　003
第三节　关键技术创新　/　004
第四节　全线建设风险分析　/　005

第二章　工程勘察技术　/　011
第一节　九号线岩溶地质钻探技术　/　012
第二节　九号线岩溶地质物探技术　/　014
第三节　全线地质特征　/　028
第四节　区间地质情况　/　035

第三章　工程设计方案　/　040
第一节　线路及埋深方案比选　/　040
第二节　车站与区间土建工程设计技术　/　047

第二篇　岩溶处理技术　/　055

第四章　岩溶发育情况及其风险分析　/　055
第一节　九号线各勘察阶段揭露岩溶发育情况　/　056

第二节 岩溶发育区溶(土)洞风险分析 / 060

第五章 岩溶处理设计及施工技术 / 064
第一节 溶(土)洞处理设计技术 / 064
第二节 地面溶(土)洞预处理施工技术 / 071
第三节 水域溶(土)洞预处理施工技术 / 075
第四节 溶(土)洞处理施工应急处理技术 / 080

第三篇 盾构工程技术 / 083

第六章 盾构选型 / 084
第一节 盾构选型要点 / 085
第二节 刀盘和刀具选型 / 093
第三节 施工 3 标广州北站—花都广场站盾构选型实践 / 096
第四节 施工 4 标花都广场站—清布站区间盾构选型实践 / 109

第七章 盾构施工技术 / 112
第一节 盾构下穿高速铁路技术 / 112
第二节 盾构下穿江河施工技术 / 129
第三节 盾构岩溶发育区下穿建(构)筑物技术 / 140
第四节 岩溶发育区盾构掘进地面沉降控制技术 / 147
第五节 硬岩段盾构施工辅助预爆破技术 / 151
第六节 盾构开仓换刀施工技术 / 157
第七节 钢套筒接收技术 / 165

第八章 联络通道施工技术 / 172
第一节 冻结法加固联络通道施工技术 / 172
第二节 地面加固联络通道施工技术 / 184
第三节 联络通道开挖遇溶洞处理技术 / 186

第四篇 明挖工程技术 / 189

第九章 明挖法车站围护结构施工技术 / 190
第一节 槽底异标高地下连续墙施工技术 / 190
第二节 地下连续墙双轮铣成槽施工技术 / 195
第三节 地下连续墙辅助成槽技术 / 202

第四节　地下连续墙施工期间岩溶塌陷处理技术　/　204

第十章　明挖法车站基坑施工技术　/　207

第一节　花都广场站基坑施工案例　/　207

第二节　广州北站基坑施工案例　/　210

第三节　马鞍山公园站基坑施工案例　/　215

第四节　清布站基坑施工案例　/　219

第五节　花都汽车城站基坑施工案例　/　222

第十一章　既有盾构区间新增车站施工技术　/　226

第一节　既有盾构区间新增车站概况　/　226

第二节　既有盾构区间新增车站施工技术　/　229

附录　/　237

附表1　九号线土建工程建设基本情况汇总表　/　237

附表2　九号线各车站及明挖区间主要设计参数汇总　/　239

附表3　九号线各盾构区间设计及风险汇总　/　241

附表4　九号线各标段盾构主要参数　/　244

附表5　九号线盾构掘进进度汇总表　/　248

附表6　九号线工程建设大事记　/　250

后记　/　252

第一篇　勘察设计技术

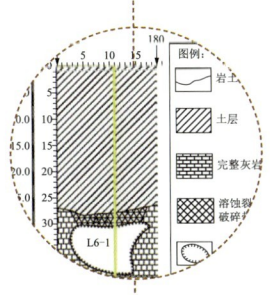

- 第一章　工程综述
- 第二章　工程勘察技术
- 第三章　工程设计方案

第一章 工程综述

第一节 规划和建设

广州市轨道交通九号线线路位于广州市花都区和白云区,并大部分在花都区。

花都区作为广州市北部的市辖区,素称"省城之屏障,南北粤之咽喉"。自2000年6月撤市设区以来,花都区迎来了城市建设的发展高潮,极大地推动了区域的工业化、城市化、现代化进程。特别是新白云国际机场及各项重大建设项目落户花都区,给城市建设带来了前所未有的机遇。花都区已经成为广州经济发展最有活力的地区之一。

广州市轨道交通九号线线路呈东西走向,以花都汽车城西侧飞鹅岭站为起点,沿风神大道向东,在风神大道与九潭路交叉路口设花都汽车城站。在农新大桥南侧下穿天马河后进入农新路,之后线路沿秀全西路往东,在京广铁路西侧设广州北站,与武广高铁、京广铁路、广清城际线接驳。线路沿秀全大道向东行进,其中设花城路站。在秀全中学西侧转向北,在云山大道北侧设花果山公园站。之后沿公益大道往北,在花都广场处转入迎宾大道后往东,分别设花都广场站、马鞍山公园站、莲塘站和清布站。下穿机场高速公路北延线和机场高速公路后,在高增站与三号线北延线换乘。线路全长20.1km,均为地下线,车站站间距最大5.6km,最小1.2km,平均2.2km。九号线建设过程中还曾三次加站,其中设计阶段增设花城路站和莲塘村站、施工阶段增设清塘站,全线车站增至11座,线路平面如图1-1所示。

九号线建设前后历时8年。其中,试验段施工5标2009年开工,2013年土建完工。其他标段于2010年底招标,2011年初进场,到2013年基本实现全面开工,但规模最大的广州北站受房屋拆迁和管线迁改影响,至 2014 年 9 月才实现开工。

图 1-1　轨道交通九号线线路平面示意图

全线于 2017 年 4 月实现隧道贯通,2017 年 12 月 28 日投入运营。

第二节　工程特点与难点

总结九号线土建工程,其工程特点与难点如下:

1. 穿越地层复杂

1) 地层岩溶发育

九号线是国内第一条全线在富水岩溶发育区修建的地下线路,大部分线路位于石炭系和二叠系石灰岩发育地区,岩溶发育,岩面起伏高差大,浅部溶洞发育强烈,全线溶洞见洞率约 50%,部分工点高达 70%。本书第二章将详细论述九号线工程地质特点及其风险。

2) 穿越多条断裂

线路自西向东经过的断裂有田螺湖断裂、兴华断裂、三华断裂、田美断裂、雅瑶断裂、清潭断裂、广岭断裂。

2. 设计选线难度大

因为全线均在灰岩地区建设,线路埋设深度的影响和限制因素较多。埋深过大,则面临溶洞更多和岩体破碎更困难的问题;埋深过浅,则面临地面建(构)筑物的保护问题。因此在九号线选线初期经历了多次方案比选。本书第三章将详细论述九号线特有的选线比选方案。

3. 地质勘察难度大

岩溶发育区地层特殊要素可归纳为水、洞、岩。

水：根据溶（土）洞的发育机理，地下水曾是溶（土）洞形成的动因和"搬运工"，是否还有水？何处有水？如何与地表、地下潜水相连通？变幻莫测，不经详查，难以追踪。

洞：即溶（土）洞，以现行勘察规范要求的复杂场地探孔间距为 10～20m，将有大量的溶（土）洞成为"漏网之鱼"而无法探明。

岩：即可溶蚀岩类，如灰岩等，灰岩在地下水的侵蚀下，岩体顶界有溶沟、溶槽等，水平岩面起伏不定，凹凸不平。

以目前的勘探方法或手段，岩溶发育区勘察成果的失真率非常高。因此，地质勘察是九号线施工的又一个难点。本书第二章将详细论述九号线勘察技术。

4. 盾构选型复杂

盾构选型合理与否，直接影响盾构推进的成败，也关系到盾构设备费用投入及盾构施工安全等。九号线针对岩溶区特性提出选型原则，创新应用了泥水／土压双模式盾构技术。本书第六章将详细论述九号线盾构选型。

5. 盾构下穿武广高铁控制难度大

九号线为国内首例穿越无砟轨道 350km/h 高速铁路的地铁线路。本工程所在地质情况差，盾构主要在砂层中通过，局部区域灰岩侵入开挖面导致盾构在上软下硬地层中通过，控制沉降的难度非常大。由于高速铁路对路基沉降控制非常严格，无砟轨道沉降损坏将很难修复，一旦出现损坏，需要进行紧急调整扣件、修复道床或暂停运营，对铁路运输影响极大。本书第七章将详细总结此次历史性下穿高铁的控制技术。

6. 盾构穿越大量房屋和高速公路保护难度大

（1）花城路站至花都广场站区间正上方共有 17 栋房屋因无法拆迁需要保护。

（2）区间下穿广清高速、机场北高速、机场高速，沉降控制难度大。

7. 岩溶发育区先隧后站施工难度大

在清布站至高增站区间增设清塘站。清塘站的建设需破除已建成的区间盾构管片，车站能否按期建成将直接影响全线隧道贯通目标。该车站采用先隧后站技术，设计和施工方案复杂，施工风险高。本书第十一章将详细总结该站实施的先隧后站技术。

第三节 关键技术创新

面对工程难点及困难，广州地铁积极应对，创新了多项适合于岩溶区修建地铁的关键技术。

（1）针对勘察难点，九号线实施了系列物探技术试验，结合现场验证，总结出岩溶区综合勘探技术，即"区域地质分析＋地面物探划分岩溶发育等级＋精细钻探＋孔中物探查明溶（土）洞边界＋盾构掘进超前探测及渣样反馈分析"相结合的综合勘察技术。同时建立了岩溶发育区的钻探标准，明确岩溶发育地层物探方法选择原则。

（2）九号线穿越岩溶发育区，且岩溶见洞率高，若不处理，则会对建设及运营产生不良影响。因此，九号线建设初期，明确了岩溶区预处理的必要性，并首次形成岩溶区预处理企业技术规范；提出了"充填处理""岩面注浆"和"道床预留注浆管"的点面结合、预防与应急兼顾的溶（土）洞综合处理方案。

（3）针对类似岩溶发育复合地层等易造成盾构掘进"滞排"等难题，九号线成功制造及应用土压／泥水双模盾构（简称"双模盾构"），颠覆了盾构传统单一模式掘进及排渣理念，完善了富水岩溶发育各类复合地层的盾构选型技术，应用了"岩渣分离、刀盘泥饼冲刷、双螺旋"等多项创新技术。

（4）在盾构辅助工法方面，多次应用钢套筒始发、接收技术，引进并优化 MJS（全方位高压喷射）加固技术；形成岩溶区盾构施工应急体系，并发明了应急综合工程车。

（5）针对已成型隧道改建车站（清塘站），由于盾构隧道已建成，且未预先施作地下连续墙，该工程优化隧道内端头处地面施工钻孔咬合桩施作工法，结合水平冻结完成基坑开挖。

第四节　全线建设风险分析

在富水岩溶发育复合地层中施工，需考虑三大风险要素：水、洞、岩。

一、涌水风险

岩溶的成因离不开水，因此岩溶发育区常常是水系发达之处（见图 1-2），而对于盾构工程来说，地下水一直是不容忽视的风险元素。岩溶发育区地下水丰富，且由于溶洞、溶蚀、溶沟的连通特征，地下水补给快（见图 1-3）；九号线灰岩大多是构造含水层，赋水量相当丰富，多为承压水，是广州的主要战备水源区；盾构推进时可能产生突水并对周边建（构）筑物造成较大影响；盾构施工过程易打破岩溶发育区的水系平衡，同时为其提供汇水通道，引发地下水往盾构隧道汇集（见图 1-4）；采用土压盾构施工时，若遇到溶洞突水，极易造成盾构喷涌（见图 1-5），或造成盾尾、管片渗漏等问题，不仅影响工程进度，还影响工程质量。地下水的大量流失也可能导致工程范围以外不可预知的位置、范围因水、土流失而发生沉降以致坍塌。

图1-2 岩溶发育区水系发达

图1-3 岩溶发育区水系连通

图1-4 岩溶发育区大量地下水涌入开挖仓

图1-5 岩溶发育区土压盾构喷涌

此外,岩溶区基坑开挖过程中,容易发生基底突水的风险,而且岩溶区连通性好,不容易处理突水点。九号线建设初期,对广州地铁线路做了专项的突水危险性调查,将全线路隧道施工过程中的突水、突泥危险段划分为A、B、C、D四个区段,见表1-1。

突水危险地段分区 表1-1

分区	A区	B区	C区	D区
站名地段	飞花区间中段至花果山公园站,花果山公园站至马鞍山公园站,清高区间中段	飞鹅岭站至飞花区间中段,清高区间中段,高增站前后	飞鹅岭站、花果山公园站	线路以外其他地段
突水地段分区	严重区	中等	一般	较好

二、岩溶风险

1. 溶(土)洞

1)洞穴坍塌

溶(土)洞在外力干扰下存在坍塌风险,尤其土洞,洞顶板为成拱的黏土,稳定性差;而溶洞顶板为岩层,相对稳定性好,除非顶板岩层厚度小且受扰动大。因此,洞穴坍塌多发生在黏土层/土洞/岩溶复合地层。

溶(土)洞坍塌的主要原因是顶板地层平衡被打破。工程实施过程中地下水的变化,勘察阶段钻机荷载及振动,预处理阶段注浆压力、地面作业荷载等,盾构掘进阶段振动、超挖等扰动,都有可能破坏其原有的平衡状态而导致洞穴坍塌(见图1-6、图1-7)。

2）开挖面失衡

盾构掘进过程中遇到溶（土）洞（见图1-8），存在平衡开挖面的介质流失于洞穴的风险；若洞穴位于隧道底部，盾构还有"栽头"风险。

图1-6 某区间溶洞注浆处理时发生洞穴坍塌

图1-7 勘察阶段土洞坍塌，钻机掉落洞内

图1-8 开挖面上的洞穴

3）连续墙施工困难

考虑溶（土）洞风险，一般要求连续墙嵌入不透水层、入岩。成槽过程中若遇到未探明的溶（土）洞，则易发生槽壁坍塌；岩溶区岩面起伏大，连续墙成槽效率低，容易偏孔，纠偏困难，连续墙的质量更难保证。

2. 凹凸不平的高强度灰岩

中、微风化灰岩强度高，盾构施工破岩难度大。岩溶区布满了溶槽、溶沟、溶洞（见图1-9），盾构掘进时开挖面凹凸不平（见图1-10），有些呈球状特征（见图1-11）。盾构破岩的滚刀在凹凸不平的岩面上掘进无法形成完整的轨迹线，破岩效果差，产生大块岩块导致滞排（见图1-12），滞排的岩块又损坏盾构部件（见图1-13）；而刀具随着刀盘转动易受轴向力、侧向力冲击，发生不正常损坏（见图1-14～图1-16）。

图1-9 灰岩上的小溶洞

图1-10 凹凸不平的开挖面

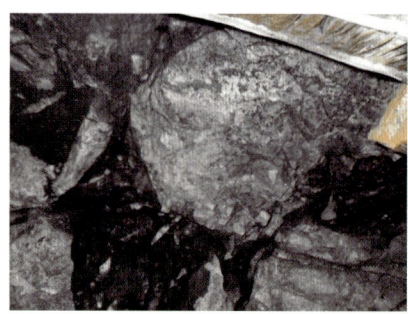
图1-11 开挖面上的灰岩石块

图1-12 开挖仓内清出的大块灰岩

图1-13 岩块堵住环流管道

图1-14 滚刀大量损坏

图1-15 滚刀受偏心力

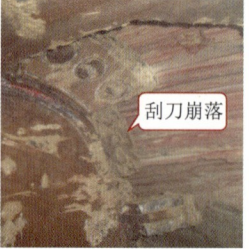
图1-16 刮刀崩落

泥水平衡盾构（简称"泥水盾构"）施工过程中极易出现堵管的问题，由于灰岩的岩性特征，刀具破岩过程容易形成大块的岩石，造成泥水盾构环流系统的管道堵塞，土仓内出现滞排，从而进一步造成搅拌棒和刀具的破坏。

3. 岩溶发育区土岩复合地层

1）第四系松散地层/岩溶复合地层

第四系松散地层包括淤泥、砂土、砂砾石（卵石），与下伏岩层性质相差悬殊。由于灰岩起伏，全线上软下硬地层比较普遍，盾构在这种地层掘进相当困难。线路采用浅埋的方式，上面是砂层，下面是岩层，超低速度的掘进，对地层扰动大，覆土又浅，极易造成地面坍塌，且上软下硬导致盾构掘进姿态控制难，进而影响隧道成型质量。

刀具选型配置难。破岩的滚刀在松散地层中易发生偏磨（见图1-17），从松散地层进入岩层时易被冲击，而切削松散地层的刮刀易被下伏凹凸不平的岩层崩落。松散地层稳定性差且敏感，盾构掘进破碎岩层时产生的振动对上覆松散地层扰动大，易引发超挖、开挖面失稳、冒浆、地面塌陷等问题（见图1-18～图1-20）。此外，岩面不平整，对刀具的冲击荷载很大，同时由于切削下的灰岩滞排，在土仓内进一步冲击刀具和搅拌棒，容易造成刀具的非正常磨损。

图1-17　上砂下灰岩地层发生滚刀偏磨

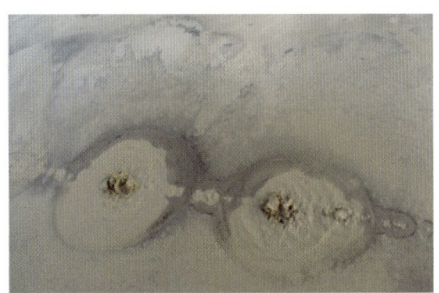
图1-18　上砂下灰岩地层泥水盾构施工地面冒浆

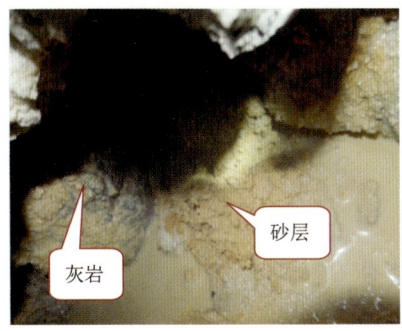
图1-19　上砂下灰岩地层开挖面塌空

图1-20　上砂下灰岩地层地面塌陷

开仓换刀困难。上面为砂层，下面为岩层，无法正常常压开仓；且由于浅埋和上部为砂层，保压条件差，带压开仓困难；这种地层地面加固效果也很难保证，经常需要反复进行地面加固才能成功开仓，对工期影响大。

2）可塑硬塑黏土层/岩溶复合地层

黏土层相对松散地层稳定性较好，抗变形能力更强；与岩溶复合，除了上软下硬特性易引发盾构施工困难以外，地层黏粒成分高，易结泥饼，影响施工动态平衡，尤其对泥水盾构施工来说，还存在造浆量过大的问题，影响泥浆循环及处理（见图1-21）。

图1-21　可塑硬塑黏土层/岩溶复合地层泥浆处理困难

4.岩溶发育区岩岩复合地层

上覆岩层若为全风化地层,则其与土体无异,稳定性差,与下伏灰岩软硬悬殊性大。上覆岩层若为中、微风化岩层,则其与下伏灰岩软硬悬殊性小,开挖面稳定性较好;盾构在全断面岩层中施工产生的渣块和易性差,影响掘进动态平衡;若岩层裂隙发育,则刀具破岩时易掉落大岩块产生滞排;在富水情况下,同步注浆受影响,管片易发生上浮。

此外,上覆岩层若为泥岩,则切削下来的渣土易结泥饼(见图1-22),且煤系地层可能含有甲烷气体,进入盾构隧道会损害施工人员的身体;上覆岩层若为砂岩(砂砾岩),则会因石英含量高,对盾构机械的磨损大。

图1-22 泥岩与灰岩复合地层刀盘结泥饼

第二章 工程勘察技术

广州市轨道交通九号线是国内第一条全线在灰岩地区地下敷设的地铁线路。由于岩溶区地质条件的复杂性,勘察工作仍存在不少难题:

(1)目前主要的勘察手段仍然为钻探技术,然而钻探技术毕竟只是"一孔之见",两孔之间地层连线依然靠推测,在岩溶发育区推测结果与实际相差较大。

(2)在岩溶发育区勘察过程中,偶有钻孔击穿土洞、溶洞顶板后发生塌陷,或所处岩层裂隙发育、连通性好,发生漏浆、漏水,破坏了地下水的动态平衡,导致地面塌陷。

(3)对物探工作进行了多种尝试,但物探方法存在多解性及分辨率不高等问题。

(4)部分地段由于铁路、房屋、管线等地面障碍物的影响无法实施勘察工作。

(5)由于岩溶发育的不规律性,现行的勘察手段无法全部、详细查明岩溶的发育情况。

目前,各城市修建地铁在遭遇岩溶问题时,还是主要靠钻探方法,通过布置密集钻孔用来探明岩溶分布、形态等。钻探虽可直接揭露岩溶情况,且可配合相应钻孔测试,但它在岩溶勘察过程中也具有明显的缺点,往往由于数量有限的地质钻孔和局限于作业面条件,很难反映洞穴的分布形状、连通性以及钻孔附近是否存在洞穴,只能粗略地了解岩溶发育的平面和深度分布,难以详细描述岩溶发育的形态。倘若要尽可能详细地查明勘察区岩溶的发育和分布情况,就需要布置密集钻孔,但这样既不经济也不科学,且会影响工期。

物探方法虽较钻探具有简便、无损、高效等特点,但物探技术为一种间接的勘察手段,在实施过程中易受场地条件、建筑地物、电磁环境及人为因素等影响。同时,物探成果还存在多解性,尤其是采用单一物探方法,探测成果难免存在偏差。如本章第二节所列的各种方法都有一定的局限性,要快速准确地查明岩溶现象,各种方法的综合运用及优化是必然的,特别是不同物探方法的成果之间以及物探与钻探成果之间的相互解释尤为重要。物探工作时间短,其成果对钻探工作的指导性强,可以减少钻探工作量,从而缩短调查时间。另外,随着物探技术与设备的不断更新,探测精度相应提高,物探在工程勘察中的应用必将更为广泛。岩溶由于其存在的不确定性及发育的无规律性,施工过程中很难全面探明溶(土)洞的具体分布情况。为尽可能地探明溶(土)洞的分布情况及其发展规律,应采用物探+钻探等方法的组合形式进行岩溶区的综合勘察工作,充分发挥钻探与物探的优势。

通过总结广州地铁多条穿越岩溶区的勘察经验,九号线针对岩溶区勘察在物探技术上进一步创新,并实施了一系列的物探技术试验。本章对九号线岩溶地层的勘探技术创新进行总结,并详细描述九号线各区间的地质情况。

第一节 九号线岩溶地质钻探技术

根据工程地质灾害的历史资料,广州西北岩溶区曾发生多起地面塌陷、桩基失稳等工程事故。该地区的岩溶发育区具有浅部溶洞发育强烈、岩面起伏高差大、灰岩强度高等特点。如不查明地铁沿线的岩溶情况,将大大增加施工事故发生的概率,并为隧道后期的运营留下隐患。为此,九号线勘察各阶段钻孔布置间距的选取相较于规范及其他非岩溶区的地铁工程更为密集。

一、钻孔布置及技术要求

结合规范和勘察经验,其钻孔布置及技术要求如下。

1. 可行性研究勘察

该阶段勘探点沿隧道线路右侧按地貌单元布置。一般每类地貌单元中钻孔至少 6 个;勘探点布置间距一般为 200~250m,对线路选线和工法研究有重大影响的地段,勘探点距可加密至 90~120m。钻孔深度,原则上应不小于 35m。钻孔应穿过隧道结构底面进入中等风化带或(和)微风化带 3~5m 终孔。若发现软弱夹层,则应钻到结构面以下 10m 终止;如遇煤层、洞穴和断裂等,则一般要求增加孔深穿过煤层、洞穴和断裂。

2. 初步勘察

钻孔沿左右线路两侧交替进行,一般线路地下区间按间距 80~100m 布置,而九号线因位于岩溶发育区,初步勘察钻孔间距加密至 40~50m,其钻孔深度与可行性研究勘察阶段相同。

3. 详细勘察

该阶段勘探点在隧道结构外侧 3~5m 交叉布置,钻孔间距加密至 15~20m。钻孔深度应穿过隧道结构底面并进入中等风化带或(和)微风化带 5m;若发现软弱夹层,则钻至 35m(底板埋深小于 25m)或结构底板以下不小于 10m(底板埋深大于 25m);如遇溶洞、洞穴和断裂等,钻孔一般需穿过溶洞、洞穴和断裂等并进入隧道结构底板 3~5m。

4. 补充勘察

有下列情况之一时,应提出补充勘探要求:

(1)钻孔密度不能满足设计要求,即钻孔间距较大或结构平面范围内没有钻孔。

(2)已有钻孔资料揭露的情况经不起推敲以及相邻钻孔差别很大的。

(3)对前三个勘察阶段揭示有溶(土)洞的位置须进行补充勘察,采取加密钻孔和物探结合的方式探明溶(土)洞的位置及大小;以发现溶(土)洞的钻孔为中心,沿横向每隔 2~3m 布置钻孔,沿纵向每隔 2~3m 布置钻孔,同时采用物探手段配合探明溶(土)洞直到找到溶(土)洞边界为止。加密钻孔可作为注浆孔再次利用。

(4)其他认为有必要进行补充勘察的。

总结九号线钻探技术,其主要技术要求见表 2-1。

九号线岩溶发育区勘察钻探技术要求 表 2-1

可行性研究阶段勘察钻孔间距	初步勘察阶段钻孔间距	详细勘察阶段钻孔间距	补充勘察阶段钻孔间距	钻孔深度	
				可行性研究勘察阶段至详细勘察阶段	补充勘察阶段
250~300m	40~50m	15~25m	①详细勘察及补充勘察阶段未发现溶(土)洞的区域,钻孔间距按 7.5m 布置。 ②对于已发现溶(土)洞的区域,已处理的,补充勘察阶段钻孔间距按 7.5m 布置;未处理的,按 5m 布置。 ③溶洞位置,以发现溶洞的钻孔为中心,沿横向每隔 2~3m 布置钻孔,沿纵向每隔 2~3m 布置钻孔,直至找到溶洞边界为止	①穿过结构底面以下并进入中等风化或微风化带 3~5m,且无软弱夹层。如不满足条件,则应钻至 35m(底板埋深小于 25m)或结构底板以下不小于 10m(底板埋深大于 25m)即可。 ②如遇断裂、洞穴及溶洞等,则要加深钻孔,穿过断裂、洞穴及溶洞进入底板 3~5m。	按进入隧道结构底板以下 2m 控制

二、钻探施工工艺

钻探施工采用击进(填土、淤泥、砂砾石层)、回转钻进(黏性土、岩石)工艺,并根据地层情况,选用相应钻具、钻压、转速及冲洗液,保证岩芯采取率。详细记录溶洞和土洞的位置、规模、埋深、填充物性状和地下水特征,拍摄并保存岩芯照片。具体操作实施如下:

(1)采用回旋岩芯钻探,钻孔开孔直径 130mm,终孔直径 91mm。地下水位以上须干钻,测到初见水位后才可用水钻,对基岩全风化和强风化带、断层破碎带及破碎岩层宜采用双层岩芯管钻进,泥浆或套管护壁。

(2)在地层中钻进时,按岩石可钻性分级,控制好回次进尺,在黏性土、软土和较完整的岩层中,每回次进尺不大于1.5m;在松散地层(砂土、粉土)和破碎岩层中,每回次进尺不大于0.5m。

(3)软土、砂土或饱和黏性土中如有缩孔、塌孔,则应注明其位置及严重程度,并采取加固孔壁措施,保证钻孔孔壁的完整。

(4)保证岩芯采取率:松散砂层不低于65%,黏性土不低于85%,基岩全风化和强风化带不低于65%、中风化带不低于80%、微风化带不低于85%。

(5)准确量测和记录钻进尺寸(误差≤5cm)及不同岩性分层深度,认真填写钻探记录,每个钻孔均应量测初见水位及稳定水位(误差≤10cm)。

(6)封孔要求:

①无溶洞的钻孔。每孔验收完成后,必须进行全孔注浆封堵。利用钻杆做注浆管,将钻杆下至钻孔底,采用孔底压力注浆法进行注浆。勘察孔采用1∶1水泥浆封堵,确保封孔质量。按要求对封孔过程进行视频摄像。注浆24h后再用水泥砂浆对孔口进行二次封堵。

②有溶洞的钻孔。终孔后依次下入ϕ48PVC(即聚氯乙烯)袖阀管,并下至溶洞底部以下0.5m。在袖阀管与孔壁之间的环状间隙处的孔口下2.0m段施作止浆段,止浆段采用1∶1水泥砂浆封堵密实,然后灌注水泥浆。

第二节 九号线岩溶地质物探技术

钻探虽为可直接探查岩溶的技术,但布置少量钻孔不可能查明岩溶的分布和状态,而布置密密麻麻的钻孔既不科学也不经济。尤其在城区,钻孔布置实施受建筑物、地下管线等影响较大,钻探实施难度也较大,有些钻孔不得不移位或直接放弃,这给岩溶的勘察带来不利影响。综观国内外岩溶区勘察实践及现行各勘察规范推荐或要求,钻探+物探的组合方法为岩溶区勘察的首选技术。

物探原理是根据各岩、土层之间的密度、磁性、电性、弹性、放射性等物理性质的差异,选用不同的地球物理方法和物探仪器,测量工程区的地球物理场的变化,以了解其水文地质和工程地质条件的勘探方法。其主要为一种间接探测方法,同时受探测场地其他物理干扰场及地球物理理论的多解性等特点限制,具有一定的局限性和不确定性。

可用于岩溶探测的物探方法较多,从探测形式上可归纳为两类,即地面物探和井中物探。地面物探普遍采用的方法有视电阻率测深、高密度电阻率法、浅层地震法、探地雷达法、瞬变电磁法等。井中物探被普遍采用的有CT(即计算机断层摄影)技术(电磁波CT和声波CT)、跨孔电阻率、钻孔波速测试、管波探测等。这些方法各有优缺点,每种方法都有一定的适用范围、局限性和优势。选择哪一种或哪几种组合,则需根据探测目的、场地条件、勘察阶段和等级、工作成本及各方法的性能来综合考虑,特别是场地条件,包括地层物性、层间速度变化模式、表层介质条件、探测目标体可能所处的空间位置和大小、地面测线展开长度与所要探测的目标深度之间的关系等。

九号线在初步勘察阶段进行了高密度电阻率法、陆地声呐法、地质雷达法的试验,在详细勘察阶段开展了跨孔超高密度直流电法、跨孔电磁波CT法、跨孔地震波CT法的试验。

本节对上述方法的试验情况进行总结。

一、物探技术概述

1. 高密度电阻率法

1)方法原理

高密度电阻率法是以岩、土导电性的差异为基础,研究人工施加稳定电流场的作用下地中传导电流分布规律的一种电探方法。因此,它的理论基础与常规电阻率法相同,所不同的是方法技术。高密度电阻率法野外测量时只需将全部电极(几十至上百根)置于观测剖面的各测点上,然后利用程控电极转换装置和微机工程电测仪便可实现数据的快速和自动采集。当将测量结果送入微机后,还可对数据进行处理并给出关于地电断面分布的各种图示结果。

2)应用效果

基本认为采用高密度电阻率法实施岩溶探测在地面条件允许的情况下可大致划分岩面起伏和岩溶发育分布,适用于不同岩性接触界面的划分,但在城区,对于溶洞体的位置及形态等较精细的探查效果不好。这主要是受地面探测方式和城区场地条件影响:首先是地层起伏剧烈,地层造成的电阻率变化使溶洞异常信息变得难以判断;其次是探测区域内电磁学性质均匀性,尤其是溶洞所处地层的上、下岩层,例如较厚黏土覆盖层与完整灰岩间的电阻率差异达几十倍,由地表进行供电集中于地表或黏土层的电流强大,流入深部的电流就很小,埋于深部完整灰岩中的溶洞电流密度更小,此时溶洞造成的电阻率的变化对地表附近电流强度的影响不大,导致勘探深度减小,精度降低;再次就是现场干扰场的影响,如近地表不均匀体、地下管线、供电线路、场地起伏变化、土层电性不均匀等因素,均对该法探测数据采集和资料分析解释有一定的干扰和影响。

2. 陆地声呐法

1)方法原理

陆地声呐法技术全称为"极小震—检距(偏移距)超宽频带弹性波反射单点连续剖面法"。陆地声呐法主要的技术特点有:

(1)采用近于零震—检距的弹性波反射法,可避开直达波、折射波、面波的干扰,而且由于入射波和反射波几乎垂直界面,不存在转换波,所以接收到的波形简单,并增大了反射波的能量,用锤激震可得到深150m以上的反射波。

(2)工作时不固定检波器,提高了现场采集效率。

(3)无需钻孔放炮,用锤激发并通过特殊的检波器和专用接收仪器采集10~4000Hz超宽频带反射波,可充分发挥和应用频谱的特点。

在探查溶洞方面,陆地声呐法对溶洞等有限大小物体的反射同相轴为双曲线,其模拟正演图如图2-1、图2-2所示。

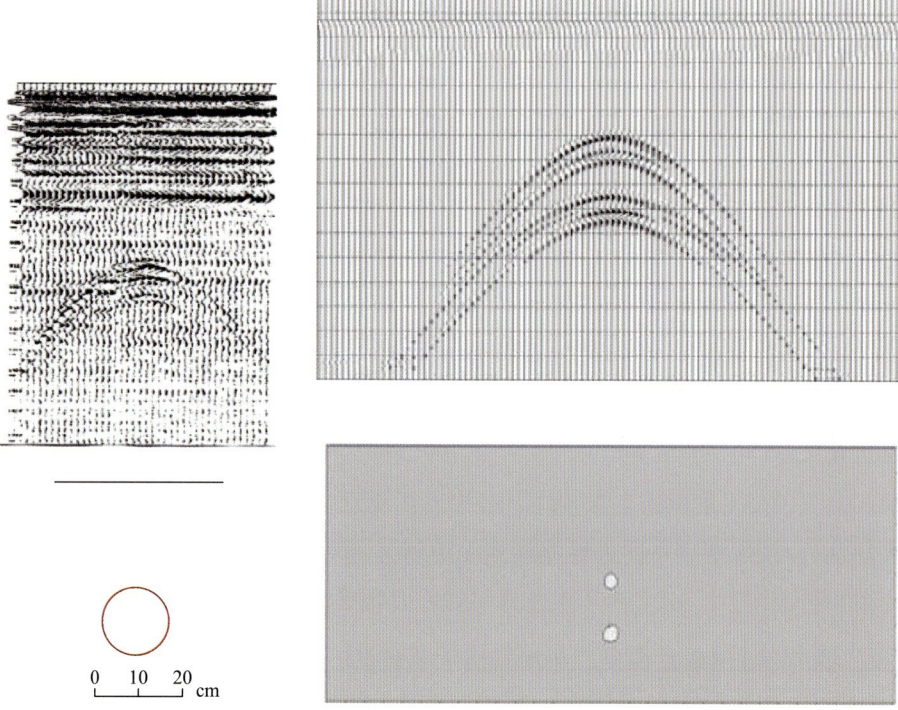

图2-1 溶洞的物理模拟　　　　图2-2 上下两个溶洞的数值模拟

2)应用效果

本方法在九号线花广区间用于探测隧底岩溶发育情况,同时检测该方法的有效性。数据采集在贯通的隧道内完成。探测的解释成果图如图2-3~图2-5所示。

根据详细勘察资料(见图2-6),测试段钻孔揭露岩面距结构底板为-1.5~10.2m("-"表示结构底板以下),岩面起伏较大。陆地声呐法成果解释整段0.0~150m岩面位于结构底板下0.5~1.5m范围,与两侧钻孔资料有所出入。邻近测试隧道详细勘察钻孔深度孔深介于隧底以下5~20m。根据详细勘察钻孔(孔距8.9~35.2m),按隧底以下10m范围统计,在探测范围内10个钻孔共揭露溶洞3个,洞体大小分别为0.5m、1.0m、1.6m。靠近钻孔一侧的陆地声呐测线(右测线)测试成果显示0.0~11.0m(加1m混凝土厚度)深度范围解释有36个溶洞异常,推断洞体均小于1.0m;中测线0.0～11.0m深度范围解释有36个溶洞异常,推断有4个大于1.0m的洞体;左测线0.0～11.0m深度范围解释有41个溶洞异常,推断有1个大于1.0m的洞体,其余均小于1.0m。单测线范围溶洞率较详细勘察钻探揭露溶洞要高很多,推测洞体多为0.4～1.0m,占总解释溶洞的95.6%,解释溶洞率及大小与钻探揭露情况相比具有一定差异。

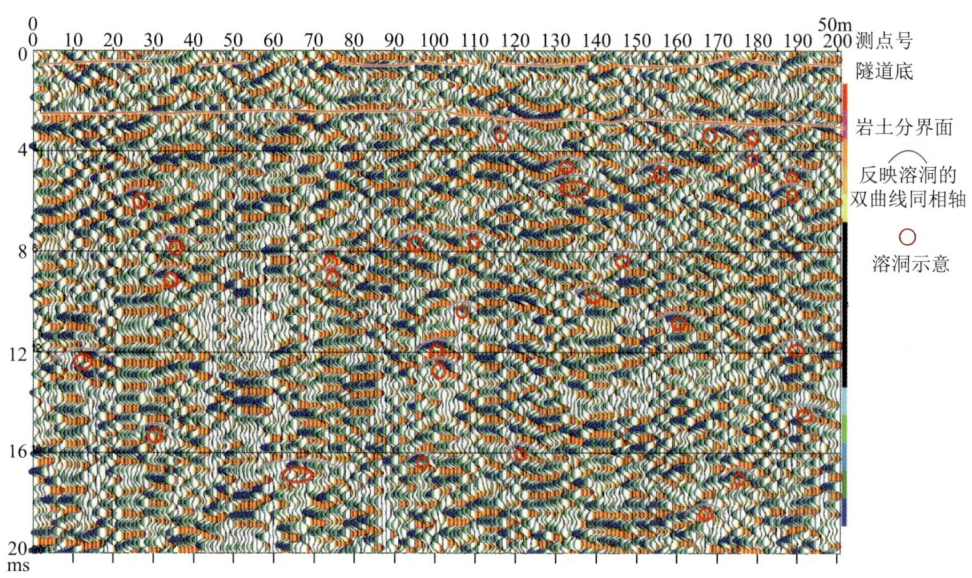

图 2-3　九号线花广区间右测线 0～50m 陆地声呐时间剖面图

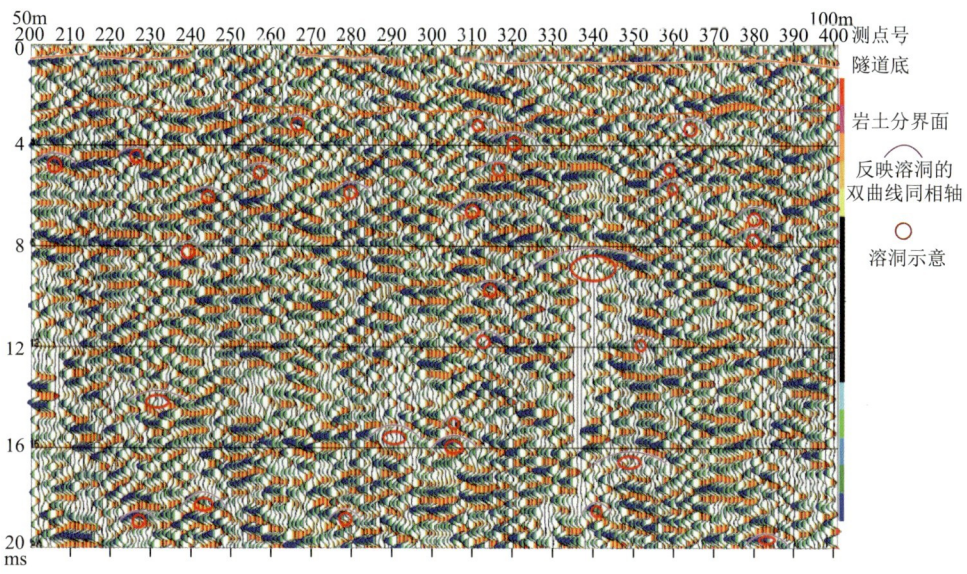

图 2-4　九号线花广区间右测线 50～100m 陆地声呐时间剖面图

第一篇 勘察设计技术

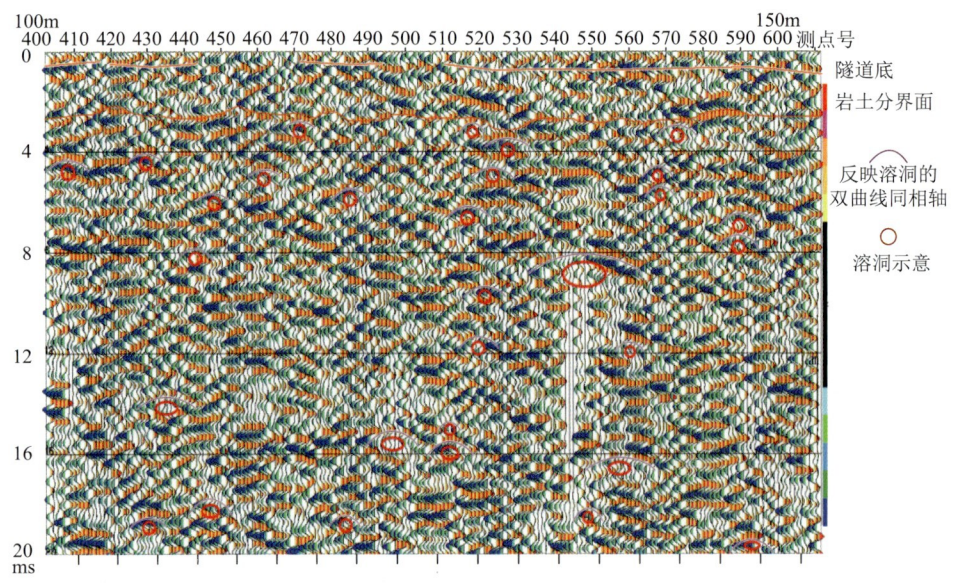

图 2-5 九号线花广区间右测线 100～150m 陆地声呐时间剖面图

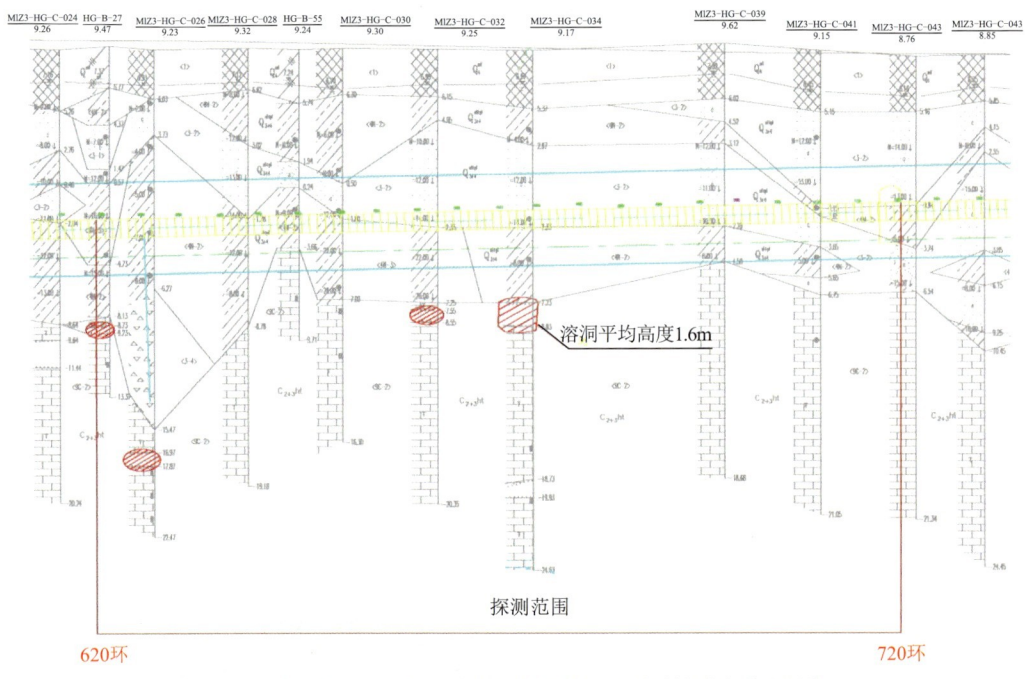

图 2-6 九号线花都汽车城站—广州北站区间试验段地质剖面图（靠右测线）

根据探测成果,该方法在陆地声呐时间剖面上较完整地圈定了岩土界限和溶洞异常,但准确性与邻近测线既有钻孔相差较大。由于本次探测试验资料解释是在无具体先验信息的情况下进行的,对于上覆土层及基岩波速都是估算值,在波速不准确的情况下,覆土厚度计算就会不准确。灰岩区基岩岩面多为凹凸不平形态,这也给土岩界限划分带来困难。在上述波速不准确的前提下,对于岩面计算有差异,同样带来的就是下伏基岩内圈定溶洞的埋深也不准确。该方法推断异常均根据溶洞的图像反映的是典型的双曲线同相轴,而溶洞平面投影的线性大小则是根据以往经验和物理模型试验得到,并根据同相轴连续的测点距长度来推算的。对于九号线,解释资料推测的溶洞主要集中于洞体小于1m的溶洞,对于该类溶洞,因溶洞小,要定它的底界有困难,理论上尚有争议。而采用钻探方法对洞体小于1m的小型溶洞进行验证也较难实现,一是物探定位误差加上钻探过程的操作在确实存在小溶洞的情况下也极有可能发生偏移未能揭露;二是该类小型溶洞的圈定依据与岩石裂隙或岩体破碎难以区分。

总之,陆地声呐法具有探测溶洞的理论基础,资料解释完全依据溶洞的图像,反映的是典型的双曲线同相轴,这对于划分小型溶洞较难有说服力,验证也较困难。在缺少既有地质钻孔资料的情况下,对岩面的划分差异较大,在陆地声呐时间剖面上,岩土分界反射界面不明显;波速凭经验取值导致土岩界限划分不准、溶洞定深不准,将严重影响成果资料的准确性。

3. 地质雷达法

1)方法原理

探地雷达(Ground Penetrating Radar,GPR),又称地质雷达,利用探测目标体(目的物)与其周围介质的导电性、介电性的差异,通过高频脉冲电磁波(主频为数十兆赫至上千兆赫)在电性界面上的反射来探测有关目的物。

2)应用效果

在九号线飞鹅岭站—广州北站区间采用地质雷达法进行岩溶探测。地质雷达易受外界的影响,比如在马路边或绿化带中探测时,会受到旁边电线杆、高压线、井盖、地下管线和来往车辆等的干扰。从地质雷达剖面(见图2-7)上看,浅部异常分辨率较高,例如埋深小于2.0m的地下管线、排水渠等浅埋物反映非常好;埋深大于4.0m时信号能量较弱,基本未能反映出地层信息,高频电磁波无法到达岩石界面,此试验点应用地质雷达法无法达到勘探目的,未能进行岩溶地层或溶(土)洞解释。

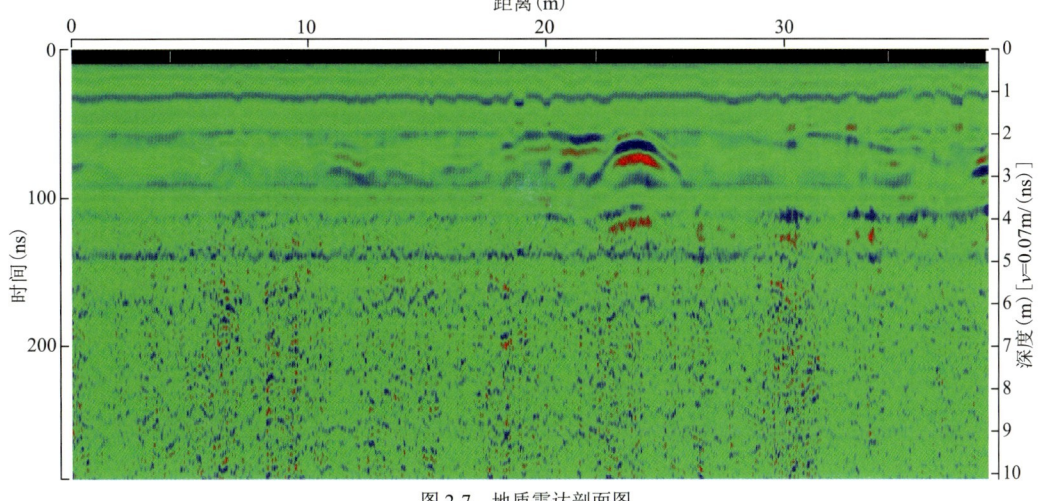

图2-7 地质雷达剖面图

地质雷达的探测深度与所用雷达天线的中心频率有关。总结以往地质雷达的应用经验知,天线的中心频率为 25～50MHz,在勘探条件较好的情况下,例如水位较深、岩面较浅的山区,勘探深度在 30m 左右。中心主频 100～900MHz,探测深度 0.5～8.0m,主要用于地下管线、地下空洞、考古、混凝土质量等的探测;中心主频大于 1000MHz,探测深度小于 0.5m,主要用于公路路面、机场跑道、墙厚及墙内空洞和隐藏物等的探测。广州地区地下水位普遍较浅,均为隐伏岩溶区,上部覆盖层厚度多在 15m 以上。因此,不建议在广州地区采用地质雷达法实施岩溶探测。

4. 超高密度直流电法

1) 方法原理

超高密度直流电法,其工作原理属电阻率的范畴。超高密度直流电法勘探是一种阵列式勘探方法,数据采集方式是分布式的,野外测量时只需将全部电极置于测点上,然后利用程控电极转换开关和微机工程电测仪便可实现数据的快速和自动采集。当将测量结果送入微机后,还可对数据进行处理并给出关于视电阻率等值线图或真电阻率反演剖面等各种图示结果。与常规电阻率法相比,该法布置了较高的测点密度,一次可以完成纵横二维勘探过程,所以观测精度较高,数据采集可靠,具备较好的成像功能。

2) 应用效果

本次试验在九号线清布站实施,现场利用详细勘察钻孔 12 个,孔号及分布位置如图 2-8 所示。根据试验方案,孔深和孔间距各有差别,以便总结各方法的探测结果与孔深、孔间距的关系,

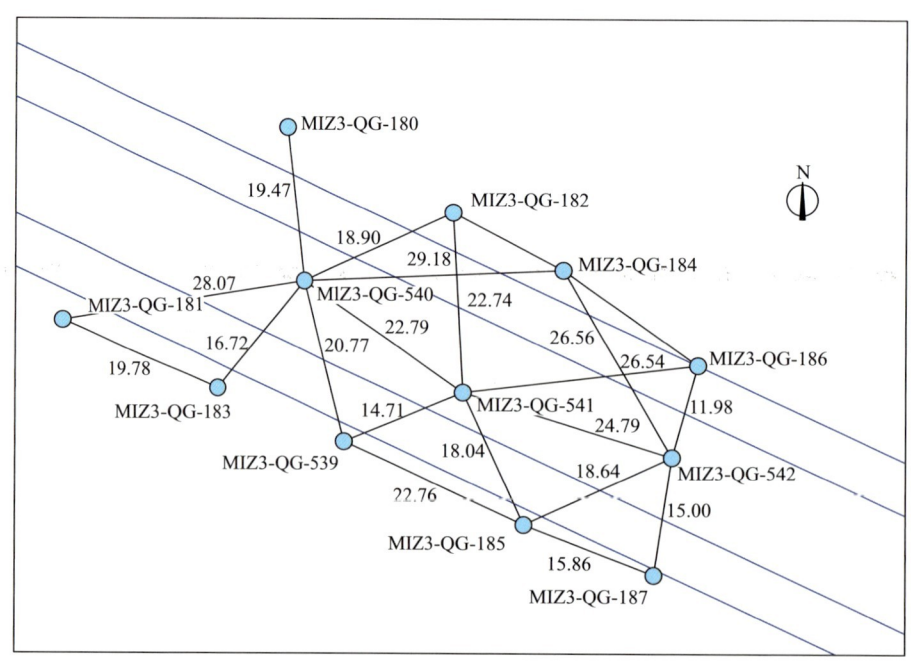

图 2-8　井间超高密度直流电法钻孔孔号及分布位置图

为以后应用提供经验参数。依据试验区域现场施工条件,工区内布置了21对井—井跨孔剖面。本次给出了三个剖面的试验情况及反演剖面图,如图2-9～图2-11所示,与验证孔柱状图进行对比,解释时超高密度直流电法色标数值越小则对应电阻率越小,即可能是溶洞裂隙发育段或第四系土层。三个剖面参数如孔间距、电极间距和孔深等详见表2-2。

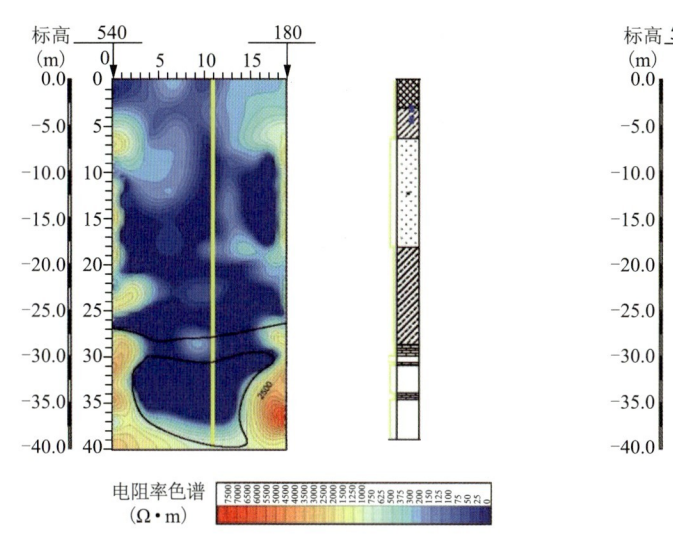
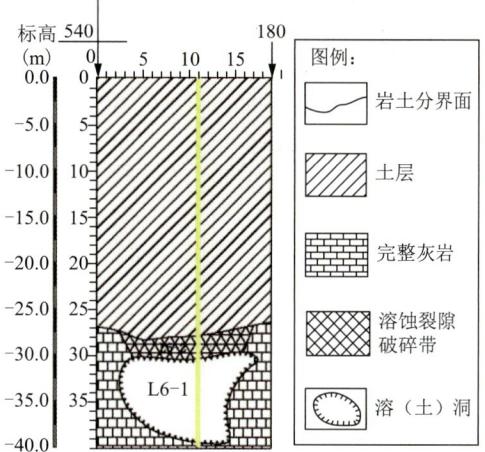

a) 井—井电法勘探电阻率剖面图　　　　b) 井—井电法勘探地质推断剖面图

图2-9　井180—井540超高密度反演剖面图及地质解释成果图

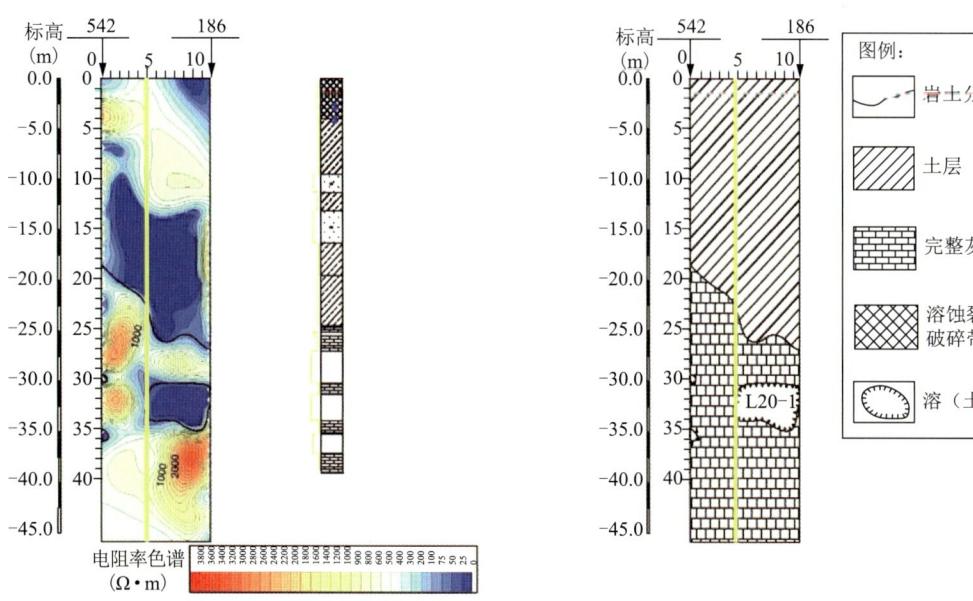

a) 井—井电法勘探电阻率剖面图　　　　b) 井—井电法勘探地质推断剖面图

图2-10　井186—井542超高密度反演剖面图及地质解释成果图

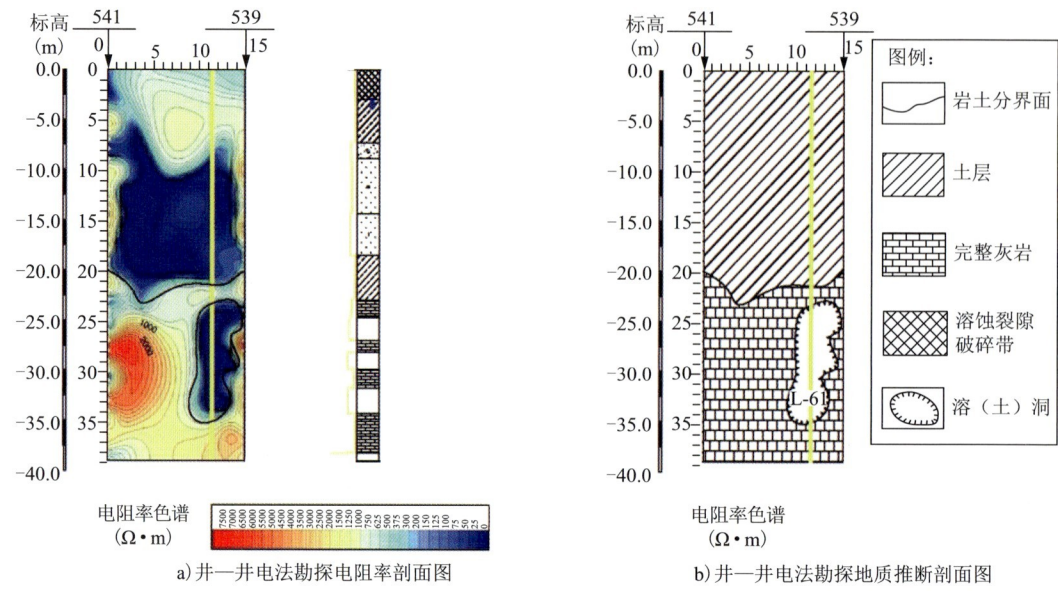

a) 井—井电法勘探电阻率剖面图　　　　b) 井—井电法勘探地质推断剖面图

图 2-11　井 539—井 541 超高密度反演剖面图及地质解释成果图

井—井超高密度剖面参数　　　　表 2-2

剖面序号	电缆 I 孔号	电缆 II 孔号	电缆 I 孔深(m)	电缆 II 孔深(m)	孔间距(m)	电极间距(m)	采样间隔(s)
1	MIZ3-QG-540	MIZ3-QG-180	38.0	39.0	19.47	1	2
2	MIZ3-QG-542	MIZ3-QG-186	35.0	45.0	11.98		
3	MIZ3-QG-541	MIZ3-QG-539	36.0	38.0	14.71		

对井 180—井 540 剖面，MIZ3-QG-180A 验证孔柱状图编录结果显示，在 28.7m 处见岩，但有裂隙发育；30.0~30.7m、31.0~34.0m、34.7~40.0m 段有溶洞。溶洞全充填，主要充填物为软塑状黏土；40.0~42.5m 段有裂隙发育的灰岩；根据超高密度直流电法电阻率的分布情况，解析 29.0~38.0m 段有溶洞。超高密度直流电法对溶洞造成的低阻异常反映明显；反演资料解释的溶洞顶偏差 1.0m，洞高偏差 2.0m，勘探效果好，但对多层溶洞的分辨率低，厚度小于 1.0m 的夹层分辨不出来。

对井 186—井 542 剖面，MIZ3-QG-542A 验证孔柱状图编录结果显示，在 24.5m 处见岩，27.0~30.2m、31.3~33.9m、35.2~37.1m 段有溶洞。根据超高密度直流电法电阻率的分布情况，解析 28.0~35.5m 段有溶洞。超高密度直流电法勘探深度不够，溶洞造成的低阻异常较明显，反演资料解释的溶洞顶偏差 1.0m，勘探范围上部效果好、下方效果不好，对多层溶洞的分辨率低。

对井 539—井 541 剖面，MIZ3-QG-539A 验证孔柱状图编录结果显示，在 23.0m 处见岩，但有裂隙发育，溶蚀现象严重；24.7~27.03m、28.2~30.0m、31.8~34.3m 段有溶洞。根据超高密度直流电法电阻率的分布情况，解析 23.5~34.5m 段有溶洞。超高密度直流电法反演资料解释的溶洞与钻孔揭露溶洞的顶板偏差 1.2m，最下层溶洞底的偏差为 0.2m，勘探效果较好。

根据以上试验及其分析,跨孔超高密度直流电法对充填溶洞探测的灵敏度较高,对高低阻异常区的判定较为有效,数据重现性好,根据溶洞与电阻率之间的关系能圈定发育范围。对于土洞,因围岩与目标体间的电阻率差异不甚明显,则易出现漏判;对于溶洞,较薄的顶板容易被"掩盖",即对溶洞的连通性等不易区分。总体来看,该法对井间岩面起伏、洞体发育部位均有较好的定性解释和定量解释,仅深度上稍有偏差。

5. 电磁波 CT 法

1）方法原理

电磁波 CT 法是在两个钻孔中分别发射和接收无线电波(工作频率 0.5～32MHz),根据不同位置上接收到的无线电波的场强大小,来确定地下不同介质分布的一种地球物理勘查方法。

2）应用效果

对电磁波 CT 法的应用试验,选择与超高密度直流电法同场地同剖面实施,即在九号线清布站,利用超高密度直流电法的钻孔进行试验。此次试验工作采用 JWQ-3A 型地下电磁波 CT 系统(电磁波测井用)和 JWQ-4 型地下电磁波 CT 系统,试验结果如图 2-12～图 2-14 所示。为了与超高密度直流电法的应用效果进行对比,主要与超高密度直流电法相同的三个剖面探测成果进行分析。本次探测采用扇形观测方式,成果解释如下。

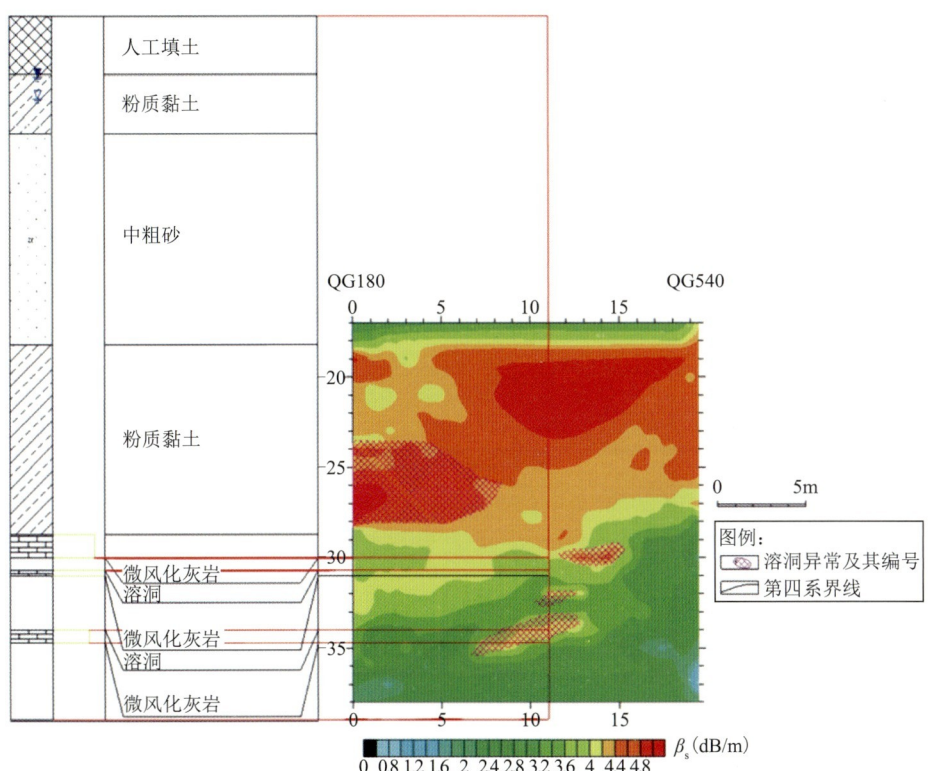

图 2-12　井 180—井 540 跨孔电磁波 CT 成果及验证钻孔对照图

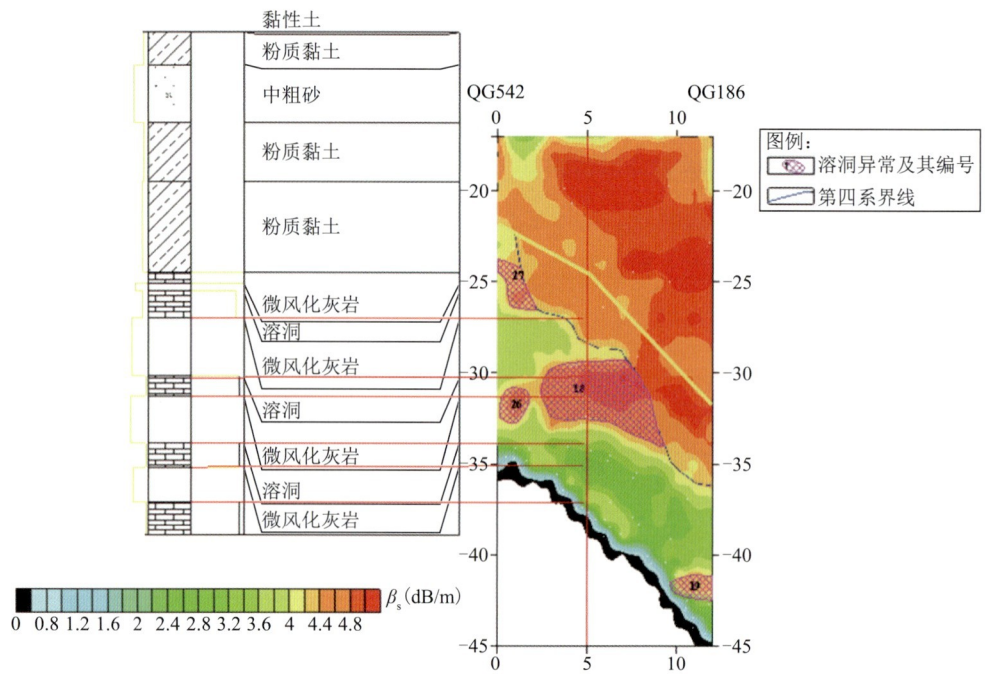

图 2-13　井 186—井 542 跨孔电磁波 CT 成果及验证钻孔对照图

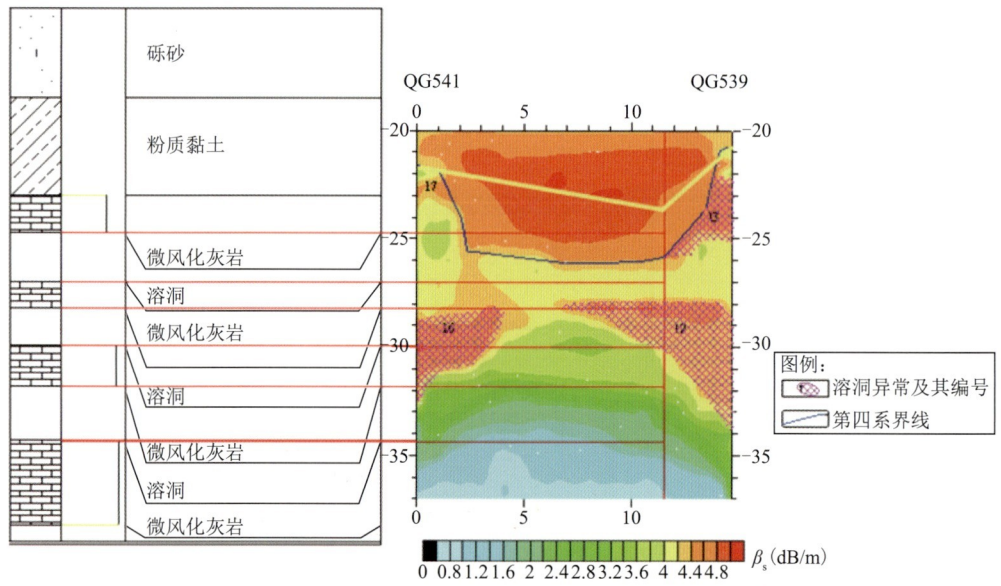

图 2-14　井 539—井 541 跨孔电磁波 CT 成果及验证钻孔对照图

MIZ3-QG-180A 验证孔柱状图编录结果显示,在 28.7m 处见岩,但有裂隙发育;30.0～30.7m、31.0～34.0m、34.7～40.0m 段有溶洞,溶洞全充填,主要充填物为软塑状黏土;40.0～42.5m 段有裂隙发育的灰岩。根据井 180—井 540 跨孔电磁波 CT 剖面衰减系数分布情况解析此钻孔,26m 处的岩土分界面,在 31.9～32.8m 和 33.1～35.5m 两段衰减系数较大,解释为溶洞。解译成果与钻孔资料存在差异,没有达到勘探深度,反演资料解释的溶洞顶偏差 2.0m,溶洞深度差别较大,下面大溶洞无反映,勘探效果不理想。

MIZ3-QG-542A验证孔柱状图编录结果显示,在24.5m处见岩,27.0~30.2m、31.3~33.9m、35.2~37.1m段有溶洞。跨孔电磁波CT剖面解译成果在对应孔位30~33m深度解释有溶洞,异常位于实际揭露钻孔范围,但与钻孔资料高度及大小偏差较大,也未能区分串珠状溶洞间的岩层,效果不理想。

由井539—井541剖面间的MIZ3-QG-539A验证孔柱状图编录结果显示,在23.0m处见岩,但有裂隙发育,溶蚀现象严重;24.7~27.03m、28.2~30.0m、31.8~34.3m段有溶洞。物探成果解释在27.5~30.5m段有一层厚3m的溶洞。跨孔电磁波CT推断位置与钻孔验证结果有较大误差。

经三个剖面验证,跨孔电磁波CT法对溶洞解译深度偏差较大,只有个别深度解译合理,与钻孔资料很难吻合,效果不理想。由相同剖面探测效果看,跨孔超高密度直流电法比跨孔电磁波CT法相对要好。

6. 地震波CT法

1)方法原理

地震波CT探测技术的基本原理是利用地震波穿透地层,通过观测地震波的走时或振幅,经计算反演重建地质体内部的结构图像。

井间地震波CT测量原理平面图如图2-15所示。在测区内要有两口或更多已钻好的钻孔(井)。每次在一口井的相应井段上,设置密集的震源点,在其预定的位置上安放震源,此为震源井;而在另一口井的相应井段设置密集的接收点,布置若干接收检波器,此为接收井。观测系统可以依照客观条件不同进行选择。目前,国内外发展起来的观测系统主要有以下几种:

(1)共炮点数据采集:如图2-16所示,该方式是将炮点固定在 口井中,在相邻的一口或多口井中移动接收点来完成数据采集。

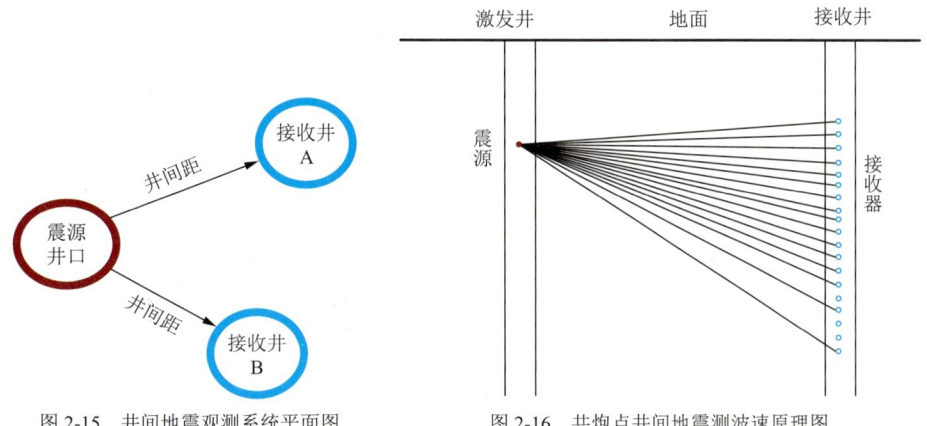

图2-15 井间地震观测系统平面图　　图2-16 共炮点井间地震测波速原理图

(2)共接收点数据采集:该方式是将检波器固定在一口或多口井中,在相邻井中移动激发点来完成数据采集。

第一篇 勘察设计技术

（3）炮点、接收点同步移动观测：该方式是观测时激发点和接收点平行同步，由深向浅或反过来由浅向深等间距连续移动，每炮一个检波器或多道检波器接收。

2）应用效果

采用该方法在九号线飞鹅岭站—广州北站区间进行了试验，验证地震波 CT 对该区岩溶地质探测的有效性。成果映像采用速度的倒数（慢度）进行成像，本次选择一试验剖面结合验证情况进行效果分析。

由图 2-17 可以看出，在浅部土层中也出现了慢度较低的影像，依据测试钻孔及经验定为土层，把下部连续低慢度区定为基岩。在水平 10m 标尺下 28.5～35m 出现一高慢度圈闭区，此处解释为异常。在水平 9.5m 位置布置验证钻孔 SDWT-12，揭露岩面为 20.20m，22.10～31.70m 段揭露 3 个溶洞，揭露地层情况如图 2-18 所示。依验证钻孔对比解释图来看，岩面解释相差较大，溶洞异常总体有较好反映，平面上有验证揭露到解释溶洞，垂向总体向下偏移，具有一定偏差。

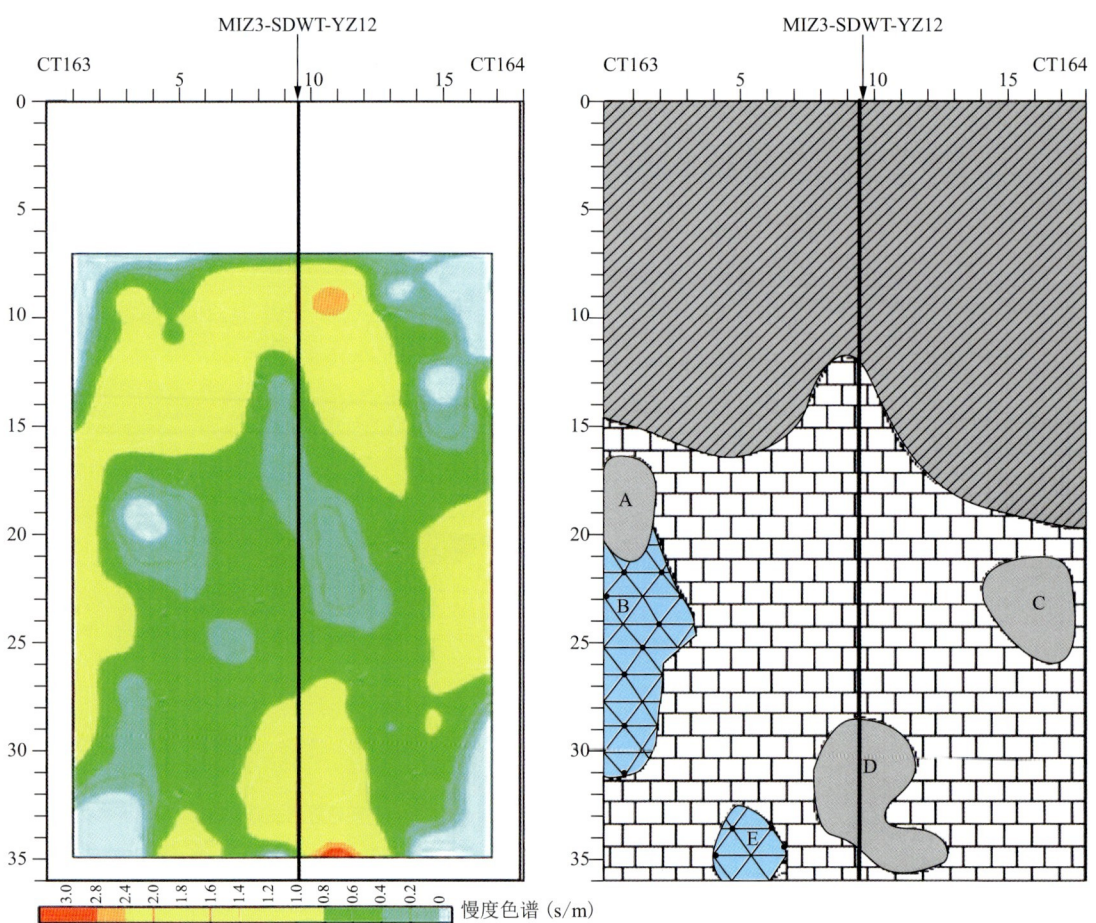

图 2-17　井 163—井 164 剖面影像及地质解释图

工程名称			广州市轨道交通九号线工程飞鹅岭站—广州北站区间物探验证勘察					
钻孔编号	MIZ3-SDWT-YZ12		坐标	X=57082.23m	初见水位	2.30m	开工日期	2010/9/17
孔口标高	9.75m			Y=29869.58m	稳定水位	2.00m	终孔日期	2010/9/19
钻孔标高	40.50m		结构底板标高	m	钻孔类别	鉴别孔	里程	

时代成因	地层编号	层底深度(m)	分层厚度(m)	层底标高(m)	柱状图 1:200	地层描述	标贯击数N/深度(m)	物探异常体编号/深度(m)	岩芯RQD(%) 20 40 60 80	岩芯采取率(%) 20 40 60 80
Q_4^{ml}	〈1〉	1.90	1.90	7.85		素填土：棕红色，密实，稍溢，主要成分为粉质黏土				
Q_{3+4}^{al+pl}	〈4N-2〉	3.10	1.20	6.65		粉质黏土：灰色，可塑，冲洪积而成，以黏粒、为主，次为粉粒	=7.0/2.75~3.05			
	〈3-2〉	7.30	4.20	2.45		粗砂：黄色，湿，稍密冲洪积而成，石英质，粒径0.5~2.0mm为主，含少量中细砂和黏粒，偶见砾砂，下部含少量黏性土	=14.0/5.80~6.10			
	〈4N-3〉	9.30	2.00	0.45		粉质黏土：灰黄色，可塑~硬塑，冲洪积而成，以黏粒为主，次为粉粒，含少量粉细砂，底部含少量粗砂	=15.0/8.95~9.25			
	〈3-2〉	13.00	3.70	-3.25		粗砂：黄色，湿，稍密~中密，冲洪积而成，石英质，粒径0.5~2.0mm为主，含少量中细砂和黏粒，偶见砾砂，下部含少量黏性土	=16.0/11.90~12.20			
	〈4N-2〉	20.20	7.20	-10.45		粉质黏土：棕红色，可塑，冲洪积而成，以黏粒为主，次为粉粒	=6.0/14.95~15.25			
$C_{2+3}ht$	〈9C-2〉	22.10	1.90	-12.35		微风化石灰岩：灰色，岩芯呈柱状，岩质坚硬。厚层状构造，岩石组织结构基本未变，少量风化裂隙发育，见方解石脉。采取率为83%，RQD=83%				
		24.20	2.10	-14.45		溶洞：充填黏性土				
		27.30	3.10	-17.55		微风化石灰岩：灰色，岩芯呈短柱状，少量风化裂隙发育，采取率为93%，RQD=91%		12/32.0~35.0		
		30.10	2.80	-20.35		溶洞：充填黏性土				
		31.10	1.00	-21.35		微风化石灰岩：灰色，岩芯呈短柱状，采取率为75%，RQD=63%				
		31.70	0.60	-21.95		溶洞：充填黏性土				
		40.50	8.80	-30.75		微风化石灰岩：灰色，岩芯呈短柱状，采取率为93%，RQD=92%				

图 2-18 验证钻孔 SDWT-12 柱状图

从上述两组地震波 CT 法探测结果看，总体认为该方法对岩溶探查效果相对较好。但具体的解释成果与钻孔孔距、实施人员经验、解释反演方法等有较大关系，如上述采用慢度影像图进行反演，岩面的反映不够直观，增大了地质解释的难度，验证出的效果也不好。

二、物探技术总结

(1) 地面物探方法探测效果较好的有高密度直流电法,该方法在场地干扰相对较小的情况下能划分出场地岩溶发育的范围及强弱,而对发育的溶洞体的圈定和特征则很难给出准确解释。

(2) 陆地声呐法为存在较大争议的一种方法,在九号线试验中圈定多处岩溶发育有小洞体,因个体太小,难以验证。基于其对岩面及溶洞的解释,参照邻近地质钻孔资料,基本认为该方法不适用于岩溶探查。

(3) 地质雷达法在广州地区进行了多次管线、基岩探查试验,探测深度局限在 5m 之内,而在水位较深的山体等地区探测相对深些,但不建议在覆盖层大于 10m 以上的地段使用。

(4) 对于三种井间 CT 法,从试验和应用效果来看,井间超高密度直流电法与地震波 CT 法探测效果较好,而电磁波 CT 法效果相对要差。

物探技术具有高效、无损等特点。对勘察区既有资料进行分析,从宏观上了解岩溶发育区的分布特点后,在可行性研究或初步勘察阶段可选择合适的地面物探技术对岩溶区进行探查,以较全面地了解岩溶区的基本情况。随着勘察工作的深入,对勘察区岩溶发育分布特征也逐渐细致,在详细勘察阶段则可采用孔中探测技术对岩溶发育的溶(土)洞进行详查,以指导施工补充勘察及岩溶处理,并可在处理完成后采用物探技术对处理效果进行检测。因此,在岩溶区勘察工作中,物探工作可配合不同勘察阶段,由面到线、由线到点,逐步深入。在岩溶区勘察过程中,合理开展物探工作,可起到事半功倍的效果。

第三节 全线地质特征

一、地形地貌

花都区地势呈北高南低之势,北部丘陵绵亘,中部为浅丘台地,南部为广花平原,形成东北向西南斜置的长方形。

九号线沿线地面条件复杂,主要为城市交通干道、居民小区、商业区。沿线城市干道车流量大,住宅、商业区人员密集,建筑物稠密。线路跨(穿)过天马河、青石河及一些小河涌。106 国道以东至高增段,线路沿线多为苗圃、菜地和鱼塘。

九号线位于广花盆地,地貌上属于河流冲洪积平原,地势平坦宽广,仅在个别路段分布有剥蚀残丘,线路沿线地面标高一般在 10～20m 之间。

二、地质构造

九号线沿线区域地质构造如图 2-19 所示。

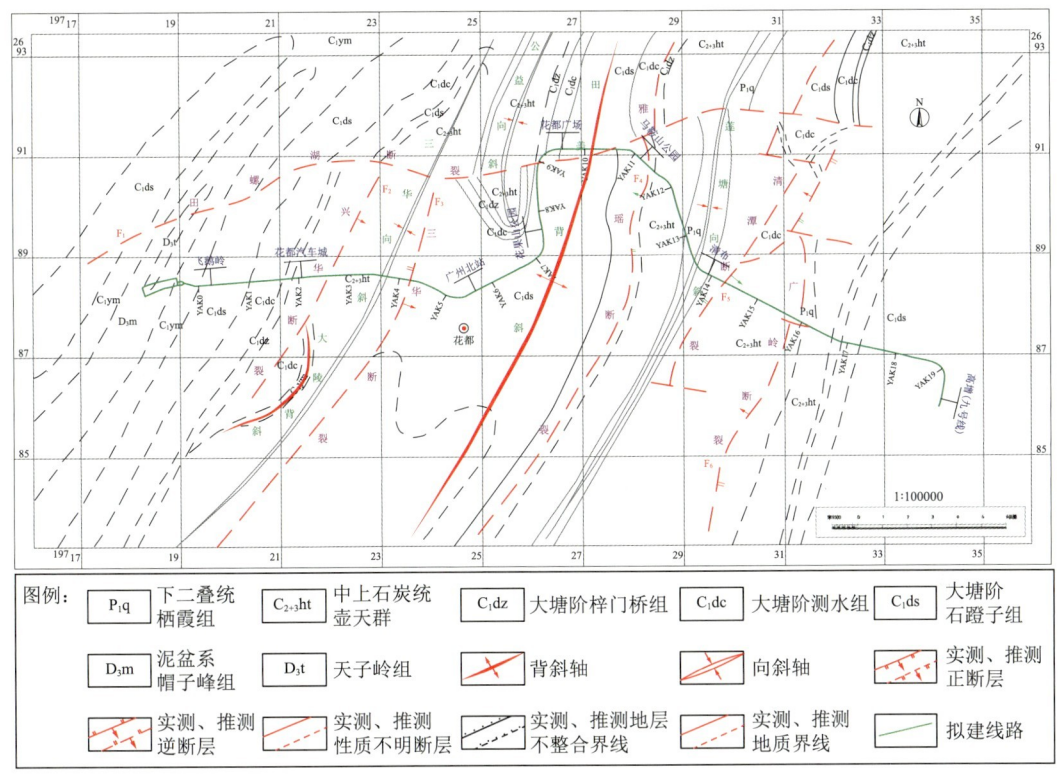

图 2-19 九号线沿线区域地质构造图

1. 断裂

九号线自西向东依次有田螺湖断裂、兴华断裂、三华断裂、田美断裂、雅瑶断裂、清潭断裂、广岭断裂,这些断裂是与褶皱构造相伴产生的沿主体构造线的斜冲断裂。此外,东西向发育的田螺湖断裂也对区域构造形态产生重要影响。各断裂的特点如下:

1)田螺湖断裂

田螺湖断裂是广花盆地一条主要的东西向断裂,为一断面南倾的逆冲断层,有南盘西移、北盘东移的扭动现象。由于它切割了区内主要的含水层,沟通了地下水储存和运移的空间,所以断层带的富水性较好。本断裂位于线路场区北部,邻近花都广场站及花都广场站—马鞍山公园站区间,部分区间钻孔揭露到角砾岩。

2)兴华断裂

兴华断裂位于线路西段,系发育于三华向斜内的压性冲断裂,它使壶天群灰岩重复出现而分布宽度变大,具有一般断裂的构造特征。

3)三华断裂

三华断裂位于线路西段,断裂倾向南东,倾角 25°~50°。南段上盘孟公坳组覆盖于壶天群之上,北段测水煤系覆盖于壶天群灰岩之上,具有一般断裂的构造特征。

4）田美断裂

田美断裂是一条北北东向的正断层，倾向西，基本沿田美河东侧展布。上盘地层为壶天群灰岩，下盘地层为石蹬子灰岩，由于断层错动，壶天群灰岩直接覆盖于石蹬子灰岩上。部分钻孔揭露到断层泥和角砾岩。

5）雅瑶断裂

雅瑶断裂位于线路中部，走向 15°～30°，倾向北西西，倾角 30°～50°。该断裂基本沿测水煤系与梓门桥组分界面发育，测水煤系逆冲于梓门桥组之上，而形成垄状山出露于地表。由于受到后期南北方向力挤压，故断层走向摆动较大，而形成"S"形展布。部分钻孔为风化深槽，到 35m 均未揭露到中微风化基岩。

6）清潭断裂

清潭断裂位于线路东部，走向 10°～35°，倾向南东，为一逆断层，其特征为壶天群灰岩覆盖于二叠系栖霞组砂岩之上。根据物探成果，其平面位置为 L01 测线 YK13+987～YK14+025 段、L02 测线 ZK13+975～ZK14+011 段和 L03 测线 ZK13+962～ZK13+996 段，总体宽度约 36m。

7）广岭断裂

广岭断裂为清潭断裂的派生断裂，位于清潭断裂的东面，走向 10°～15°，为一逆断层。勘察钻孔未直接揭示到断裂带，勘察区域内存在两条节理裂隙发育带，推断为广岭断裂引起。走向北东，向东倾，倾角约为 59°。其平面位置分别为 L01 测线 120～150，L02 测线 130～160 段和 L01 测线 270～290、L02 测线 250～270 段。

2. 褶皱

广花复式向斜长约 50km，宽约 20km，主要为一系列紧凑的北北东向褶皱及其相伴随的断裂。褶皱枢纽起伏，呈准线状延伸，褶皱轴面一般略向北北西倾斜，形成一系列不对称向斜、背斜，褶皱轴向略呈"S"形弯曲。从区域地质图上看，线路主要经过三华向斜、公益向斜、田美背斜、莲塘向斜。

1）三华向斜

三华向斜位于线路西段，轴线走向北北东，向南西方向展开，向北东至虎岭东侧逐渐收敛翘起。槽部地层为壶天群灰岩。西翼地层保存完整，地层倾角很缓，倾角约 16°；东翼受三华断裂切割，下伏地层已大部缺失。

2）公益向斜

公益向斜位于线路中段北部，轴线走向北北东，往南至花果山逐渐收敛翘起，轴向转向南南东。槽部地层为壶天群灰岩。两翼地层除西翼北段受三华断裂影响而部分缺失外，其余均对称保存完好。地层倾角 25°～55°。

3）田美背斜

田美背斜为穿过线路中部的主要构造，轴线呈"S"形，总体方向北北东。背斜轴部为石炭系下统大塘阶石磴子组(C_1ds)地层,背斜东翼地层保存较完整,西翼由于公益向斜向南翘起,至新华镇一带大片石磴子灰岩隆起,使大量上覆地层缺失,背斜两翼的对称性遭到破坏。

4)莲塘向斜

莲塘向斜位于线路东段,向斜槽部地层为二叠系下统栖霞组(P_1q)地层。轴线走向北北东,为本区较具规模且地层保存较完好的一条构造线。东翼南端由于受清潭断裂的切割,使该地层对称性受到破坏。

三、地层与岩性

1. 地层

地层的分布受构造格局控制。九号线沿线的地层按时代、成因和岩性总体上为二元地层,即上部为第四系沉积物,下部为石炭系、二叠系沉积岩,东端局部有第三系岩层。现由新到老简述如下:

1)第四系(Q)

第四系包括全新统(Q_4)和上更新统(Q_3),其下缺失中更新统和下更新统。

由人工填土(Q_4^{ml}),冲洪积砂层、土层(Q_4^{al+pl})、坡积土层(Q_3^{dl})及残积土层(Q^{el})组成。

2)第三系(E)

主要在高增站附近分布,为第三系布心组(E_2b)岩层,为红褐色、灰色的泥质粉砂岩、粉砂岩。

3)二叠系(P)

为二叠系下统栖霞组(P_1q),被第四系所覆盖,属海相碳酸盐岩建造,与下伏壶天群灰岩推测为假整合接触。为灰黑色、黑色炭质灰岩夹炭质泥岩。主要在清布村和向西庄一带分布。

4)石炭系(C)

线路沿线基岩主要为石炭系岩层,包括上中统壶天群、下统大塘阶梓门桥组、下统大塘阶测水组、下统大塘阶石磴子组。

(1)石炭系上中统壶天群($C_{2+3}ht$):岩性为浅灰色、灰白色、肉红色厚层状隐晶质~微晶质灰岩,夹白云质灰岩。沿线路分布较广,主要分布在花都汽车城站—广州北站、清布站—高增站等区段。

(2)石炭系下统大塘阶梓门桥组(C_1dz):为海陆交互相含煤建造,连续沉积于测水段地层之上,下部为硅质岩或硅质泥岩夹砂岩,上部为黑色灰岩、泥质灰岩、钙质砂岩,夹钙质粉砂岩、钙质砂质泥岩。沿线路局部分布。

(3)石炭系下流大塘阶测水组(C_1dc):为海陆交互相含煤建造。岩性以灰~深灰色粗粒砂岩、砂质泥岩、泥岩为主夹粉砂岩、炭质泥岩和煤,普遍夹有透镜状泥质灰岩和灰岩及菱铁矿、黄铁矿结核。沿线路局部分布,主要分布在花都汽车城站—广州北站区间、清布站—高增站区间。

(4)石炭系下统大塘阶石磴子组(C_1ds):属浅海相碳酸盐岩建造,连续沉积于孟公坳组之上。主要为灰黑色、深灰色隐晶质~微晶质灰岩。上部常夹薄层炭质泥岩或炭质薄膜,顶部为钙质泥岩或夹有薄层灰岩。本层沿线路大范围分布,为线路沿线主要基岩。

2. 岩土分区

主要依据沿线的地貌、地质构造、岩土特征、水文地质等条件进行岩土分区。按上述地质条件的差异,将本线路划分成两个岩土分区,即:

(1)起点至秀全中学,新华第五小学至高增站;

(2)秀全中学至新华第五小学。

各分区简要工程地质特征见表2-3。

九号线各区工程地质特征表 表2-3

工程地质单元分区	I区 (冲洪积平原区)	II区 (剥蚀残丘区)
分段点	起点至秀全中学 新华第五小学至高增站	秀全中学至新华第五小学
里程	0～YCK7+170,YCK8+120～终点	YCK7+170～YCK8+120
地面条件	地面主要为市政道路、货场、高层建筑物,穿越天马河、田美河、清石河等,地面条件复杂	地面主要为城市道路、绿化带、公园、体育馆建筑及电视塔,穿越花果山等,地面条件复杂
地形地貌特征	本区为冲洪积平原地貌单元,地形高差不大,地面标高6.72～21.48m	本区为剥蚀残丘地貌单元,地势较高,地面标高17.1～29.1m
地层岩性	第四系覆盖层主要为冲积成因的砂层、黏性土层,局部分布残积土层,揭露厚度一般为5.7～40.7m;下伏基岩主要为石炭系的石蹬子组、壶天群地层,局部为测水段、梓门桥段、二叠系的栖霞组地层。岩性主要为石灰岩、白云质灰岩,局部为炭质泥岩和砂岩等	第四系覆盖层主要为坡残积土层,揭露厚度一般为0.7～12.8m;下伏基岩主要为测水段和梓门桥段的地层。岩性主要为炭质泥岩、粉砂质泥岩、砂岩、石灰岩等,局部夹煤层,岩性复杂
断层构造	田螺湖断裂在里程YAK8+810m处与线路垂直相交;MIZ2-B71和MIZ2-B72钻孔发现壶天群灰岩直接与石蹬子灰岩接触,推断为断层,命名为田美断裂。雅瑶断裂在马鞍山公园站东侧与线路垂直相交	本次钻探揭露推测花果山公园站南侧有一条不明次生小断裂
水文地质条件	于九潭村至新街大道之间跨天马河,河流宽约90m,水深1.80～2.00m;于花都广场东侧跨越田美河,此处河流宽约30m;于莲塘村至清布村跨青石河,此处河流宽约100m。该区广泛分布砂层,厚度较大,第四系孔隙水丰富,岩溶发育,岩溶水丰富	花果山公园附近西侧有两口鱼塘,总体上该区地势较高,浅部地下水不丰富。但深部层位局部基岩裂隙发育,推测有一定的地下水
主要不良地质条件	本区冲积砂层分布广泛,厚度较大,地下水丰富;断层、溶(土)洞发育;地表水与地下水有水力联系,水文地质条件复杂;溶(土)洞失衡易引起地面塌陷	岩性复杂,岩体较破碎;煤系地层中可能会产生瓦斯等有害气体
工程地质条件评价	工程地质条件复杂,地下工程活动易引起地面塌陷等地质灾害	工程地质条件较复杂,岩体较破碎,围岩自稳性较差

3. 特殊性岩土和不良地质作用

根据勘察钻孔揭露,本线路特殊性岩土有填土、软土、砂土、残积土、风化岩、煤,不良地质作用有破碎岩带和风化深槽、岩溶(溶洞、土洞、溶沟、溶槽)及其填充物。

1)特殊性岩土

(1)填土:有杂填土和素填土,分布全区。素填土以黏性土夹碎石为主,松软状态为主,局部稍有压实。杂填土含硬物较多,成分较杂,主要有建筑垃圾和生活垃圾,松散为主,局部稍压实。填土层一般具有空隙较大、承载力较低、自稳性差、透水性较好的特点,局部含上层滞水,但水量一般不大。

（2）软土:为河湖相沉积的淤泥或淤泥质土,主要分布在田美河、清石河附近,其他地段缺失或仅局部呈透镜体分布。呈灰色、深灰色等,含有机质,局部含腐木,饱和,流塑状为主。软土具有含水量高、承载力低、自稳性差、孔隙率大、高压缩性、高灵敏性等特点。

（3）残积土:基岩有灰岩、炭质灰岩、砂岩、泥岩、炭质泥岩等多种岩性,基岩的岩性不同对应的残积土层的性质有很大的差别,主要分布在秀全大道中部、花果山公园和马鞍山公园附近,其他地段零星分布。

灰岩残积土:一般呈软塑~可塑状,局部呈流塑状,标准贯入试验击数较低,承载力较低。局部地段含有灰岩碎块,呈土夹岩状,标准贯入试验击数较高,呈硬塑状,承载力稍高。本层物理力学性质变化较大,按其稠度分为两个亚层:〈5C-1〉以软塑~可塑为主,局部流塑;〈5C-2〉以可塑~硬塑为主,局部坚硬。灰岩残积土在竖向分布往往有上硬下软的特征。

碎屑岩残积土:其中砂岩的残积土一般呈可塑~硬塑状,局部坚硬状,承载力也较高;泥岩、炭质泥岩残积土一般以可塑状为主,部分硬塑,局部含岩屑呈坚硬状,承载力稍高。本层按其稠度分为两个亚层:〈5-1〉以可塑状为主,局部软塑或硬塑状;〈5-2〉以硬塑状为主,局部可塑状或坚硬状。

总之,本区基岩岩性种类较多,残积土的性质变化也较大,物理力学性质一般较不均匀,应考虑残积土泡水软化、崩解、承载力降低等特性的不利影响。

（4）风化岩:线路勘察揭露的基岩有灰岩、炭质灰岩、砂岩、粉砂质泥岩、炭质泥岩等多种岩性,母岩不同,其风化岩的发育和性质也不同。

灰岩、炭质灰岩:一般很少发育全风化带和强风化带,常呈土状或土夹岩块产出,力学性质接近坚硬土层;中风化岩带一般裂隙较发育,有溶蚀现象,岩芯多呈块状,局部短柱状,岩体完整性差,RQD(即岩石质量指标)值一般很低~较低;微风化岩带一般岩体完整~较完整,岩质坚硬,岩芯多呈长柱状和短柱状,RQD值较高,但局部裂隙发育段往往有溶洞发育。

砂岩、粉砂质泥岩、炭质泥岩:风化带一般发育较全,有全风化带、强风化带、中风化带和微风化带,也有部分缺失的情况。全风化岩带一般以坚硬土状为主,偶夹岩屑或岩块,强度与坚硬状土层相当;强风化岩带一般裂隙很发育,岩芯呈半岩半土状或碎块状,强度较全风化岩稍高,但力学性质差异较大;中风化岩带一般裂隙较发育,岩芯多呈块状,局部短柱状,岩体完整性差,RQD值低,作为地基时,其强度较高,但隧道采用矿山法或明挖法施工时,应考虑采取有效的加固或支挡措施。微风化岩带一般张性裂隙发育较少,但闭合状裂隙较发育,岩质较硬脆,钻探时岩芯易碎裂,多呈块状和短柱状,局部长柱状,RQD值较低~中等。

（5）煤:主要在石炭系的测水组和二叠系地层中的炭质泥岩中局部夹薄煤层,其含煤品位较低,较松软,在岩层中夹煤层形成薄弱面,对坑壁和隧道围岩稳定不利。另外,在炭质灰岩中,层理面夹薄层炭质或夹炭质薄膜,在隧道盾构掘进时,高速旋转的刀具与炭质灰岩摩擦产生高温,使炭质体不完全燃烧产生有害气体。在花果山公园站有煤分布。

2）不良地质作用

（1）破碎岩带和风化深槽：破碎岩带与风化深槽往往是褶皱构造和断裂带的伴生体，褶皱构造的背斜轴部张性节理、裂隙发育往往形成破碎岩带，此类破碎带一般地下水活动剧烈，在灰岩地段容易形成溶洞和土洞；褶皱构造的向斜槽部和挤压性断层附近往往闭合状节理裂隙发育，易形成风化深槽、储水盆地，在灰岩地段也容易形成溶洞和土洞。断层发育的部位或附近，由于断层上下盘岩石的互相挤压或错动，两盘岩石被挤压错动形成大量的节理裂隙，岩体破碎，加之地下水活动，往往形成风化深槽。

勘察揭露的破碎岩带主要分布在花果山公园一带，以及田螺湖断裂、清潭断裂附近；风化深槽主要分布在雅瑶断裂（马鞍山公园东侧）、清石河东侧（莲塘向斜槽部附近）、广岭断裂。

破碎岩带主要表现为岩芯碎块状间短柱状，明挖基坑时自稳性较差，地势低时地下水较丰富，车站建设和隧道穿越时应引起重视。

风化深槽主要表现为沿母岩破碎带经风化作用后形成竖向深窄形态的全风化或强风化带，呈土状、半岩半土状、碎块状或土夹岩块的集合体。风化深槽常为地下水的储藏地，特别是裂隙发育的碎块状强风化带和中风化带，明挖基坑围岩自稳性差，地势低时一般地下水较丰富，隧道穿越时应引起重视。

（2）岩溶（溶洞、土洞、溶沟、溶槽）及其填充物：线路大范围的下伏基岩为石灰岩，溶洞、土洞、溶沟、溶槽发育，溶洞和土洞多为无充填或半充填状态，充填物多为淤泥质土或淤泥质黏土夹砂、夹岩块等，较松软。溶洞中往往地下水较丰富。

四、水文地质条件

1. 地下水

根据九号线沿线地下水赋存条件、含水介质及水力特征分析，地下水主要有四种基本类型，分别为上层滞水、孔隙水、岩溶水和裂隙水。

（1）上层滞水：主要赋存于底部有黏性土隔水层的局部填土层中，主要靠大气降水补给，水量一般不大。

（2）孔隙水：主要赋存于冲洪积砂层中。砂层一般被人工填土层、冲洪积土层、河湖相淤泥和淤泥质土层覆盖，因此局部具有承压性。〈3-1〉粉细砂层的粉、黏粒含量一般较高，富水性弱～中等，透水性中等，渗透系数一般为 1～8m/d。〈3-2〉中粗砂层和〈3-3〉砾砂层厚度较大，多呈层状分布，一般含黏粒较少，水量较丰富，中等～强透水，在广州北站一带、田美河一带和清石河附近的中粗砂和砾砂层，地下水特别丰富，渗透系数一般为 5～15m/d，部分地段透水性特别强，如广州北站（MIZ2-BS005 钻孔）达 59.15m/d，花都广场站附近（MIZ2-BS066 钻孔）达 70.272m/d。孔隙含水层局部存在〈4-1〉粉质黏土顶板，因此具有局部承压性。

（3）岩溶水：主要含水层为石炭系、二叠系灰岩。线路穿过多个向斜、背斜及断裂构造，受岩性、构造的控制,石炭系灰岩区岩溶发育总体上强烈但很不均匀,以壶天群灰岩透水性、富水性最强,单井涌水量大;而泥质灰岩、炭质灰岩的裂隙或溶洞发育相对弱,透水性、富水性也较弱。沿线揭示的岩溶发育在下伏岩层中,很多情况下砂层直接覆盖在灰岩面上,特别是花都广场一带,砂层中的地下水与灰岩溶洞水连通呈互相补给状态;较大部分灰岩面覆盖有冲洪积土层或残积土层,局部厚度较大,透水性差,一定程度上起到隔水作用,因此,岩溶水具承压性。

(4)裂隙水:主要含水层为石炭系、二叠系岩层的强风化带和中风化带以及断层破碎带的裂隙中,基岩岩性主要为泥质粉砂岩、粉砂岩、粗砂岩、页岩、炭质页岩泥岩、灰岩等,地下水的赋存条件与岩性、构造(褶皱、节理裂隙、断裂破碎带等)、岩石风化程度、裂隙发育程度和性质等有关。通过勘察资料分析,碎屑岩强风化带裂隙发育,岩石破碎,岩芯呈半岩半土状、碎块状;碎屑岩中风化带裂隙较发育,岩石较破碎,岩芯呈短柱状或块状;由于风化裂隙多为泥质充填,地下水赋存条件相对较差,一般具弱透水性,富水性弱。由于碎屑岩强~中风化基岩上覆全风化岩、残积土和粉质黏土等相对隔水层,裂隙水具承压性。在节理、裂隙发育且为张性裂隙的层段和断层破碎带,一般透水性好,地下水量丰富。

2.地表水

九号线于九潭村至新街大道之间跨天马河,线路通过的地段河流宽约90m,水深1.80~2.00m,自北向南流过花都市区,其平均径流特征值见表2-4;于花都广场东侧跨越田美河,此处河流宽约30m,河床深3~4m,呈南北向穿越;于莲塘村至清布村段跨青石河,此处河流宽约100m,河床深5~7m,呈南北向穿越。

天马河平均径流特征值   表2-4

河 名	汇水面积(km²)	年降雨量(mm)	年降雨总量(×10⁸m³)	年径流总量(×10⁸m³)	年径流深(mm)
天马河	180.43	1694	3.0568	2.1739	1205

第四节 区间地质情况

九号线全部为地下线,各区间地层情况简介如下。

一、飞鹅岭站—花都汽车城站区间

该区间线路长2.6km,由于西高东低,高差变化较大,纵坡采用"V"字坡和"人"字坡相结合的敷设方式。线路在该区间采用三个4‰的坡度,最大坡长为1150m,线路敷设在基本灰岩〈9C-1〉岩面之上,顶板覆土最小为5.6m。

隧道主要穿越的地层有〈3-1〉粉细砂层、〈3-2〉中粗砂层、〈3-3〉砾砂层、〈4N-2〉可塑状冲洪积黏性土层、〈4N-3〉硬塑状冲洪积黏性土层、〈5N-2〉硬塑状碎屑岩残积黏性土层、〈5F-2〉密实状碎屑岩残积粉土层、〈6〉岩石全风化带、〈7〉岩石强风化带、〈8〉碎屑岩岩石中等风化带、〈8C-1〉泥灰岩、炭质灰岩中等风化带、〈8C-2〉石灰岩中等风化带、〈9〉碎屑岩岩石微风化带、〈9C-1〉炭质灰岩微风化带、〈9C-2〉石灰岩微风化带。根据室内岩石试验成果，飞鹅岭站—花都汽车城站区间内隧道洞身经过的岩石饱和湿度抗压强度值详见表2-5。

隧道洞身经过的岩石饱和湿度抗压强度值（单位：MPa） 表2-5

岩层		范围值	平均值	标准值
〈8C-1〉	中风化炭质灰岩	21.60～28.40	25.00	
〈8C-2〉	中风化石灰岩	12.30～61.30	36.80	
〈9〉	微风化粉砂岩、炭质页岩	5.12～29.50	19.32	
〈9C-1〉	微风化炭质灰岩	19.00～45.50	37.40	
〈9C-2〉	微风化灰岩	15.20～77.00	41.70	40.25

隧道底板大部分位于灰岩中，且石灰岩岩溶发育，该区间溶洞见洞率达36.2%，隧道掘进时存在地下溶洞水突涌的风险。

二、花都汽车城站—广州北站区间

该区间线路长2.2km，为了避开天马河，纵坡采用"V"字坡和"人"字坡相结合的敷设方式。线路在该区间采用4‰～6‰的坡度，处于〈9C-1〉灰岩岩面之上，顶板覆土最小为6m。

隧道主要穿越的地层有〈3-1〉粉细砂层、〈3-2〉中粗砂层、〈3-3〉砾砂层、〈4N-2〉可塑状冲洪积黏性土层、〈4F-1〉可塑状粉质黏土层、〈4N-3〉硬塑状积洪积黏性土层、〈4-2B〉软塑状河湖相淤泥质土层、〈5N-2〉硬塑状碎屑岩残积黏性土层、〈6〉岩石全风化带、〈7〉岩石强风化带、〈8〉碎屑岩岩石中等风化带、〈8C-1〉泥灰岩、炭质灰岩中等风化带、〈8C-2〉石灰岩中等风化带、〈9〉碎屑岩岩石微风化带、〈9C-1〉炭质灰岩微风化带、〈9C-2〉石灰岩微风化带。根据室内岩石试验成果，花都汽车城站—广州北站区间内隧道洞身范围岩石饱和湿度抗压强度值详见表2-6。

隧道洞身范围岩石饱和湿度抗压强度值（单位：MPa） 表2-6

岩层		范围值	平均值	标准值
〈8C-2〉	中风化石灰岩	13.10～27.40	20.25	
〈9〉	微风化粉砂岩、炭质页岩	38.70	38.70	
〈9C-1〉	微风化炭质灰岩	24.80	24.80	
〈9C-2〉	微风化灰岩	16.00～79.50	42.56	40.82

三、广州北站—花城路站—花果山公园站区间

广州北站—花果山公园站区间为了避开武广客运专线、某中学房屋、体育花园及体育中心灯

塔桩基,在线路西低东高的情况下,采用双"V"字坡敷设方式。区间线路采用了4‰～10‰不等的坡度,部分进入〈9C-1〉灰岩岩面,顶板覆土最小为6m,最大为14m。

广州北站—花果山公园站区间秀全大道一带主要穿越地层有〈3-2〉中粗砂层、〈4N-2〉可塑状冲洪积黏性土层、〈5C-1〉软塑状灰岩残积黏性土层、〈5C-2〉可塑状灰岩残积黏性土层、〈8C-2〉石灰岩中风化带、〈9C-2〉石灰岩微风化带。临近花果山公园和电视塔公园主要穿越地层有〈8〉碎屑岩岩石中等风化带、〈8C-1〉泥灰岩、炭质灰岩中等风化带,个别存在〈9C-1〉炭质灰岩微风化带。隧道洞身经过的岩石天然湿度抗压强度值见表2-7。

隧道洞身经过的岩石天然湿度抗压强度值（单位：MPa）　　　　表2-7

岩　层	数量（个）	范　围　值	平　均　值	标　准　值
〈9C-2〉	255	20.39～97.4	58.2	56.7
〈9C-1〉	27	15.6～92.7	59.3	52.9
〈9〉	4	52.6～95.0	75.0	
〈8C-1〉	14	26.5～82.5	47.81	39.9

四、花果山公园站—花都广场站区间

花果山公园站—花都广场站区间纵坡采用"V"字坡和"人"字坡相结合的敷设方式。线路在花都汽车城站出站后采用4‰～8‰的坡度,基本都在〈9C-1〉灰岩岩面之上,顶板覆土最小为6m。

区间隧道穿越的地层主要有〈3-1〉粉细砂层、〈3-2〉中粗砂层、〈3-3〉砾砂层、〈4N-1〉软塑状冲洪积黏性土层、〈4N-2〉可塑状冲洪积黏性土层、〈4N-3〉硬塑状冲洪积黏性土层、〈5C-1〉可塑状灰岩残积黏性土层、〈5C-2〉硬塑状灰岩残积黏性土层、〈5N-1〉可塑状碎屑岩残积黏性土层、〈5N-2〉硬塑状碎屑岩残积黏性土层、〈6C〉灰岩全风化带、〈7〉碎屑岩强风化带、〈8C〉石灰岩中等风化带、〈9C〉石灰岩微风化带。

五、花都广场站—马鞍山公园站区间

花都广场站—马鞍山公园站区间线路长1.6km,采用"人"字坡敷设方式。线路在该区间采用4‰的坡度,基本都在〈9C-1〉灰岩岩面之上,顶板覆土最小为6m。隧道洞顶围岩主要为〈3-2〉中粗砂层、〈3-3〉砾砂层、〈5C-1A〉软塑状灰岩残积粉质黏土层,局部为〈9C-1〉微风化炭质灰岩层;洞身主要为〈5C-1A〉软塑状残积粉质黏土层、〈9C-1〉微风化炭质灰岩层。

洞身岩体主要为石炭系石磴子组炭质灰岩,微晶～隐晶质结构,中厚层状构造,岩芯较完整～完整,呈短柱～长柱状,常见有溶蚀凹面。岩质较坚硬,岩溶（溶洞、土洞、溶沟、溶槽）发育。RQD值为30%～80%。本层取岩样191组,其中127组天然湿度状态单轴抗压强度18.1～93.6MPa,平均56.4MPa;69组饱和状态单轴抗压强度24.3～79.5MPa,平均

47.4MPa；22组天然湿度状态单轴抗压强度35.9～80.9MPa，平均58.6MPa。该区间溶洞见洞率达42.0%。

六、马鞍山公园站—莲塘村站—清布站区间

马鞍山公园站—清布站区间线路长2.8km，采用"人"字坡和"V"字坡相结合的敷设方式。线路在该区间采用4‰～10‰的坡度，基本都在〈9C-1〉灰岩岩面之上，顶板覆土最小为6m。

隧道穿越的地层有〈3-1〉粉细砂层、〈3-2〉中粗砂层、〈3-3〉砾砂层、〈4N-1〉软塑状冲洪积黏性土层、〈4N-2〉可塑状冲洪积黏性土层、〈4N-3〉硬塑状冲洪积黏性土层、〈4-2B〉软塑状河湖相淤泥质土层、〈5C-1〉可塑状灰岩残积黏性土层、〈5C-2〉硬塑状灰岩岩残积黏性土层、〈5N-1〉可塑状碎屑岩残积黏性土层、〈5N-2〉硬塑状碎屑岩残积黏性土层、〈6C-2〉石灰岩全风化带、〈7C-1〉泥灰岩与炭质灰岩强风化带、〈7C-2〉石灰岩强风化带、〈8C-1〉泥灰岩与炭质灰岩中等风化带、〈8C-2〉石灰岩中等风化带、〈9〉碎屑岩岩石微风化带、〈9C-1〉炭质灰岩微风化带、〈9C-2〉石灰岩微风化带。隧道洞身范围岩石天然湿度抗压强度值见表2-8。该区间溶洞见洞率达到47.2%。

隧道洞身范围岩石天然湿度抗压强度值（单位：MPa） 表2-8

岩 层	数量（个）	范 围 值	平 均 值	标 准 值
〈9C-2〉	156	29.50～74.6	56.6	50.8
〈9C-1〉	4	48.0～94.0	70.9	

七、清布站—1号中间风井—高增站区间

区间隧道通过的地层主要为第四系地层沿线基岩为石炭系岩层，通过的岩层有〈8〉中风化泥质粉砂岩、〈8C-1〉中风化炭质灰岩，局部有〈9C-2〉微风化石灰岩，岩石最高单轴抗压强度为65.7MPa。区间溶洞见洞率15.7%。

清高区间内隧道洞身范围岩石饱和湿度抗压强度值详见表2-9。

隧道洞身范围岩石饱和湿度抗压强度值（单位：MPa） 表2-9

岩 层	范 围 值	平 均 值	标 准 值
〈8〉	2.07～4.11	2.91	2.45
〈8C-1〉	12.30～47.80	35.3	34.6
〈9C-2〉	28.30～65.70	46.3	46.0

八、区间上软下硬地层统计

全线各区间上软下硬地层统计见表2-10。

区间上软下硬地层统计表 表2-10

序号	工点名称		上软下硬地层长度(m)	拱顶地层情况/下穿岩层情况
1	飞鹅岭站—花都汽车城站	右线	418	〈4N-2〉黏土层,标贯击数8～13击/岩石强度(红棉大道下穿部分碎屑岩地层)25～79MPa
		左线	401	〈4N-2〉黏土层、〈3-1〉粉细砂、〈3-2〉中粗砂/岩石强度(红棉大道下穿部分碎屑岩地层)25～79MPa
2	花都汽车城站—广州北站	右线	244	〈3-2〉中粗砂/岩石强度31.7～65MPa
		左线	321	〈3-2〉中粗砂/岩石强度43.2～86.2MPa
3	广州北站—花果山公园站	右线	276	〈3-1〉粉细砂、〈3-2〉中粗砂/岩石强度59.2MPa
		左线	195	〈3-1〉粉细砂、〈3-2〉中粗砂/岩石强度47.2～62.5MPa
4	花果山公园站—花都广场站	右线	517	〈4N-3〉黏土层、〈5N-2〉残积土、〈3-2〉中粗砂/岩石强度55～69.2MPa
		左线	439	〈4N-3〉黏土层、〈5N-2〉残积土、〈3-2〉中粗砂/岩石强度55～69.2MPa
5	花都广场站—马鞍山公园站	右线	428	〈3-2〉中粗砂/岩石强度29.9～69.4MPa
		左线	250	〈3-2〉中粗砂/岩石强度38.7～61.8MPa
6	马鞍山公园站—清布站	右线	577	〈4N-2〉、〈4N-3〉黏土层,〈3-2〉中粗砂(约40m)/岩石强度46～64MPa
		左线	475	〈4N-2〉、〈4N-3〉黏土层,〈3-2〉中粗砂(约120m)/岩石强度39～54MPa
7	清布站—高增站	右线	400	〈4N-3〉黏土层,〈3-2〉中粗砂(约60m)/岩石强度33.2～45MPa
		左线	367	〈4N-3〉黏土层,〈3-3〉砾砂(约33m)/岩石强度47.1～66MPa

第三章 工程设计方案

九号线工程沿线部分地段岩溶发育,地质条件复杂,线路穿越众多建(构)筑物。工程设计,特别是线路设计,采用地上或是地下敷设会直接影响工程质量、进度、造价甚至安全。九号线建设初期,广州地铁多次组织专家对工程风险及设计措施进行论证,并对线路埋深、盾构区间管片最小含钢量、围护结构设计、基底处理及防突水措施等进行针对性设计。本章主要对线路敷设方案、车站设计方案及区间设计方案进行介绍。

第一节 线路及埋深方案比选

九号线选线初期,从线路技术条件、客流吸引度、工程实施条件、工程投资、与规划的结合情况等方面进行了全线地下方案和两端高架方案的比选,决定采用全线地下方案。之后,对车站埋深进行论证,再详细研究沿线的地形、地貌、地质、地面控制条件,结合工程投资、实施难度等,对明挖法和盾构法进行比选。最后,根据不同埋深隧道对运营的影响等对广州北站—花果山公园站进行盾构浅埋、中埋和深埋的综合比选。

一、线路敷设方案比选

地铁线路按敷设方式的不同,可以分为地下线、地面线和高架线。

九号线主要沿现有道路和规划道路行进,沿线主要经过花都区旧城区和规划发展区。线路主要穿过汽车城、市区、远景规划居住区和机场二期用地。线路纵断面设计受地形地貌、工程地质、施工方法、地上地下建（构）筑物、运营条件等因素控制，并受到规划道路和规划用地性质的影响，还需考虑轨道交通线网间的换乘、联络、预留发展的要求。

线路在风神大道段主要经城市正在建设区，所经风神大道红线为70m，在马鞍山公园站至机场高速公路段为城市规划区，所经迎宾大道红线宽60m，根据规划部门意见，该两段线路需要对地下和高架线进行综合比较。农新大桥至马鞍山公园段由于穿越花都区中心繁华地段，道路规划红线宽度多为40m，明确采用地下敷设方案。由于九号线与三号线在高增站实现贯通运营，因此矮岗村至高增段采用地下敷设方式。

纵断面设计主要控制因素有沿线道路标高、农新大桥、广清高速公路立交、广州北站、机场高速公路北延线、机场高速公路、三号线北延段、沿线高压线、沿线周边的建（构）筑物、地质条件等。设计首先进行全地下方案与两端高架方案比较表，见表3-1。

九号线工程线路敷设方式综合比较表　　　　表3-1

比较项目		方案一（全地下方案）	方案二（两端高架方案）
线路平面		20.0km 地下线路，8 座地下车站	9.6km 高架+10.4km 地下线路，3 座高架车站，5 座地下车站
线路纵断面		最大纵坡29.984‰，线路尽量避开灰岩层	最大纵坡29.984‰，且坡度长，主要位于高架与地下转换地段
风险综合比较	施工风险分析	溶洞规模和连通性无法预知，对于较大溶洞或互相连通的溶洞，注浆量难以控制、注浆效果难以保证，增大施工风险，很难保证施工的绝对安全	易发生漏浆、塌孔事故，溶洞顶板强度不够将导致桩基失稳，很难保证施工的绝对安全
	对周边建（构）筑物风险分析	影响范围较大，后果严重，建议对所下穿建（构）筑物进行拆迁，至少应临迁	对周围紧邻建（构）筑物可能产生不利影响，影响范围较小，风险较易控制
	工期及投资风险分析	施工速度一般，工期不可控；总投资较多，风险大	施工速度较快，工期可控；总投资较少，风险低
	分析结论	风险高	风险相对较小
总投资		91.65 亿元	80.56 亿元
施工场地及协调难度		盾构地段占用道路相对比较少，沿线协调难度相对比较小	高架地段需要占用道路，但协调难度相对比较小
施工对交通的影响		比较小	相对比较大
施工期对环境的影响		车站开挖对周边环境有一定的影响	高架部分需要改移部分道路绿化带，对周边环境影响比较小；地下段在车站开挖时对周边环境有一定的影响
运营期对环境的影响		地下线对周边环境的影响较小	高架部分对城市景观周边环境有一定的影响，但处理得当可望成为城市景观的一道风景线；地下部分对周边环境影响比较小
运营费用		比方案二多705万元/年	相对较少
沿线土地价值		比较高，初步估算比方案二多15.52亿元	相对较低

续上表

比较项目	方案一（全地下方案）	方案二（两端高架方案）
运营风险	地铁建成后，为保证周边地块的建设不对地铁产生影响，需对周边地块的建设提出较严格的地铁保护要求	地铁建成后，由于两端桩基深入基岩持力层，周边地块开发对桥梁影响小，中心地段地下线路需对周边地块的建设提出较严格的地铁保护要求
优点	沿线土地价值相对高，对环境影响小	中心区位于地下，提高了中心区土地价值；对于非中心地区采用高架方案，降低了两端地质原因带来的风险
缺点	溶洞比较发育，需要对溶洞进行处理，处理费用较高，增加了工程造价，盾构施工风险大	中心区溶（土）洞发育较两端强烈，地质风险大，溶（土）洞的处理费用高，增加了工程投资；东、西两端高架方案对环境影响大，土地价值比较低
地方政府意见	要求采用地下方案	不同意采用高架方案
结论	推荐	比选

考虑沿线土地的价值及建成后对周边的影响，综合比较，九号线采用全地下敷设方案。后续，又进行了车站埋深论证和区间埋深比选。

二、车站埋深方案比选

车站埋深直接关系到结构设计的荷载取值，并影响施工工法和支护形式。为了满足市政和规划要求，一般的地下两层岛式车站顶板覆土深度应达到3m。车站轨面埋深一般在14.100m左右，车站底板埋深要达到16.400～16.800m。为避免线路区间穿行在上软下硬的地层中，应适当提高车站的埋深或者提高轨面埋深，使与车站相连的区间仅在土层中穿行，车站应尽量浅埋。

各车站埋深方案的比选是根据车站周边环境、所处地质情况、溶（土）洞情况、岩性等进行综合比选。九号线设计初期，对各车站埋深综合比选情况如下。

1. 飞鹅岭站

结合地层情况，对两层站与一层站做了综合比较，见表3-2。本站地质条件较好，车站范围内为碎屑岩，埋深可根据区间深度调整。最终采用两层站方案。

飞鹅岭站方案对比表　　　表3-2

比选方案	功能	工期（月）	建筑面积（m²）	投资（万元）	轨面埋深（m）	基底地层	工程风险	一般措施
一层站方案	一般	20	11260（一层半岛式）	10697	9.8	岩层与土层	基坑稳定性及突水	加强支护设计及治水措施
两层站方案	好	25	15914	15118	15.57	岩层	基坑稳定性及突水	加强支护设计及治水措施

2. 花都汽车城站

该站方案综合比较见表3-3。地下一层半站方案，基本避开灰岩面，基底位于〈4N-2〉和〈3-2〉地层。地下两层站方案基底有约100m位于灰岩面，车站东端位于〈4N-2〉黏土层，基底侵入岩层约2.5m。最终采用两层站方案。

花都汽车城站方案对比表 表3-3

比选方案	功能	工期（月）	建筑面积（m²）	投资（万元）	轨面埋深(m)	基底地层	工程风险	一般措施	优缺点
一层半站方案	一般	20	11260	10697	9.8	土层	基坑稳定及岩溶突水	加强支护设计及止水措施	轨面埋深浅,降低岩溶突水,造价低,但车站功能一般
两层站方案	好	25	12335	11718	14.1	约100m位于灰岩面	基坑稳定及岩溶突水	加强支护设计及止水措施	轨面埋深大,岩溶突水风险高,但车站功能好

3. 广州北站

该站方案综合比较见表3-4。地下两层站基底基本位于岩层面。当轨面埋深加大,基底侵入灰岩面将更多,本车站见洞率较高,随着埋深的增加,深基坑带来的风险将更大。若要满足盾构全断面岩层中穿过,车站需要做三层半站,但配线需移到花果山公园站。最终采用两层站方案。

广州北站方案对比表 表3-4

比选方案	功能	工期（月）	建筑面积（m²）	投资（万元）	轨面埋深(m)	基底地层	工程风险	一般措施	优缺点
三层半站方案	好	26	14084	13380	21.4	灰岩	基坑稳定及岩溶突水	加强支护设计、溶（土）洞勘察及处理	轨面埋深大,基坑岩溶突水风险大,影响范围广
两层站方案	好	30	14112	13406	15.4	灰岩面	基坑稳定及岩溶突水	加强支护设计、溶（土）洞勘察及处理	较三层站风险小

4. 花果山公园站

该站方案综合比较见表3-5。站位范围内地层以碎屑岩为主,局部夹灰岩风化带,常呈尖灭状或透镜体状局部分布。不管是浅埋还是中埋方案,车站均处于岩层。初步设计方案推荐地下两层站,围护结构采用地下连续墙加内支撑。

花果山公园站浅埋和中埋方案对比表 表3-5

比选方案	功能	工期（月）	建筑面积（m²）	投资（万元）	轨面埋深(m)	基底地层	工程风险	一般措施	优缺点
一层半站方案	一般	20	11260	10697	9.8	岩层	基坑稳定及突水	加强支护设计	功能较差
两层站方案	好	25	12850	12208	15	岩层	基坑稳定及突水	加强支护设计	功能好

5. 花都广场站

本站有做一层半站的条件,但是两端相邻区间需要采用对应浅埋方案。一层半站方案和两层站方案综合比较见表3-6。最终采用两层站方案。

花都广场站方案对比表　　　　　　　　　　　　　　　　　表3-6

比选方案	功能	工期（月）	建筑面积（m²）	投资（万元）	轨面埋深(m)	基底地层	工程风险	一般措施	优 缺 点
一层半站方案	一般	20	11260	10697	11	土层	基坑稳定及岩溶突水	加强支护设计、溶洞勘察及处理	降低岩溶突水风险,但功能较差
两层站方案	好	25	16805	15965	14.98	120m岩层+土层	基坑稳定及岩溶突水	加强支护设计、溶洞勘察及处理	岩溶突水风险大,车站功能好

6. 马鞍山公园站

地下两层车站底板大部分位于中风化及微风化灰岩上,西端基底侵入岩面以下7m,东端基底进入岩面3m,中部有30m范围位于〈3-3〉砾砂层。地下一层站,车站仅有西端约50m范围位于微风化灰岩层,基底侵入岩面以下1.8m,其余位于〈3-3〉砾砂层。本站有做一层站的条件,但是两端相邻区间需要采用对应浅埋方案。一层半站方案和两层站方案综合比较见表3-7。最终采用两层站方案。

马鞍山公园站方案对比表　　　　　　　　　　　　　　　　　表3-7

比选方案	功能	工期（月）	建筑面积（m²）	投资（万元）	轨面埋深（m）	基底地层	工程风险	一般措施	优 缺 点
一层半站方案	一般	20	11260	10697	9.8	灰岩+土层	基坑稳定及岩溶突水	加强支护设计、溶洞勘察及处理	降低岩溶突水风险,但功能较差
二层站方案	好	25	13513	12837	14.8	中风化及微风化灰岩	基坑稳定及岩溶突水	加强支护设计、溶洞勘察及处理	岩溶突水风险大,车站功能好

三、区间埋深方案比选

在运营列车牵引能耗论证及保留足够的抗浮覆土的前提下,应开展地铁线路的埋深论证,以降低施工及运营风险。线路埋深论证有三种方案:隧道全断面尽量位于土层方案、隧道断面位于半土半岩的中埋方案、隧道全断面位于岩层的深埋方案。

九号线大多处于石炭系和二叠系石灰岩发育地段,为规避岩溶施工风险,降低施工难度,制定的线路设计基本原则如下:

（1）按照"安全第一"的原则,考虑建设过程和运营期间轨道交通及周边环境的安全风险,选择线路埋深及施工方法。

（2）隧道设置深度尽量浅埋,隧道的覆土厚度为5~7m,尽量不进入灰岩地段,隧道断面尽量避免"半土半岩""半砂半岩"组合的复合地层。

（3）为规避岩溶突水及坍塌等风险,除联络通道外,岩溶发育区原则上不考虑采用矿山法施工。

（4）车站覆土可按不小于3m、盾构区间覆土可按不小于1倍盾构隧道直径进行设计。

（5）一般情况下，车站的埋深控制应由区间条件决定。

根据九号线地层情况，区间工法采用明挖法和盾构法施工，两种工法的选择原则及优缺点的比较见表3-8。

明挖法和盾构法对比表 表3-8

工法	选择原则	优点	缺点	造价（万元）
明挖法	①可以提供足够的临时用地；②隧道上方无重要建（构）筑物；③岩面起伏较大，采用盾构法无法避免上软下硬底层	①工法成熟，难度小；②提高轨面埋深，减少施工中对灰岩层的破坏；③抢工期能力强，工期容易控制	①需要占用道路，所占用地面积大，交通疏解难度大；②管线迁改、建（构）筑物拆除等工作量大；③溶（土）洞处理不当，引起基坑突水	双线每延米约10.5
盾构法	①不能提供足够的施工用地；②隧道上方有无法拆除或需要保护的重要建（构）筑物；③可以全断面在土层或岩层穿行	①工法成熟，有丰富的施工经验；②临时用地需要较小，交通疏解难度较小；③管线迁改及建（构）筑物拆除工作量小	①上软下硬地层掘进，容易引起地面塌陷；②盾构在岩溶地层掘进，容易发生盾构"栽头"、岩溶突水、卡机等事故，刀具损耗大，刀盘易损伤	双线每延米为8～9

根据地质情况、车站和区间埋深调查，九号线浅埋敷设可实施情况统计见表3-9。

浅埋敷设可实施情况统计 表3-9

项目	岩性	岩层埋深（m）	见洞率（%）	地面控制条件	底板与灰岩面关系	结论
飞鹅岭站	主要为粉砂岩，夹灰黑色砂质泥岩或炭质泥岩及炭质页岩、泥岩，局部夹石灰岩薄层	0.0～21.0	0	无	底板位于砾岩区	有浅埋条件
飞鹅岭站—花都汽车城站区间	主要为石灰岩，局部为粉砂岩、炭质页岩、炭质灰岩	5.7～33.4	36.2	风神桥及其他市政小桥	土层及砂层穿过，局部侵入灰岩	有浅埋条件
花都汽车城站	主要为石灰岩，局部为粉砂岩、炭质页岩、炭质灰岩	13.6～35.6	67.7	无	基底位于岩层	有浅埋条件
花都汽车城站—广州北站区间	主要为石灰岩，局部为粉砂岩、炭质页岩、炭质灰岩	7.3～36.0	34.6	广清高速公路、天马河等	土层及砂层穿过，局部侵入灰岩	无明挖条件
广州北站	主要为石灰岩	11.3～35.1	62.6	无	底板大部分位于灰岩层（占车站长度的87%），一层站底板未入灰岩面	两层或三层
广州北站—花果山公园站区间	灰岩	3.9～34.3	49.2	武广高铁、京广铁路、秀全中学、体育花园等	隧道在灰岩层中穿越，占比约8%	无明挖条件
花果山公园站	碎屑岩		0	无	底板位于泥质灰岩区（以砾岩为主）	有浅埋条件
花果山公园站—花都广场站区间	灰岩	9.5～28.5	46.9	新华小学、狮城新村、田美河	隧道基本在灰岩层中穿越，其中完全在灰岩层约36%	局部有条件

续上表

项目	岩性	岩层埋深（m）	见洞率（%）	地面控制条件	底板与灰岩面关系	结论
花都广场站	主要为灰岩，局部为炭质灰岩	9.5～42.2	42.3	田美河	底板一半位于灰岩面（占车站的52%），一层站底板基本未入灰岩面（只有一个钻孔碰到岩面）	轨面埋深受田美河影响，埋深比一般一层站多约1.5m
花都广场站—马鞍山公园站区间	主要为炭质灰岩	6.6～37.0	42.0	无	隧道基本全在灰岩层中穿越，半隧道以下占20%	有浅埋条件
马鞍山公园站	炭质灰岩	6.0～20.4	7.5	无	底板大部分坐落于灰岩（占车站长度72%），一层站入灰岩面的占27%	有浅埋条件
马鞍山公园站—清布站区间	主要为灰岩，局部为粉砂岩、炭质泥岩、炭质灰岩	7.0～37.1	47.2	青石河	隧道大部分在砂层中穿越，底板碰到灰岩的占15%	有浅埋条件，局部受青石河影响要加深
清布站	主要为石灰岩，局部为炭质灰岩	14.7～52.5	43.9	无	底板基本上未碰到岩面（只有一个钻孔碰到岩面）	两层站已经避开灰岩层面
清布站—高增站区间	主要为石灰岩，局部为炭质灰岩，少量粉砂岩	8.8～52.3	15.7	机场高速及北延线	隧道主要在砂层中穿越，碰到灰岩的占5%	无条件，中埋方案隧道在土层穿过
高增站	要为泥质粉砂岩及粉砂岩，局部为石灰岩	11.2～44.6	0	三北高增站	与灰岩面之间有至少16m的红层（强风化泥质粉砂岩）	地面一层站

因此，九号线采用全线盾构法施工，且有浅埋条件。但具体区间仍需详细分析，以广州北站—花果山站为例，三种比选方案分别为：

（1）隧道全断面位于土层的浅埋方案；

（2）隧道断面位于半土层半岩层的中埋方案；

（3）隧道全断面位于岩层的深埋方案。

三种方案对运营的影响分析见表3-10。

盾构隧道不同埋深对运营的影响　　表3-10

项目		初期	近期	远期
区间运行时间(s)（广州北站—花果山公园站）	浅埋	132		
	中埋	131		
	浅埋加明挖	134		
	深埋	132		
满载情况下的双向牵引能耗(kW·h)	浅埋	79.37	80.53	82.33
	中埋	77.08	78.20	79.95
	浅埋加明挖	81.86	83.05	84.91
	深埋	77.43	78.55	80.31

续上表

项　　目		初　期	近　期	远　期
日电费（万元）	浅埋	1.03	1.24	1.30
	中埋	1.00	1.21	1.26
	浅埋加明挖	1.06	1.28	1.34
	深埋	1.00	1.21	1.27

结合隧道底 5～10m 范围内揭露的洞穴数量及溶（土）洞的处理数量，重点考虑盾构掘进及运营风险来比选三种方案，最终决定采用浅埋方案（见图 3-1）。

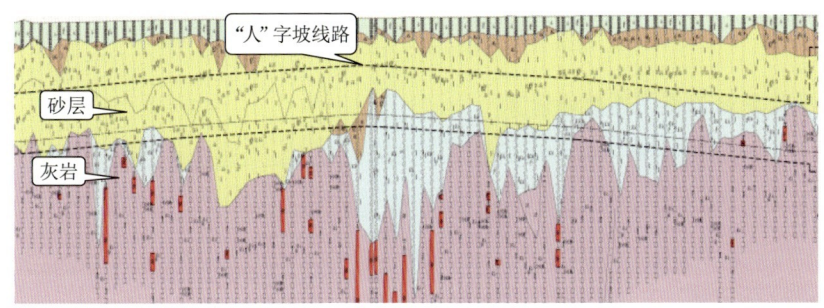

图 3-1　九号线岩溶区线路规划图

第二节　车站与区间土建工程设计技术

针对岩溶发育区地下车站工程和区间隧道工程存在的风险，设计阶段应采取足够的风险防范措施。九号线在工程可行性研究及初步设计阶段，先后开展了岩溶地质风险评估、线路敷设方式比选、线路埋深论证等专项研究工作。在施工图阶段，对于明挖车站工程，主要采用地下连续墙+内支撑的形式作为围护结构；对于区间隧道工程，全部采用盾构法施工；无论是明挖车站还是区间隧道，均对溶（土）洞进行补充勘察和提前处理，以消除不良地质对地基承载力和稳定性的影响；同时，扩大对明挖车站和区间隧道的监测范围并提高监测频率。全线车站及明挖区间主要设计参数汇总见附表2，全线各盾构区间设计及风险汇总见附表3。本节结合具体工点的设计对九号线车站和区间土建工程的设计技术进行介绍。

一、车站土建工程设计技术

1. 岩溶发育区基坑支护结构设计要点

1）支护结构的选型

岩溶发育区基坑支护结构选型可根据基坑所处的工程地质条件及基坑开挖深度合理选择，建议优先选择地下连续墙+内支撑支护，如图 3-2 所示。

a）地下连续墙

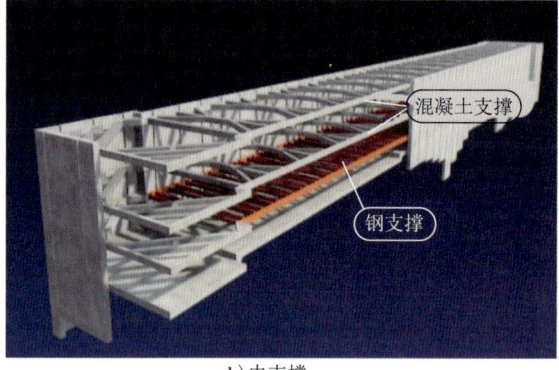

b）内支撑

图 3-2　地下连续墙 + 内支撑的支护形式

2）岩溶区围护结构地下连续墙计算

应进行基底抗突涌验算；基底和墙底位于强风化层时，应进行渗透稳定性验算；地下连续墙的嵌固深度根据抗滑移整体稳定、抗倾覆、抗隆起、渗透稳定性以及被动区土压力等验算后确定。

地下连续墙施工前"一槽两钻"发现溶（土）洞时，应向基坑内部继续探边，深度不小于"一槽两钻"的钻孔深度。如果该溶（土）洞向上发展并且与基坑内部连片，当位于基底溶洞处理范围时，地下连续墙应加深或至少有素混凝土连续墙穿透溶（土）洞且进入溶（土）洞底下完整岩层不小于 1m 或稳定隔水层不少于 1.5m。

3）岩溶区明挖车站支撑设计

基坑第一道支撑应采用钢筋混凝土，加强支护结构的整体性，防止岩溶局部坍塌危及周边建（构）筑物安全。

4）明挖基坑结构设计

明挖基坑结构设计时，应采取措施防止未查明及处理的岩溶在运营期坍塌，损坏地铁结构。可采用以下方法：

（1）水泥土墩柱法

采用水泥土墩柱约束塌陷漏斗扩散半径，土墩柱的大小（长 × 宽）应视底板至岩面的距离、底板土层的特性以及结构重量、刚度等调整。土墩间的距离和布置形式应满足的条件是：当溶（土）洞继续发展，而将土墩间的土层完全松动，失去土层对其所承担结构的抗力，凭土墩和上部结构的强度和刚度，结构物能安然无恙。土墩柱的设计一般采用搅拌桩等亚刚性桩，必须相互搭接。布置方案可考虑格栅状布置，格栅中各抽条也要有一定刚度，能抵抗水平推力，对抽条中央未加固土体，也应岩面注浆加固，使其联合成牢固的封底。

（2）固结注浆法

对基底下、岩面上的砂土层实施固结注浆，使其成为具有一定强度及抗渗性能的固结体，注浆参数需经现场试验决定。但当基底至岩面距离小于 0.5～1m 时,应优先考虑换填。

(3)地下桥法

按地铁结构的跨距布置一定的跨径施工钻(冲、旋挖)孔桩,桩上做帽梁,形成支托地铁结构的支承体系。

上述方法可根据基坑开挖深度、基坑的工程地质条件及工程造价进行选取。

5)基坑降水设计

岩溶区水量多,且岩溶水具有连通性、承压性等特点,在基坑开挖前,宜通过基坑内的降水井进行抽水试验,检验其截水效果。

6)基坑水位监测设计

灰岩区基坑施工应设置水位自动化监测系统,基坑开挖过程中应加强水位监测,除沿基坑周边设置水位监测孔外,还要求从基坑边缘向外侧 4 倍开挖深度且不小于 70m 范围,设置至少 2～3 个水位观测断面,要求布点能满足测算降水漏斗的需要。

2. 车站土建工程设计实例

下面以九号线花都汽车城站为例,介绍车站土建施工图阶段设计方案。

1)地质条件

花都汽车城站的地层自上而下主要为人工填土层、冲洪积粉细砂层、冲洪积中粗砂、冲洪积砾砂层、冲洪积土层、软塑～可塑状残积土层、硬塑状残积土层、石灰岩微风化带。

2)车站围护结构设计

车站主体结构采用明挖法施工,基坑深度为 16.86m,采用地下连续墙 + 内支撑的围护形式,如图 3-3 所示。基坑设置三道支撑,第一道支撑为 800mm×1000mm 混凝土撑,第二道支撑为 1000mm×1000mm 混凝土撑,第三道支撑为 800mm×800mm 混凝土撑。连续墙厚度为 0.8m,采用"H"形接头,槽段宽度一般为 6m。

3)车站主体基底处理设计

该车站基底主要为可塑状黏性土,局部存在粉细砂、中粗砂、流塑～软塑状黏性土、硬塑～坚硬状黏性土及微风化灰岩。因底板持力层差异较大,可能造成车站结构较大的不均匀沉降。故在底板进入岩层时,基坑超挖 150mm,然后进行回填级配碎石土;同时,在持力层为岩土交界附近范围布置直径 600mm、间距 1.8m×1.8m 的旋喷桩,作为过渡加强段,以减少不均匀沉降。

该车站溶(土)洞发育强烈,为降低施工风险及预防土洞在地下水的作用下迅速发展,防控后期运营风险,在溶洞发育有突水危险的地段采用格栅状布置的旋喷桩进行基底处理,共布置旋喷桩 2704 根。格栅状旋喷桩的作用包括对岩面附近发育的土洞或软弱土层进行固结,防止土体被侵蚀;对局部软土分布地段可达到提高承载力的目的,加固围护结构的被动区;施工过程中若基坑局部发生涌水,则格栅状的土墩可以控制基底岩溶突水的范围。旋喷桩采用的

参数如下:

①直径:600mm(双管)。

②材料:42.5R 普通硅酸盐水泥,水灰比 1.0 ~ 1.5,水灰比可根据进浆状态适当调整。

③间距:ϕ600 @ 500mm。

④压力:浆液压力 20MPa,气流压力 0.7MPa。

⑤转速:转速控制在 8 ~ 12r/min,提升速度 6 ~ 12cm/min。

⑥深度:要求达到岩面(灰岩的中风化或微风化带),桩长 18 ~ 24m。

⑦旋喷桩检测:取 1% 进行抽芯检查,进行抗压强度试验,抗压强度应达到 0.6MPa。

旋喷桩加固范围做 200mm 厚级配碎石褥垫层,褥垫层上做素混凝土垫层。

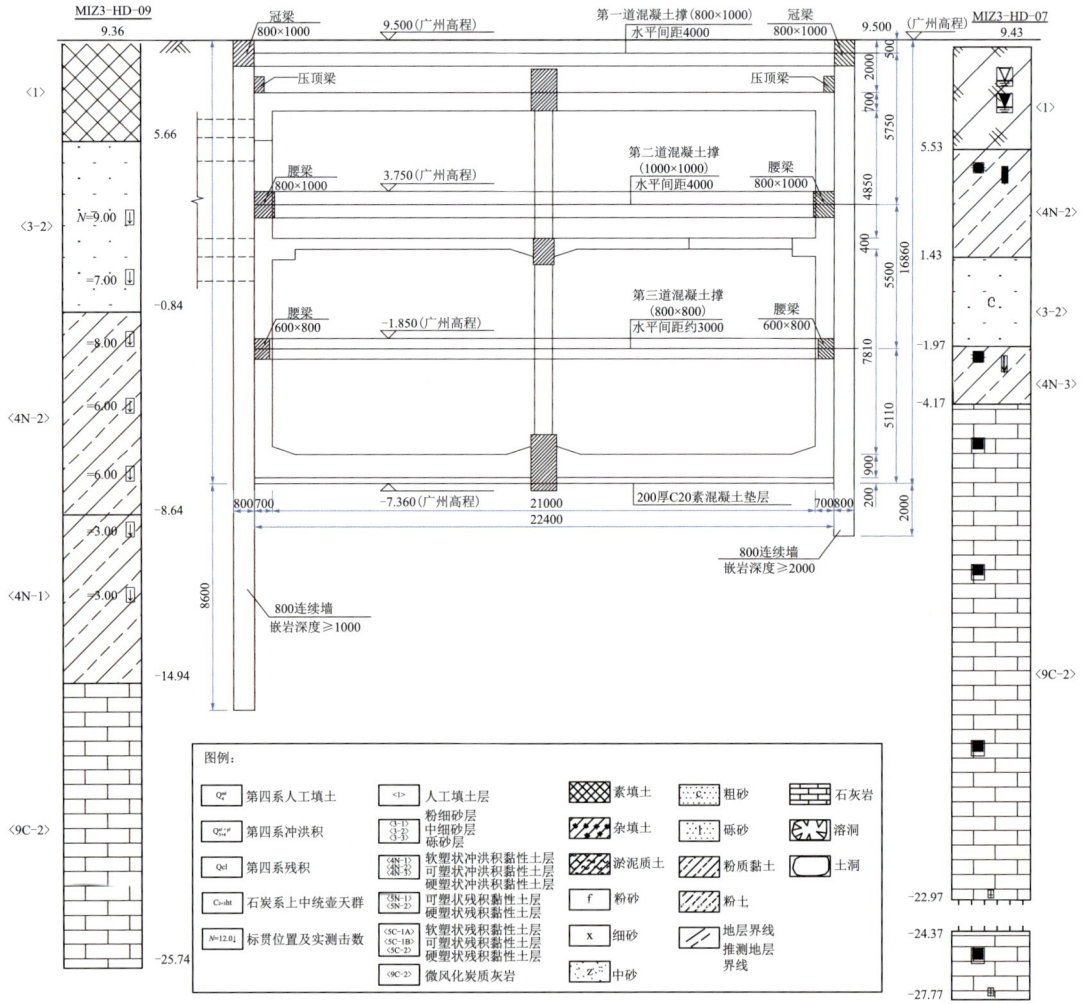

图 3-3 花都汽车城站围护结构施工图设计剖面图(尺寸单位:mm;高程:m)

二、区间隧道土建工程设计技术

1. 区间隧道工程设计要点

九号线区间隧道工程，主要采用盾构法施工。在开展岩溶发育区的区间盾构隧道工程设计时，应遵循以下原则：

（1）隧道埋深以"在覆土厚度满足一倍盾构隧道直径的前提下，尽量不进入灰岩地层"为原则，必要时可不考虑节能坡而采用"人"字坡的设计方案。

（2）盾构选型应进行针对性的比选，防止因盾构选型不合理而引起滞排、喷涌甚至塌陷等风险。

（3）区间内溶（土）洞尽可能通过充填注浆等措施进行预处理，预加固应遵循"地面预处理为主，洞内预处理为辅"的原则。

（4）在盾构隧道管片设计时应预留注浆管，在施工过程中应加强二次注浆。

（5）若区间隧道部分位于软弱地层、液化地层及软弱不均地层等情况，应在土建工程实施时采取设计及施工措施，以满足地基承载力、抗液化及减少差异沉降的要求。

（6）隧道周边工程活动及施工过程的影响无法准确模拟，根据计算统计与工程类比，从提高管片施工及运营阶段的安全系数考虑，增加管片含筋量是有必要的。九号线盾构隧道管片适当增加含筋量，管片配筋不小于175kg/m³。

2. 区间隧道工程设计实例

本节以九号线花都汽车城站—广州北站区间为例，介绍岩溶发育区地铁区间隧道工程设计技术。

1）地质条件

区间沿线分布的地层自上而下主要为人工填土层、冲洪积粉细砂层、冲洪积中粗砂层、冲洪积砾砂层、冲洪积土层、河湖相沉积土层、软塑～可塑状残积土层、硬塑状残积土层、炭质灰岩中等风化带、石灰岩中等风化带、炭质灰岩微风化带、石灰岩微风化带。该区间的溶洞及土洞揭露情况详见第四章第一节。

2）盾构选型及管片设计

泥水盾构和土压盾构的优缺点见表3-11。经综合比选，该区间设计采用泥水盾构。管片外径6000mm、内径5400mm、管节厚度300mm、管片环宽1.5m。

花都汽车城站—广州北站区间盾构机型比选表　　表3-11

序号	特性	机型	
		泥水盾构	土压盾构
1	掌子面稳定效果	工作面稳定性较好	开挖面自稳差，维持土压平衡的难度大
2	地层沉降控制	更有利于沉降控制	沉降控制难度大

续上表

序号	特　性	机　型	
		泥水盾构	土压盾构
3	孔隙水压力	无特别限制,可通过泥浆压力来控制	宜小于150kPa,否则需采用相应的防喷涌措施
4	土的硬度	破碎硬岩效率低	滚刀破碎硬岩效率较高
5	施工场地要求	需要在地面修建泥浆处理池,需要场地较大	不需要特别处理场地,施工用地较小
6	掘进速度	慢	较快
7	工程造价	更高	略低

3）区间平、纵面设计

区间在平面上,左右线各设3个平曲线,曲线半径分别为800m、800m、1000m,左右线间距为13m;纵向上,左右各包含4个竖曲线,前3个竖曲线半径为8000m,进入广州北站竖曲线半径为4000m,区间线路最大纵坡为7.348‰;隧道最大覆土厚度约为15.4m,最小覆土厚度约为7.3m,如图3-4所示。

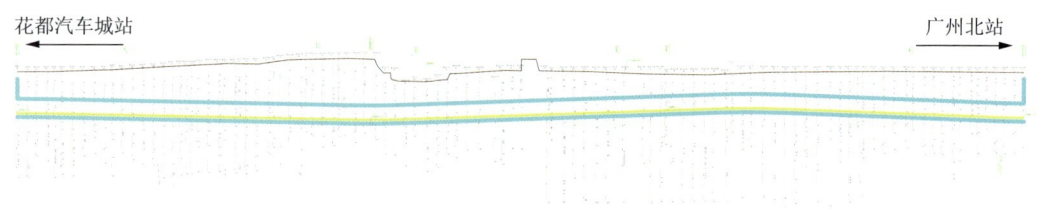

图3-4　花都汽车城站—广州北站区间左线纵断面示意图

4）联络通道设计

联络通道设置的间距为沿隧道纵向间距不大于600m,本区间共设置2个联络通道,其中1号联络通道处设置废水泵房。2个联络通道均采用地层加固竖井开挖施工,竖井范围内采用钢筋混凝土模筑衬砌,暗挖段采用复合式衬砌,即锚喷初期支护＋钢筋混凝土模筑衬砌。综合隧道埋深、地质情况等因素,2个联络通道均采用外包素混凝土连续墙＋地面双管旋喷桩加固,双管旋喷桩加固穿过砂层进入不透水层0.5m以上。

三、土建工程监测设计

1. 监测范围及要求

监测设计方案应包括监测项目、监测方法及精度要求、监测点的具体布置图（平面图、断面图）、观测周期、警戒值、工程数量及概算等。

监测的内容主要为:①明挖基坑（明挖车站主体结构、附属结构、区间施工竖井、区间风井及风机房等）工程的监测;②盾构区间工程的监测;③与车站、区间近接的需重点保护的建（构）筑物的沉降、倾斜、裂缝监测;④爆破振速监测;⑤针对特殊工点需要的监测。

岩溶发育区监测范围应适当加大。第一级：从基坑边缘向外 4 倍开挖深度且不小于 70m；从隧道中心线向外 4 倍隧道埋深范围内且不小于 70m。第二级：第一级范围边缘~200m。第三级：200~500m。对于第一级应按监测项目及频率要求进行监测；对于第二级范围内的建（构）筑物，需提前布设监测点测量初始值；对于第三级范围内的建（构）筑物，应采取目测的方式进行巡视。

2. 明挖基坑监测设计

明挖基坑的监测项目、测点布置和监测精度要求见表 3-12。

明挖基坑监测项目、测点布置和监测精度　　表 3-12

序号	监测项目	位置或监测对象	测点布置	仪器	最小监测精度
1	支护结构桩（墙）顶水平位移	支护结构桩（墙）顶	边长大于 30m 的按间距 30m 布点（按四舍五入原则计）；小于 30m 的，按 1 点布置	经纬仪	1mm
2	支护结构变形	支护结构内	边长大于 30m 的按间距 30m 布点（按四舍五入原则计）；小于 30m 的，按 1 点布置。同一孔测点间距 0.5m	测斜管、测斜仪	1mm
3	支撑轴力	钢管支撑：端部；钢筋混凝土支撑：中部	车站基坑每层 5 根。通道、风道、出入口施工竖井、区间风井、盾构井，每层支撑道数超过 5 根的按 2 根计；5 根以下，按 1 根计	钢管支撑：轴力计；钢筋混凝土支撑：应变计	≤1/100FS
4	锚杆拉力	锚杆位置或锚头	不少于锚杆总数的 5%，且不少于 5 根	钢筋计、压力传感器	≤1/100FS
5	支撑立柱沉降监测	支撑立柱顶上	立柱总数超过 25 根的按 20% 计；总数大于 10 根、小于 25 根的，按 5 根计；小于 10 根的，按 1 根计	水准仪	0.5mm
6	爆破振速监测	需保护的建（构）筑物	不少于总爆破次数的 20%	传感器、放大器、记录器	1.0mm/s
7	沉降、倾斜、裂缝	需保护的建（构）筑物	每个建（构）筑物不少于 3 个测点	经纬仪、水准仪	1mm
8	土体侧向变形	靠近支护结构的周边土体	2~4 孔，同一孔测点间距 0.5m	测斜管、测斜仪	1.0mm
9	地下水位	基坑周边	间距 20~25m	水位管、水位仪	1.0mm

3. 盾构区间监测设计

盾构区间的监测项目、测点布置和监测精度要求见表 3-13。

盾构区间的监测项目、测点布置和监测精度要求　　表 3-13

序号	监测项目	位置或监测对象	测点布置	仪器	最小监测精度	测量频率
1	隧道水平位移及沉降	隧道内壁埋设测点测出隧道的水平位移及沉降	每 4 环设一个断面	水准仪、钢尺	1mm	掘进面前后<20m 时，每天测 1~2 次；掘进面前后<50m 时，每 2d 测 1 次；掘进面前后>50m 时，每周测 1 次
2	土体水平位移及沉降	隧道影响范围内土体水平位移及沉降	宜每 10 环布置一个断面	水准仪、磁环分层沉降仪、倾斜仪	1mm	
3	土层压应力	隧道土层压应力	每一代表性的地段设一断面	压力计、传感器	1mm	
4	衬砌环内力和变形	衬砌环	宜每 20 环布置一个断面	压力计、传感器	1mm	

第二篇　岩溶处理技术

○　第四章　岩溶发育情况及其风险分析
○　第五章　岩溶处理设计及施工技术

第四章　岩溶发育情况及其风险分析

本章介绍九号线工程可行性研究阶段勘察、初步勘察和详细勘察等各阶段的岩溶揭露情况，以及对全线的岩溶风险进行分析并提出处理方案。

第一节　九号线各勘察阶段揭露岩溶发育情况

一、工程可行性研究阶段勘察揭露岩溶发育情况

本次勘察原则上钻孔间距为 250～300m，共布置钻孔 62 个，钻孔深约 30m。本阶段勘察揭露的岩溶有溶蚀裂隙、溶洞、土洞等，以溶洞为主，局部见有土洞。

1. 溶洞

溶洞主要发育在石炭系灰岩中，本次勘察全线路揭露中、微风化灰岩的钻孔 53 个，揭露发育溶洞的钻孔 39 个，见洞率 73.6%；揭露溶洞总数 74 个，有 17 个钻孔揭露两层以上溶洞，占揭露溶洞钻孔的 44%。由此可见，沿线石炭系灰岩溶洞发育强烈。在钻孔揭露的 74 个溶洞中：

（1）在溶蚀发育深度上，溶蚀底板埋深在 10～30m 范围内的有 56 个，约占溶洞总数的 75.7%；溶蚀底板埋深超过 30m 的有 18 个，约占溶洞总数的 24.3%。

（2）在洞体高度上，洞体高度小于或等于 1.5m 的溶洞有 47 个，约占溶洞总数的 63.5%；洞体高度超过 1.5m 的溶洞有 27 个，约占溶洞总数的 36.5%。其中，MIZ1-05 钻孔揭露的洞体高

度 6.05m，无充填，如图 4-1 所示。MIZ1-38 钻孔揭露的洞体高度 6.0m，充填软塑状粉质黏土。MIZ1-60 钻孔揭露的洞体高度 6.16m，充填软塑状石灰岩残积土。

图 4-1　九号线工程可行性研究阶段勘察 MIZ1-05 钻孔岩芯

（3）在填充情况上，半充填和无充填溶洞 34 个，占溶洞总数的 46%；全充填溶洞 40 个，占溶洞总数的 54%。充填物主要为软塑状粉质黏土，局部夹有少量灰岩岩块。部分钻孔揭示为半边岩芯半边空洞，部分钻孔在溶洞中钻进时漏水。

（4）在洞体岩层顶板厚度上，顶板厚度小于或等于 1.5m 的溶洞有 49 个，约占溶洞总数的 66.2%；顶板厚度超过 1.5m 的溶洞有 25 个，约占溶洞总数的 33.8%。溶洞顶板厚度小于或等于洞体高度的有 41 个，约占溶洞总数的 55.4%。顶板最小厚度仅为 0.10m。

2. 土洞

沿线勘察有 2 个钻孔揭露土洞，详见表 4-1。

可行性研究勘察土洞揭露情况统计一览表　　　　表 4-1

钻孔编号	洞体顶底板埋深(m)	洞体顶底板标高(m)	洞体高度(m)	充填物特征	发育层位
MIZ1-11	16.1～23.0	-7.44～-14.34	6.9	流塑状粉质黏土，钻具自然下沉	软塑状粉质黏土
MIZ1-35	23.0～25.8	-10.97～-13.77	2.8	无充填	硬塑状粉质黏土

MIZ1-11 钻孔在深度 16.1～23.0m 揭示土洞，该土洞洞体高度 6.9m，位于软塑状粉质黏土的底部，土洞下即为微风化灰岩。土洞由流塑状粉质黏土充填，钻探过程中钻具自然下沉。

MIZ1-35 钻孔在深度 23.0～25.8m 揭示土洞，该土洞洞体高度 2.8m，位于硬塑状粉质黏土的底部，土洞下即为微风化灰岩。土洞无充填。

二、初步勘察阶段揭露岩溶发育情况

九号线部分车站初步勘察阶段溶（土）洞揭露情况见表 4-2。花都汽车城站初步勘察阶段 8 个钻孔，其中有 7 个钻孔揭露共计 16 个溶洞，见洞率 87.5%；广州北站初步勘察阶段 8 个钻孔，其中有 7 个钻孔揭露共计 8 个溶洞和 1 个土洞，见洞率 87.5%；花都广场站初步勘察阶段 8 个钻孔，其中有 5 个钻孔揭露总计 16 个溶洞，见洞率 62.5%；马鞍山公园站初步勘察阶段 8 个钻孔，仅发现 1 个小溶孔，高度为 0.1m，见洞率 12.5%。飞鹅岭站和花果山公园站在初步勘察阶段均未发现溶（土）洞。

部分车站初步勘察阶段溶（土）洞揭露情况　　　　表 4-2

序号	工点名称	钻孔数(个)	揭露到溶(土)洞的钻孔数(个)	见洞率(%)
1	花都汽车城站	8	7	87.5
2	广州北站	8	7	87.5
3	花都广场站	8	5	62.5
4	马鞍山公园站	8	1	12.5

九号线部分区间初步勘察阶段溶（土）洞揭露情况见表 4-3。花都汽车城站—广州北站区间见洞率最高，初步勘察阶段共布置 47 个钻孔，其中有 28 个钻孔揭露共计 43 个溶洞和 3 个土洞，见洞率 59.6%；飞鹅岭站—花都汽车城站见洞率最低，初步勘察阶段共布置 54 个钻孔，有 21 个钻孔揭露共计 33 个溶洞和 1 个土洞，见洞率 38.9%。

部分区间初步勘察阶段溶（土）洞揭露情况　　　　表 4-3

序号	工点名称	钻孔数(个)	揭露到溶(土)洞的钻孔数(个)	见洞率(%)
1	飞鹅岭站—花都汽车城站	54	21	38.9
2	花都汽车城站—广州北站	47	28	59.6
3	广州北站—花果山公园站	53	22	41.5
4	花果山公园站—花都广场站	40	22	55
5	花都广场站—马鞍山公园站	27	13	48.1
6	马鞍山公园站—清布站	57	27	47.4

三、详细勘察阶段揭露岩溶发育情况

九号线各车站详细勘察阶段溶(土)洞揭露情况见表4-4。花都汽车城站、广州北站、花都广场站、清布站的岩溶见洞率均在40%以上,岩溶发育比较强烈;飞鹅岭站和马鞍山公园站的岩溶见洞率均在10%以下,岩溶发育较弱;花果山公园站和高增站均未揭露到溶(土)洞。

各车站详细勘察阶段溶(土)洞揭露情况 表4-4

序号	工点名称	钻孔数(个)	揭露到溶(土)洞的钻孔数(个)	填充情况	见洞率(%)
1	飞鹅岭站	66	2		3
2	花都汽车城站	99	67	约1/5溶洞充填软塑状、可塑状黏性土,1/5溶洞充填砂土,其他无充填	67.7
3	广州北站	107	67	约1/4溶洞充填软塑状黏性土,1/10溶洞充填砂土,其他无充填	62.6
4	花果山公园站	48	0		0
5	花都广场站	156	66	约1/4溶洞充填软塑状、可塑状黏性土,1/5溶洞充填砂土,其他无充填	42.3
6	马鞍山公园站	93	7	约1/5溶洞充填软塑状、可塑状黏性土,其他无充填	7.5
7	清布站	82	36	约89%溶洞全充填,主要充填软塑状黏性土,少量充填砂土、碎石等,其余为半充填及无充填	43.9
8	高增站	70	0		0

九号线各区间详细勘察阶段溶(土)洞揭露情况见表4-5。除清布站—高增站区间外,九号线沿线各区间岩溶见洞率均在30%以上。

各区间详细勘察阶段溶(土)洞揭露情况 表4-5

序号	工点名称	钻孔数(个)	揭露到溶(土)洞的钻孔数(个)	填充情况	见洞率(%)
1	飞鹅岭站—花都汽车城站	243	88	约1/3溶洞充填软塑状、可塑状黏性土,1/4溶洞充填砂土,其他无充填	36.2
2	花都汽车城站—广州北站	243	84	约1/4溶洞充填软塑状、可塑状黏性土,1/4溶洞充填砂土,其他无充填	34.6
3	广州北站—花果山公园站	317	156	约1/5溶洞充填软塑状、可塑状黏性土,其他无充填	49.2
4	花果山公园站—花都广场站	279	131	约1/4溶洞充填软塑状、可塑状黏性土,其他无充填	46.9
5	花都广场站—马鞍山公园站	288	121	约1/5溶洞充填软塑状、可塑状黏性土,1/5溶洞充填砂土,其他无充填	42.0
6	马鞍山公园站—清布站	356	168	约1/5溶洞充填软塑状、可塑状黏性土,1/10溶洞充填砂土,其他无充填	47.2
7	清布站—高增站	682	107	约80%溶洞全充填,主要充填软塑~流塑状黏性土,少量充填碎石、砂土等;约15%溶洞半充填;其余无充填	15.7

第二节 岩溶发育区溶（土）洞风险分析

一、岩溶塌陷原因及机理

未探明和未预处理的溶（土）洞会造成地层损失和应力释放，增加周边围岩的不稳定性。随着时间的推移，在人为因素和自然因素的影响下，则易造成溶（土）洞的进一步扩展及坍塌，并引发突涌水等次生风险，带来严重后果。溶（土）洞塌陷的风险因子主要有岩溶发育程度、溶洞顶板性质与厚度、岩溶水活动程度、地震和振动烈度等，如图 4-2 所示。

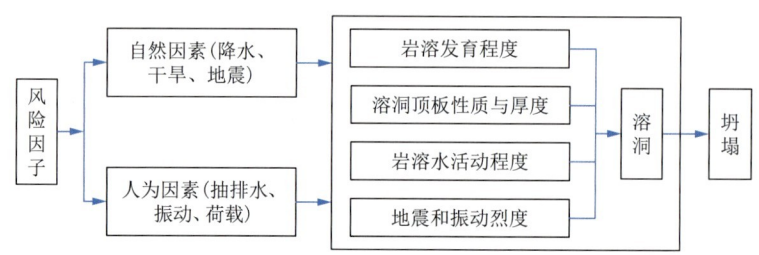

图 4-2　岩溶坍塌形成的条件框图

1. 岩溶发育程度

岩溶洞隙是衡量可溶岩岩溶发育程度的重要指标，是岩溶塌陷产生的基础。岩溶洞隙主要发育在距地表较近的富水区域，随深度的增加，洞隙发育逐渐减弱。

浅部岩溶洞隙由于地下水活动频繁、交替强烈，往往形成错综复杂的洞隙网络系统，一般具有较好的连通性。岩溶洞隙的这些特征，为地下水的运动提供了通道，同时也为岩溶塌陷体提供了必要的运输场所和储存空间。

岩溶洞隙的开启程度，是塌陷产生的重要因素。向上开口的溶洞裂隙，增强了地表水体与松散孔隙水、岩溶裂隙水等之间的联系，也是接受塌陷物质的窗口。当岩溶裂隙水下降时，地表水与岩溶裂隙水间的水力梯度增大，地表水在开口溶洞周围形成渗流路径以补给岩溶水，加强了对覆盖层土体的渗流和侵蚀作用。

开口溶洞的存在，使得溶洞顶板上方覆盖层土体临空，极易产生破坏。洞穴的开启程度越大，越容易引起塌陷。

2. 溶洞顶板性质与厚度

岩溶塌陷实质上是溶洞顶板上方覆盖层土体的陷落。溶洞顶板上方覆盖层土体及其充填物质绝大部分由第四系松散沉积物组成，形成双层结构或多层结构即复合地层。

研究表明，若上覆地层为松散的砂层或砂砾层，则由于颗粒间无黏结力，易在外界因素影响下产生塌陷。溶洞一旦形成，需要一定厚度的顶板厚度及覆盖土层来满足其应力拱高度的要求，以保证溶洞顶板的稳定，所以溶洞塌陷比较容易发生在顶板较薄或覆盖层厚度较薄弱处。当溶洞顶板的极限承载力不能满足上部覆盖层土体的自重及其他外界荷载时,将发生失稳破坏。

据统计,顶板厚度小于0.5m的溶洞最容易发生塌陷,顶板厚度在0.5~3.0m的溶洞塌陷数量要少很多,顶板厚度大于3.0m的溶洞仅极个别发生塌陷。一般认为,溶洞顶板厚度小于0.5m是不安全的。

3. 岩溶水活动程度

岩溶水主要包括地表水和地下水,其中地下水活动是岩溶塌陷的重要因素。地下水活动主要表现为水位、流速、流量及水力坡降的变化。天然状态下,可溶性岩(主要成分为碳酸盐)的溶解是一个极其复杂的过程,既有微粒间的扩散作用,也有物质间的化学作用,地下水活动在岩溶塌陷中主要有溶蚀、潜蚀及浮力作用等。

溶蚀作用:地下水对碳酸盐的溶蚀作用主要为化学溶蚀作用。水中含有的二氧化碳(CO_2)与水(H_2O)化合生成碳酸(H_2CO_3),碳酸与灰岩发生化学反应,生成易溶于水的碳酸氢钙$[Ca(HCO_3)_2]$,其随流动的地下水运动而流失,从而发生化学溶蚀作用。含有$Ca(HCO_3)_2$的地下水沿着细小的孔隙和裂隙流入溶洞空间,$Ca(HCO_3)_2$溶液呈现非饱和状态,使化学溶蚀作用得以不断地进行,形成多层串珠状溶洞。长期的溶蚀作用将改变岩(土)体的结构,破坏原有的平衡体系,从而发生塌陷。

潜蚀作用:地下水位的变化,会导致水力梯度和水的流速增大,动水压力增大,潜蚀基岩裂隙中的松散充填物。地下水位的变化对溶洞安全性的影响很大,长时间的干旱、暴雨、人工抽水等都有可能导致地下水位上升或者下降,尤其砂土地区更为显著,砂层的渗透系数较大,对水位的变化更加敏感。因此,要做好岩溶与富水砂土组合地层中地铁隧道的安全保护工作,保证其周边地下水位的稳定至关重要。

4. 地震和振动烈度

地震和人为振动产生的波,尤其是纵波,极易引起溶洞坍塌,若溶洞顶板上覆的松散砂层较厚,则振动作用还可能导致砂土发生液化、淤泥流塑性变形等,进一步增加溶洞塌陷的风险。

二、溶(土)洞对地铁土建工程的风险分析

在岩溶发育区,地铁土建工程遇到溶(土)洞的风险可以分为以下两类:

1)遇到未能探明的溶(土)洞或探明的溶(土)洞未预处理到位的风险

受当前的勘探技术手段限制,以及岩溶发育的复杂性影响,无法保证线路影响范围内所有的溶(土)洞均能被查明。同时,探明的溶(土)洞若在预处理过程中管控不到位则仍然存在安全隐患。此时会存在以下风险:

(1)明挖法基坑:围护结构施工中存在塌孔或塌槽的风险,基坑开挖时存在围护结构渗漏水、围护结构底部和基坑底部突涌水等风险。

第二篇　岩溶处理技术

（2）盾构隧道:存在盾构掘进"栽头"、地表沉降、塌陷及喷涌等影响地下构筑物、管线和地面建筑物安全等风险。

（3）联络通道:暗挖施工存在塌陷、涌水等风险。

（4）车辆段:存在地面不均匀沉降、塌陷等风险。

2）溶（土）洞处理过程中的风险

在溶（土）洞处理钻孔过程中,也会打破原有"脆弱"的平衡状态,发生地面塌陷（见图4-3）,甚至设备损坏和人员伤亡的风险。

图4-3　溶（土）洞处理钻孔导致地面塌陷

三、岩溶风险分析与处理建议

依据揭露的溶（土）洞情况,勘察设计阶段对九号线各工点的地质风险进行了分析,并提出了预处理措施,见表4-6。

各工点岩溶风险分析及预处理措施　　　　表4-6

序号	工点名称	风险分析	预处理措施	仍然存在的风险
1	飞鹅岭站	①岩溶发育较少; ②软弱地基; ③房屋保护	①溶洞填充; ②格栅加固	①围护结构变形过大; ②周边房屋等建(构)筑物沉降损坏
2	飞鹅岭站—花都汽车城站	①溶洞发育; ②建筑物保护	①溶洞填充; ②桥梁拆除重建; ③加强监测及注浆	①可能会有未揭露的溶（土）洞,发生盾构"栽头"、突水等; ②运营风险
3	花都汽车城站	①溶洞发育; ②软弱地基; ③房屋保护	①溶洞填充; ②基底格栅加固,采用注浆封闭; ③设置隔离止水幕墙及加固	可能会有未揭露的溶（土）洞,发生突水
4	花都汽车城站—广州北站	①溶洞发育; ②软弱地基	①溶洞填充; ②旋喷桩加固; ③加强监测及注浆	①可能会有未揭露的溶（土）洞,发生盾构"栽头"、突水等; ②运营风险
5	广州北站	①溶洞发育; ②房屋保护	①溶洞填充; ②设置格栅土墩柱,格栅内采用注浆封闭; ③加强监测	可能会有未揭露的溶（土）洞,发生突水

第四章 岩溶发育情况及其风险分析

续上表

序号	工点名称	风险分析	预处理措施	仍然存在的风险
6	广州北站—花果山公园站	①溶洞发育；②下穿铁路；③房屋保护	①溶洞填充；②铁路加固；③加强监测及注浆	①可能会有未揭露的溶（土）洞，发生盾构"栽头"、突水等；②铁路沉降风险；③运营风险
7	花果山公园站	溶洞不发育	深基坑支护设计	①围护结构变形过大；②周边房屋沉降损坏
8	花果山公园站—花都广场站	①溶洞发育；②房屋保护；③软基	①溶洞填充；②加强监测及注浆；③旋喷桩加固；④田美河桥拆除	①可能会有未揭露溶（土）洞，发生盾构"栽头"、突水等；②运营风险
9	花都广场站	溶洞发育	①溶洞填充；②设置格栅土墩柱	可能会有未揭露的溶（土）洞，发生突水
10	花都广场站—马鞍山公园站	①溶洞发育；②房屋保护；③软基	①溶洞填充；②加强监测及注浆；③旋喷桩加固	①可能会有未揭露的溶（土）洞，发生盾构"栽头"、突水等；②运营风险
11	马鞍山公园站	①溶洞发育较少；②房屋保护	①溶洞填充；②设置隔离止水幕墙；③设置格栅加固	可能会有未揭露的溶（土）洞，发生突水
12	马鞍山公园站—清布站	①溶洞发育；②建筑物保护；③软基	①溶洞填充；②加强监测及二次注浆；③旋喷桩加固	①可能会有未揭露的溶（土）洞，发生盾构"栽头"、突水等；②运营风险
13	清布站	①溶洞发育；②建筑物保护	①溶洞填充；②设置全咬合土墩柱；③回灌井及注浆加固	可能会有未揭露的溶（土）洞，发生突水
14	清布站—高增站	①溶洞发育；②明挖软基；③建筑物保护	①溶洞填充；②加强监测及注浆；③格栅加固	①可能会有未揭露的溶（土）洞，发生盾构"栽头"、突水等；②运营风险
15	高增站	①溶洞不发育；②三号线保护	①常规基坑支护设计；②隧道设置隔离止水幕墙；③加强监测	三号线结构变形

第五章 岩溶处理设计及施工技术

岩溶发育区溶（土）洞的存在是诱发地铁土建工程施工风险的最基本因素。为避免溶（土）洞发生塌陷甚至引发次生灾害，地铁土建工程施工前均应提前预处理勘察设计阶段已探明的施工影响范围内的溶（土）洞；同时，施工扰动也易引发勘察设计阶段未探明的溶（土）洞发生塌陷，是地铁土建施工中的重大安全隐患。为此，如何有效处理溶（土）洞并避免施工过程中产生的安全风险，如何应对施工中未探明溶（土）洞引发的不可预见风险并做相应应急处理，是工程技术人员面临的难题。目前，国内岩溶发育区地铁工程溶（土）洞的处理原则、处理范围及相应的施工技术仍在逐步探索与完善之中。广州多条地铁线路穿越岩溶发育区，在岩溶处理方面积累了丰富的经验，并在九号线实施中不断地补充完善。本章将重点阐述溶（土）洞处理设计及施工关键技术。

第一节 溶（土）洞处理设计技术

岩溶区发育有溶洞、土洞、溶沟、溶槽及岩溶坍塌区等不良地质体，在岩溶区进行基坑开挖、隧道掘进容易产生突、涌水的风险，岩溶区所发育的溶（土）洞在地下水及人类的工程活动作用下容易"活化"，产生坍塌等地质灾害。因此，需对工程有影响的溶（土）洞进行预处理。设计阶段应针对岩溶区所存在的不良地质及地质风险制订处理措施，确保地铁车站及隧道在施工期的安全及运营期的结构稳定性。本节主要介绍九号线溶（土）洞处理设计技术。

一、明挖结构岩溶处理设计技术

1. 处理目的

（1）降低围护结构施工时发生坍塌的风险。

（2）预防土洞在地下水作用下迅速发展的风险，降低后期运营的风险。

（3）预防未查明的溶洞、岩溶裂隙在基坑开挖时发生突、涌水，破坏基坑及周边建（构）筑物，提高砂土地基抗岩溶局部坍塌的能力，提高车站结构的安全性。

2. 处理原则

（1）对明挖结构，应遵循岩溶处理、基底处理、围护结构、抗浮方案、施工期涌水及运营期风险防治方案等多方面协调统一的原则。

（2）影响工程安全的溶（土）洞均应处理。

（3）工程影响范围内的非全填充土洞均应处理，对于全填充土洞应根据填充物性质、地基承载力、周边环境等情况确定处理方案。

3. 处理范围

在满足列车高速运行条件下地基承载力要求的基础上，应结合基底以上是否有稳定隔水层及隔水层厚度确定岩溶处理范围，一般情况下可参照以下要求执行：

1）围护结构及独立桩周边溶（土）洞处理

围护结构及独立桩周边 3m 以内、围护结构或桩底下 5m 以上范围溶（土）洞应进行施工前处理。若围护结构或桩周边及底部为砂层或其他中等~强透水层，则溶（土）洞处理范围尚需根据实际情况适当加大。

2）基坑基底溶（土）洞处理

（1）揭示的土洞全部处理。

（2）当基底为灰岩地层时，探边孔揭示的基底下不小于 2m 的中等~微风化灰岩或稳定隔水层 5m 范围所揭示的溶（土）洞，全部自地面进行充填加固处理。余下灰岩所发现的溶（土）洞原则上不需要处理，具体结合溶（土）洞的厚跨比 [基底稳定层顶至溶（土）洞顶距离与溶（土）洞直径的比值，厚跨比小于 1 的处理] 和对车站主体结构及连续墙围护结构的影响分析确定。如图 5-1 所示。

（3）对位于基底以上的溶（土）洞，仅对影响连续墙或围护桩施工的基底以上的溶（土）洞进行处理，对基坑开挖范围内的已揭示浅层溶（土）洞可不进行加固处理。

（4）对底板下遇串珠状溶洞、溶蚀凹槽、破碎带等特殊地质，应根据其埋深、地下水性质综合判断后由设计单位确定处理深度及范围。

（5）工程范围揭示有大口径溶（土）洞时（大于 3m），尚应根据厚跨比、地层情况等具体分析其影响，采取合适的处理措施。

第二篇 岩溶处理技术

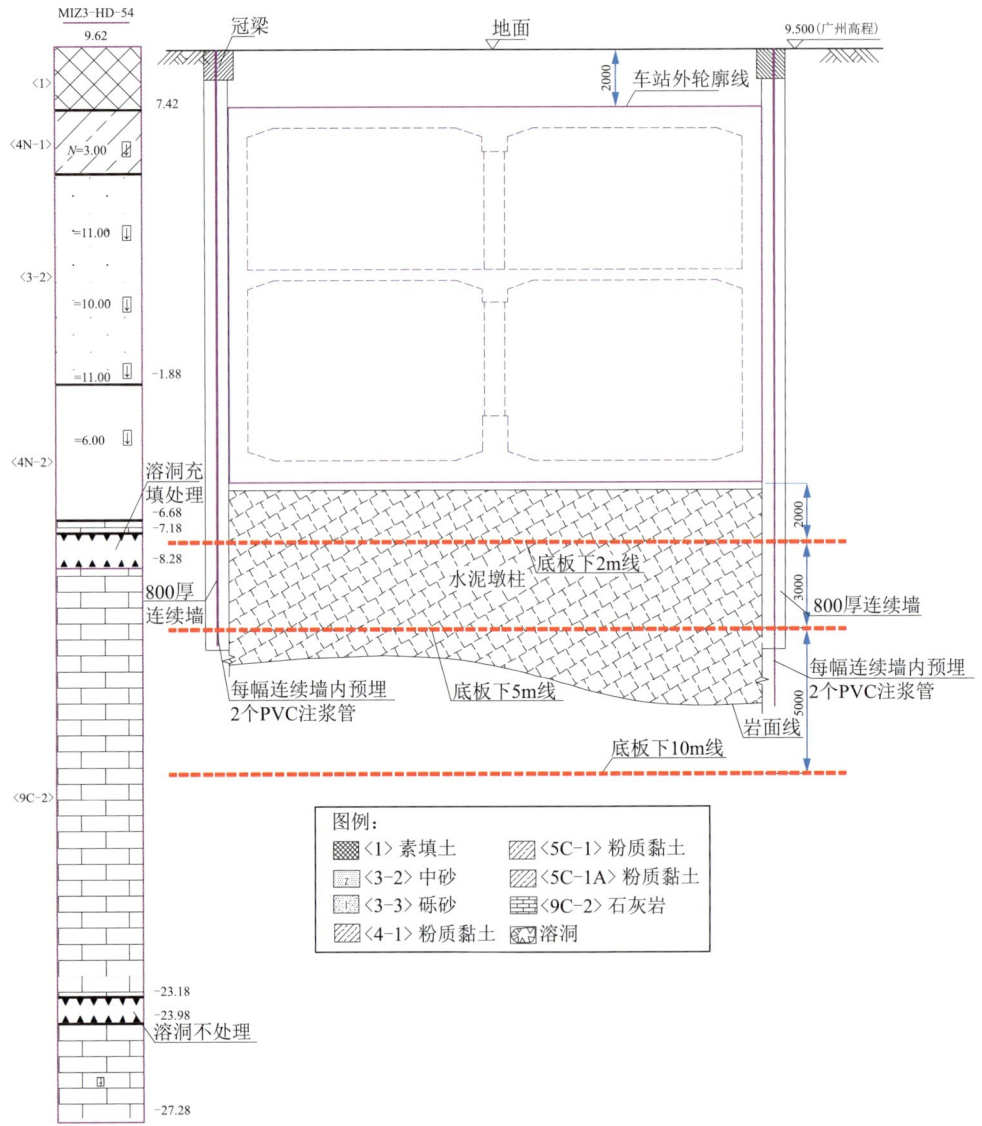

图 5-1 九号线明挖结构溶(土)洞处理剖面示意图(尺寸单位:mm)

4. 处理措施

(1)土建施工单位可利用岩溶加密勘察和溶(土)洞探边勘探点,进行岩溶处理。对于岩面上覆砂层或溶(土)洞洞径较大,探边施工易引起地面塌陷风险时,应采用边探边注浆的处理方式。如图 5-2 所示。

(2)未填充溶(土)洞可采用水泥砂浆或水泥浆进行注浆充填;较大溶(土)洞(高度大于或等于 3m)可先用水泥砂浆或者低强度导致的细石混凝土填充,再进行水泥浆压密注浆。统一采用 PVC 花管注浆。注水泥浆或者双液浆可选用 $\phi 48 \times 4.5$ PVC 花管,注水泥砂浆可采用 $\phi 200 \times 8$ PVC 花管。

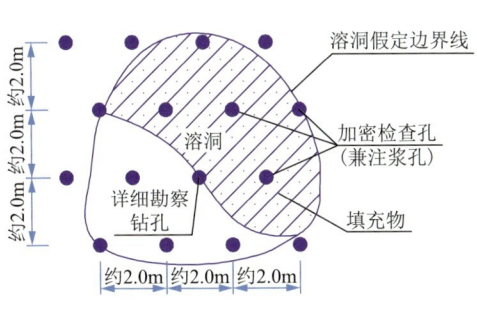
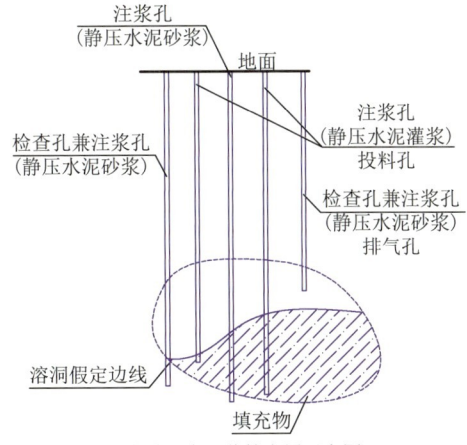

a) 加密检查孔平面布置示意图　　　b) 充填方案注浆管布置示意图

图 5-2　溶（土）洞处理示意图

充填压力需根据溶（土）洞的充填情况进行调整。对于全填充溶（土）洞，填充物采用标贯试验进行检验，标贯击数大于 10 击时可不处理。

（3）充填注浆需边注浆边摸查溶（土）洞的规模及处理后的状态。

摸查方法：根据注浆量及注浆孔所检测到的溶（土）洞洞径初步估算溶（土）洞的规模后再向周边布设检查孔。

检查孔除需注意检查溶（土）洞的延展状况外，尚需检查注浆充填状况，发现注浆不饱满的需利用检查孔继续注浆。

（4）对于规模较大的溶（土）洞，其范围已超出地铁结构设定的安全限界时，可先在安全限界钻孔，采用速凝浆控制边界，以减少注浆的范围及注浆量。

（5）溶（土）洞注浆处理前，需先成孔、后埋入注浆管，并注意封闭溶洞顶板及注浆管与孔壁间的间隙。

（6）注浆材料采用双液浆和水泥浆，溶（土）洞外围可用双液浆封闭，内部采用水泥浆，水泥采用 42.5 级普通硅酸盐水泥。注浆管应进入溶（土）洞底部以下不小于 0.5m。

（7）注浆参数：

①周边孔。以相对小压力、多次数控制，压力 0.6～0.8MPa，3～4 次；注浆浆液为双液浆，配比建议为水泥∶水∶水玻璃 ＝ 1∶1.38∶0.3（质量比），水泥采用 42.5 级普通硅酸盐水泥，水玻璃模数 m=2.4～3.4（浓度 30～40°Bé），具体配比应根据现场试验确定。

②中央孔。压注水泥浆，压浆 3 次，设计参数为：

a. 注浆压力为 0～1.0MPa；注浆压力逐步提高，达到注浆终压并继续注浆 10min 以上。

b. 水泥采用 42.5 级普通硅酸盐水泥；水灰比为 1.0～1.5，具体应根据现场试验确定。

c. 注浆速度为 30～70L/min。

d. 实际灌浆参数根据现场试验确定。

(8)溶沟、溶槽及破碎带(含岩溶坍塌区)根据抽水试验、地层情况,专门进行处理方案设计。

(9)施工前应进行现场注浆试验,注浆参数根据试验情况进行调整。注浆量和注浆有效范围通过现场试验确定。

二、盾构隧道岩溶处理设计技术

1. 处理目的

(1)降低盾构施工的"栽头""陷落"、地表沉降过大或坍塌的风险。

(2)预防溶(土)洞的坍塌,降低后期运营风险。

2. 处理原则

盾构隧道岩溶处理应遵循"以地面、机(盾构)内预处理相结合为主,洞内预留措施处理为辅"的原则,防止盾构施工的"栽头""陷落"、地表沉降过大或坍塌事故的发生,降低工后差异沉降,满足运营安全。

3. 处理范围

在满足列车高速运行条件下地基承载力要求的基础上,溶(土)洞的处理范围应根据岩面以上土层的性质、岩体的特性、溶洞的填充情况等综合判断,如图5-3所示。一般情况下,可参照以下要求执行:

(1)当地铁工程处在岩溶区段时,为了保证施工期间的安全和使用期间的正常运营,所有勘察资料揭露的工程影响范围内的土洞均必须处理。

(2)隧道结构轮廓外放3m范围内,地面至隧道底范围内的溶(土)洞均需处理。

(3)隧道底为灰岩时,结构轮廓外放3m范围内,隧道底板以下2m内溶洞必须处理。

(4)当隧道底为较稳定的隔水层(如黏土、粉质黏土)时:

①若隔水层厚度≥2m,则隧道底下的溶洞一般不做处理。

②若隔水层厚度<2m,且最上层溶洞顶板厚度<2m或厚跨比<0.5,则隧道结构轮廓外放3m范围内,岩面以下2m内溶洞必须处理。

(5)当隧道底至岩面为砂层或无较稳定隔水层时:

①若岩板厚度≥2m,则隧道底下的溶洞一般不做处理。

②若岩板厚度<2m或厚跨比<0.5,则隧道结构轮廓外放3m后,岩面以下2m内溶洞必须处理。

(6)隧道轮廓外放3m后,对隧道底板下遇串珠状溶洞、溶蚀凹槽、破碎带等特殊地质,应根据其埋深、地下水性质综合判断后由设计单位提出处理深度及范围。

第五章 岩溶处理设计及施工技术

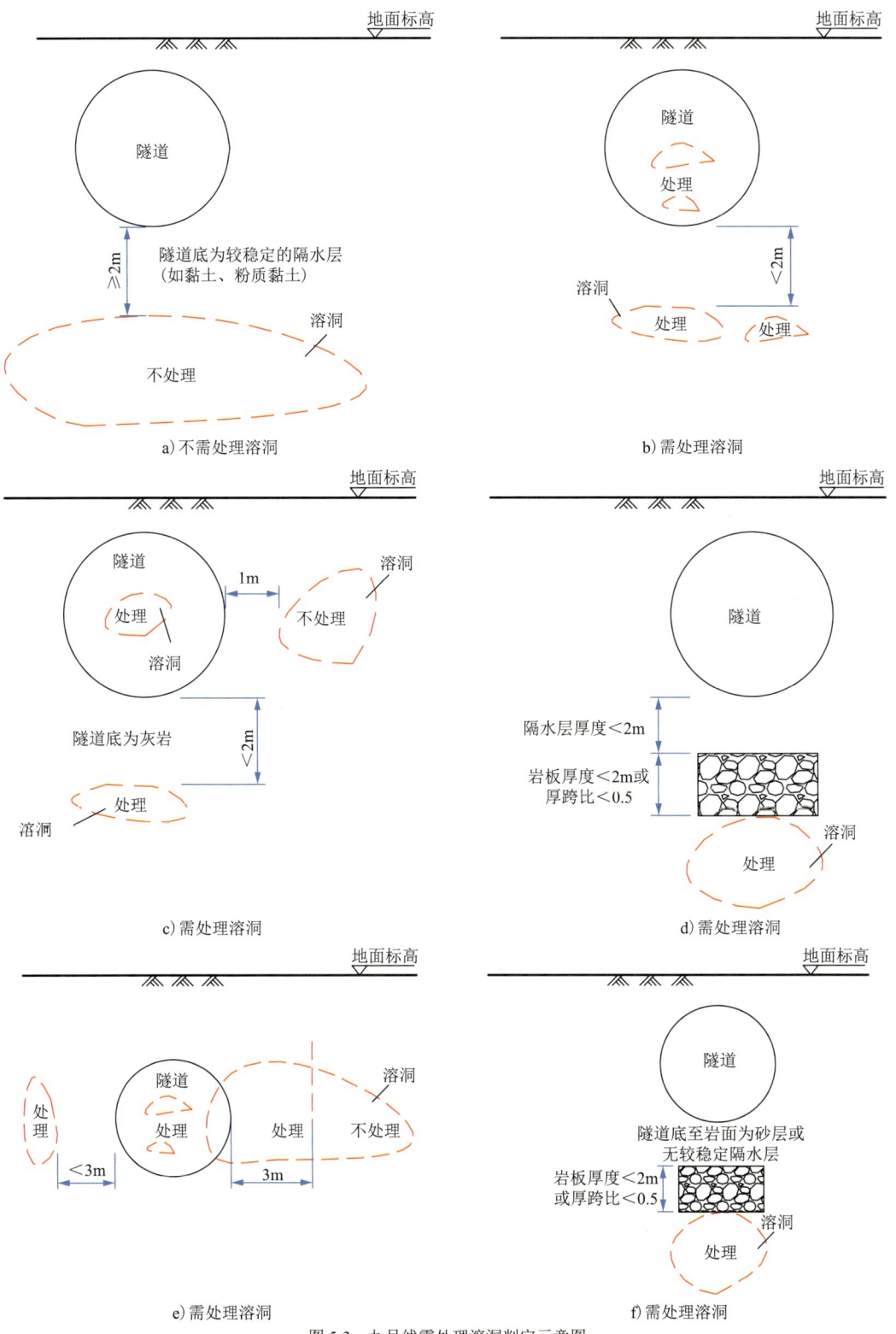

图 5-3　九号线需处理溶洞判定示意图

4. 处理措施

1) 地面溶（土）洞处理

（1）地面溶（土）洞采用充填注浆的方法进行处理，处理方法可参照明挖结构岩溶处理措施（见本章"一""4. 处理措施"）。

（2）溶沟、溶槽及破碎带（含岩溶坍塌区）采用固结注浆的方法进行处理。处理时，需采用"前进式"或"后退式"分段注浆，注浆深度需从地铁结构底板上 3m 至地铁结构底板下不小于 5m。

（3）施工前应进行现场注浆试验，注浆参数根据试验情况进行调整。注浆量和注浆有效范围通过现场试验确定。

2) 盾构内对溶（土）洞的预处理

（1）由于岩溶区工程地质条件复杂，城区内受交通、管线、建（构）筑物的影响，较难全面开展与探明岩溶的发育状况，因此参与岩溶区盾构隧道施工的单位需配置（盾构）机内超前探测的仪器与机械设备（小型钻机）。

（2）机内配置的超前探测仪器或设备，每次探测距离应不少于 15m，探测范围应不小于隧道结构外 3m。

（3）在岩溶区盾构掘进前需进行超前探测，当掘进到超前探测距离前 3～5m 时需再向前进行超前探测，即超前探测应"交叉"3～5m。

（4）采用机械（小型钻机）设备进行超前探测时，每个断面需施工不少于 6 个探测孔，分别向掘进前方及前下方，重点是探测前下方有无导致盾构掘进时发生"栽头""陷落"的溶（土）洞。

（5）超前探测发现需处理的溶（土）洞时，可根据实际施工条件选择地面或洞（机）内处理方法。有条件时，应优先采用地面处理方法。

三、联络通道岩溶处理设计技术

由于岩溶区地质条件复杂，位于透水性强的地层（砂层）、软弱地层（淤泥、淤泥质土等标贯击数 N<10 击的地层）的联络通道需进行地层加固。加固方式优先采用冻结法，也可采用其他地面加固方式（如外包素墙、深层搅拌桩、旋喷桩、注浆等）。当采用地面加固方案时，岩溶处理施工一般按照以下要求进行。

（1）影响工程安全的溶（土）洞均应处理。

（2）工程影响范围内的非全填充土洞均应处理；对于全填充土洞应根据填充物性质、地基承载力、周边环境等情况确定处理方案，参考盾构隧道处理执行。

（3）联络通道处理应与盾构隧道、土体加固综合考虑。

（4）联络通道处施工素混凝土地下连续墙止水帷幕时,应遵循"地下连续墙外 3m 以内,墙底下 5m 以上范围溶(土)洞应进行施工前处理"的原则。

四、岩溶处理质量检验技术要求

1. 溶(土)洞充填注浆效果检验

主要是检查填充率及密实程度。填充率可考虑采用"二次压浆"的方法进行检查;密实程度采用标贯法测定,标贯值达到"坚硬"状土为优,"硬塑"状土为合格。

2. 基底注浆加固效果检查

对溶槽、溶沟、破碎带及砂层注浆加固效果检查,建议以检查"固结状态"及"固结强度"进行评定。

"固结状态"——按"土层取样"取样方式进行取样,样品"完整、不破碎"表明固结效果较好,样品"松散""碎块状"表明固结效果"差"及"较差";

"固结强度"——采用标贯法测定,标贯值达到"坚硬"状为优,"硬塑"状为合格。

3. 有地基承载力要求时的检查方法与标准

（1）采用钻孔抽芯法,做抗压试验,要求 28d 无侧限抗压强度 ≥ 0.2MPa;

（2）采用随机原位标贯试验,标贯击数应不小于 10 击。

4. 检测原则和数量

按 1% 孔数抽查,且不小于 3 点,要求每个溶洞均要检测一次;采用随机钻孔取芯,做抗压试验,要求无侧限抗压强度不小于 0.2MPa。

第二节　地面溶(土)洞预处理施工技术

九号线清布站—高增站区间沿线场地岩溶主要发育在石炭系灰岩层中(见图5-4)。共完成 782 个钻孔(其中包括 107 个利用钻孔,未统计水文观测孔 7 个),揭露发育溶洞的钻孔有 133 个(包括土洞),见洞率为 17.0%;有 25 个钻孔揭露两层岩溶以上,占揭露岩溶钻孔的 18.79%,岩溶发育比较强烈。溶洞洞顶标高 -0.39 ~ -38.89m,埋藏深度在 15.70 ~ 51.50m,洞高 0.20 ~ 29.90m。现以该区间溶(土)洞处理施工为例,阐述地面溶(土)洞预处理施工技术。

一、探边

以勘察钻孔揭示的某个溶(土)洞为基准点加密钻孔,沿纵向和横向 2m×2m 的间距往四周

第二篇　岩溶处理技术

钻孔探查溶(土)洞边界,纵横方向最多探查到主体结构、隧道平面轮廓线外 3m,如果仍未探到溶(土)洞边界,则以最外排探查见洞的钻孔作为处理边界。探边布孔如图 5-5 所示。

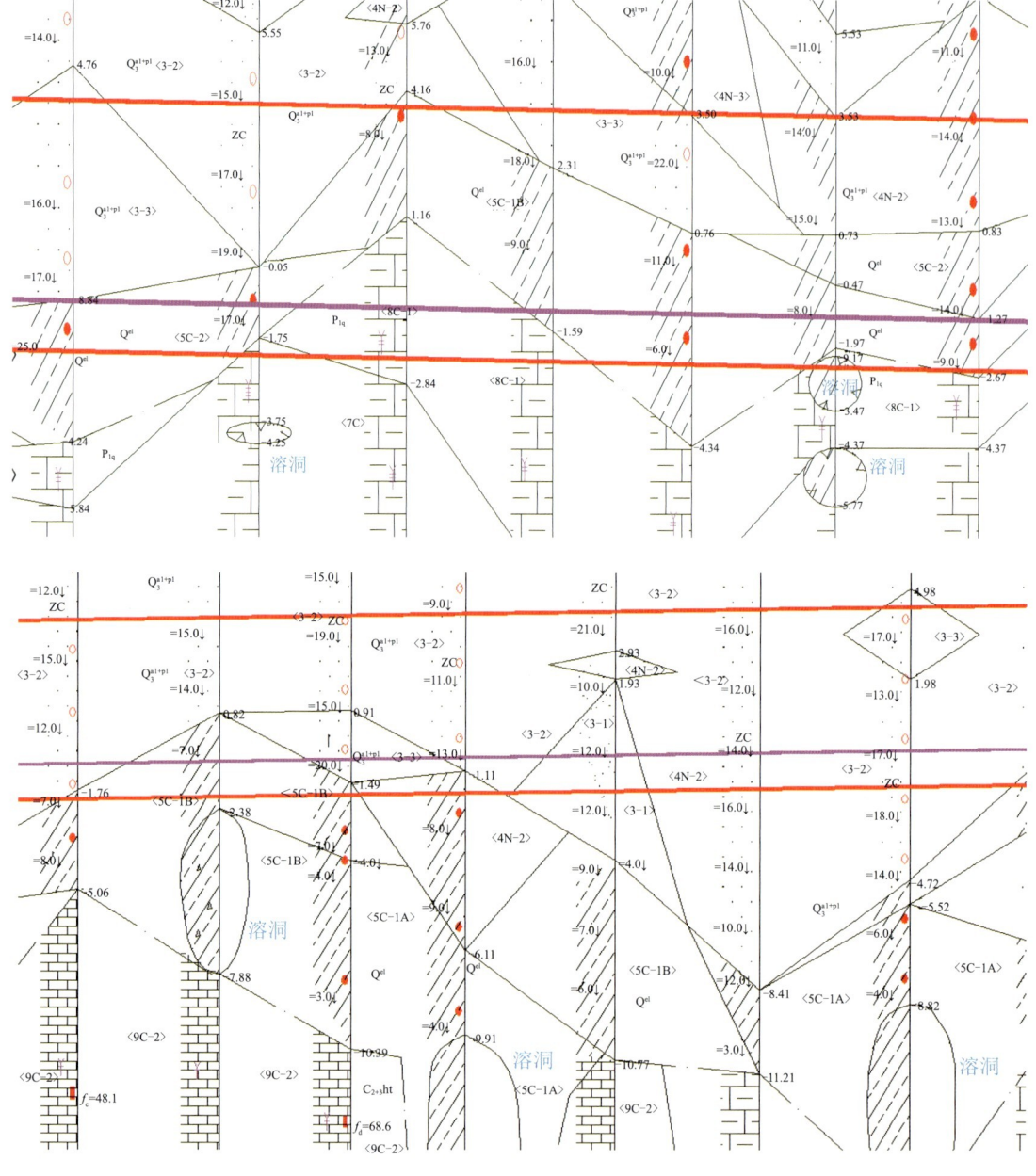

图 5-4　九号线清布站—高增站部分区段地质剖面图

二、钻孔及埋管

终孔深度为岩面埋深小于或等于 25m 的,钻孔要入岩 3.0m 且未遇到溶洞则可以终孔。岩面埋深大于25m、小于35m的,若岩面上有一定厚度的不透水层(大于或等于2.0m),则钻至岩面可以终孔;若岩面上直接为砂层或不透水层厚度小于2.0m,则需入岩2.0m且未遇到溶洞则可以终孔。

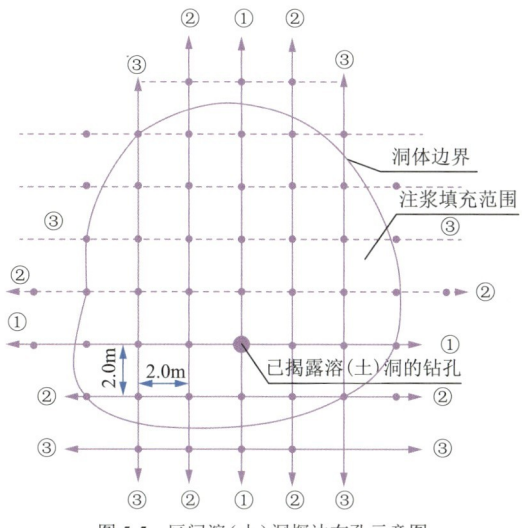

图5-5 区间溶(土)洞探边布孔示意图

未遇到溶(土)洞的,终孔后立即采用水泥浆或水泥砂浆进行全孔封孔。见到溶(土)洞的则安设PVC袖阀管(安装袖阀管前灌注套壳料),为压注水泥浆做好准备(见图5-6)。

图5-6 注浆施工现场

钻孔结束后,将拌制好的套壳料采用钻机钻杆从孔底压入,利用套壳料的相对密度(采用水泥、黏土及水拌制)比泥浆大的特点,将孔内泥浆全部置换到孔外,套壳料则充满整个孔内。

三、浆液配比试验

注浆前先进行浆液配比试验,确定浆液各项性能指标(浆液稠度、离析、双液浆凝结时间等),并进行试注,根据注浆适宜程度在设计允许范围内进行调整(见图5-7)。

图5-7 浆液配比试验

本区间所有溶(土)洞均采用注水泥浆填充处理,水泥浆液水灰比为1:0.4,双液浆中的水泥浆与水玻璃注浆比例为1:1(体积比)。

四、注浆施工

注浆前先进行注水试验,以检查注浆管路是否正常,判断地层的吸浆能力等,并防止堵管。

溶洞处理施工顺序:把有关联的钻孔划分为一个相对独立的注浆小片区,在每个小片区范围内,先用双液浆压注外排孔,之后再用单液浆压注其余孔。

外围孔采用双液浆注浆时,初期采用小压力慢速注浆,并采用间歇往复注浆,以有效控制浆液流失。

内排孔主要以压力控制终孔,灌至注浆压力后稳压10min为止。若孔内注浆量已达到设计值但注浆压力仍无明显上升时,停注单液浆。

施工过程中需注意:

(1)注浆压力控制在0.4~1.0MPa,注浆方式采取后退式分段注浆工艺。

(2)在芯管拔出长度大于一节管长时,停注拆解该节芯管及接头,将接头接在未拔出的芯管上继续注浆,依次进行直至完成注浆;

(3)注浆过程中如需暂停注浆,则先向孔内注清水后再停止注浆,保持管路畅通。

(4)对于双液注浆,需暂停注浆时或每次注浆完成前,改用单液浆注浆1min,提出注浆芯管后,冲洗注浆管;对于单液浆,则可直接停注后进行冲洗。

(5)为保证注浆效果,一般采用重复注浆方法。两次注浆时间间隔为6~10h,注浆3次,满足终孔压力时停止注浆,并用水泥砂浆封孔。

(6)注浆过程中填写注浆工作记录表,包括注浆孔的注浆情况及注浆工序作业时间,随时分析和改进注浆作业。

五、处理效果检测

(1)采用标贯检测的方法:溶洞注浆标贯击数均大于15击,满足设计要求(设计要求为10击)。

(2)采用抽芯检测的方法:芯样连续,在黏土层的裂隙和砂层都能发现水泥浆。

清布站—高增站区间溶(土)洞预处理后,盾构施工安全顺利,九号线自运营以来没有发现因溶(土)洞地质问题造成的不良影响,溶(土)洞处理效果良好(见图5-8)。

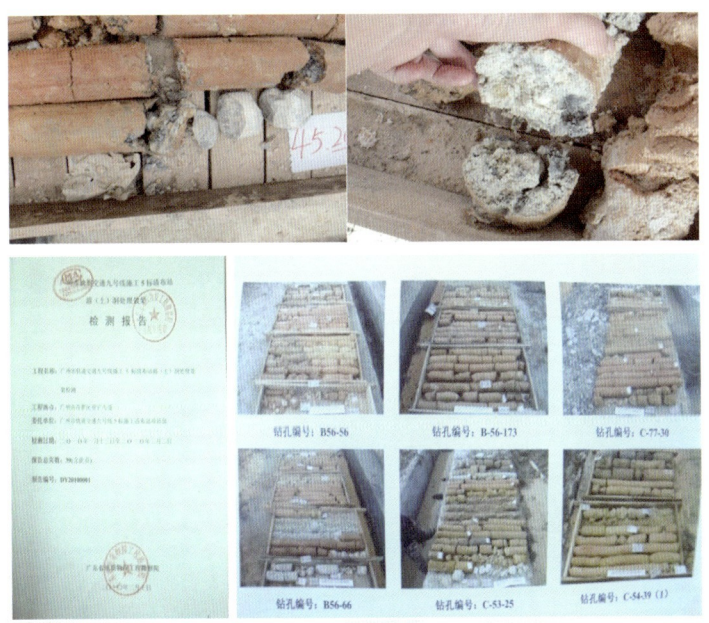

图5-8 溶(土)洞处理效果良好

第三节 水域溶(土)洞预处理施工技术

九号线花都汽车城站—广州北站区间,盾构下穿天马河区域地层岩溶非常发育,占隧道开挖投影面积(含线间距)的40.9%。天马河跨度约为140m,河床厚约6m,最浅处5.2m。洞身地层主要为砂层、黏土、微风化岩层,如图5-9所示。根据详细勘察、补充勘察资料揭示天马河段水上存在6个区域的溶洞,总面积达到970m^2,溶洞高度为1.6~11.7m,单个溶洞面积最大的为322 m^2,岩

第二篇 岩溶处理技术

溶发育情况如图 5-10 所示。相对于溶洞地面注浆处理工艺,在天马河中处理溶洞的难度大,一是河流属于景观河,不允许在河道范围回灌砂浆、砂料;二是水系连通,注浆难度大;三是作业环境、工艺容易受暴雨、台风等自然气象影响。

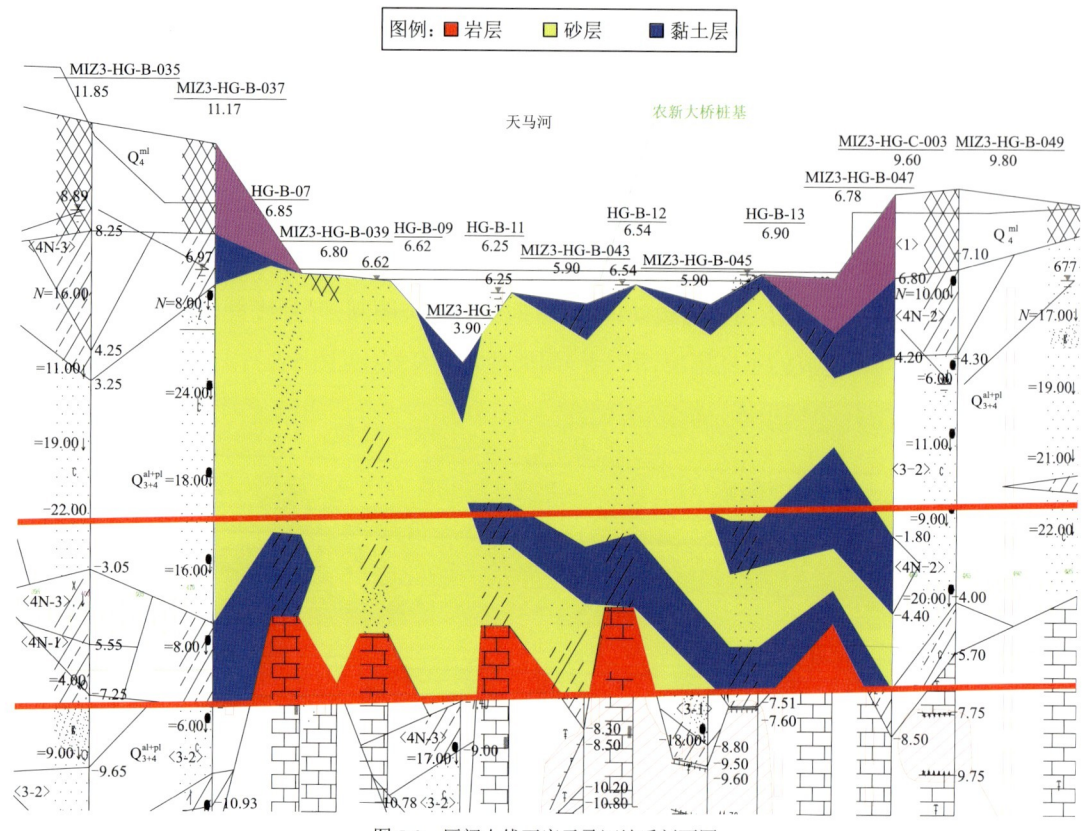

图 5-9 区间右线下穿天马河地质剖面图

图 5-10 天马河段溶洞发育平面图

一、岩溶处理设计要求

拟采用袖阀管注浆的形式进行溶（土）洞填充处理。注浆施工时，先从外排注浆孔开始注浆，将处理范围内的溶（土）洞与外界洞体隔离，再处理中间区域。若在周边孔注第一次浆时，注浆量已较多，压力达不到设计要求，则周边孔与中央孔交替注浆。

若发现浆液流失严重，则应先在外排注浆孔注水泥—水玻璃双液浆，形成止水、止浆帷幕，以确保注浆效果；中央区域注浆孔应跳跃施工，以防止跑浆、窜浆；对于需处理的纵向多层分布的溶洞，由深至浅依次充填处理。

溶（土）洞处理注浆终孔标准：注浆采用袖阀管注浆，钻孔孔径为 70～110mm，注浆管可采用 ϕ48 PVC 管。注浆压力控制在 0.4～1.0MPa，注浆速度 30～70L/min。袖阀管和注浆芯管下到洞底或洞底以下 0.2～0.3m，从洞底往上压注水泥浆。每当注浆压力达到 0.4～0.5MPa，注浆芯管可提升 0.4m，逐渐压浆至洞顶，最后注浆压力达到 1.2MPa 并稳压 10min 可终止注浆。

二、岩溶处理施工情况

1. 钻孔、注浆施作情况

该区域溶洞注浆过程中出现较多窜浆、冒浆现象，冒浆位置基本为临近孔，部分区域双液浆封边较好的点冒浆少，注浆压力达到 0.5MPa 时冒浆明显，随后采取了以下措施：

（1）减小水灰比，缩短初凝时间；

（2）按多次、反复、间隔注浆的方法进行控制，冒浆现象减少。

2. 钻孔受损情况

因台风引发的持续暴雨影响，致使大马河溶（土）洞注浆施工处河水上涨迅猛，泄水量激增，注浆施工中断，如图 5-11 和图 5-12 所示。在河水携带的大量淤泥和残余垃圾的冲刷下，已安装的袖阀管受损严重。经对受损注浆管进行摸查、统计，有 78 个钻孔的袖阀管发生了不同程度的损坏。经接驳处理施工，有 31 个钻孔的袖阀管需要重新钻孔下管注浆。

图 5-11 台风侵袭前天马河施工位置

图 5-12　台风过境之后的袖阀管

3. 第二次钻孔注浆情况

随后进行第二次补充钻孔,如图 5-13 所示,但从钻孔的地质情况分析,个别大的溶(土)洞之前注浆效果不理想。在随后的注浆过程中仍然出现压力未达到设计值就出现冒浆,部分孔还出现窜浆的现象。针对这种现象立即停止注浆施工,分析出现的问题:

(1)在压力未达到设计值的情况下,特别是在动水状态下出现冒浆、窜浆等现象,说明之前溶洞注浆回填未密实充分,这也是第一次注浆效果差的原因。

(2)动水已经在溶洞中形成冲刷,将回灌的浆液带走,浆液无法全部初凝,部分浆液被冲走,尤其是单液浆。

图 5-13　补充钻孔施工

4. 施工方法变更

原有的溶洞处理原则主要适用于地面处理,按地面施作要求进行,即钻机引孔后下袖阀管,未要求先设套管,而无法满足动水条件下的水上注浆作业要求,故注浆效果较差。原设计原则中针对天马河水上作业实际情况,经过各方讨论,决定对水上岩溶处理采取以下技术:

（1）布孔：首次布孔间距调整为 4m×4m，以每次 3~5 个孔为一个单元，以延长浆液流动停留时间，减少相邻近孔窜浆的可能性。待注浆完成后进行下一阶段 2m×2m 钻孔。

（2）钻孔：水上钻孔采用直径 108mm 钻头进行钻孔；采取套管引孔，采用 PVC 管或钢套管作为防护，防止河水冲刷损坏注浆管。套管深度进入地层 3m 或隧道开挖上方 3m 为宜。注浆示意图如 5-14 所示。

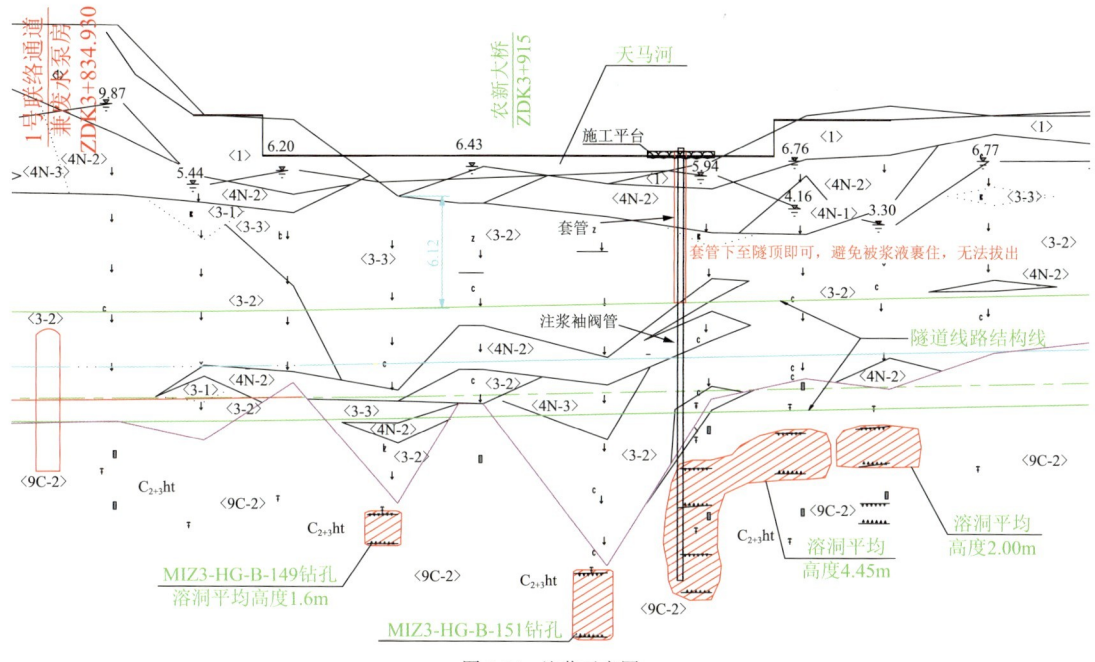

图 5-14 注浆示意图

（3）下注浆管：成孔后即下袖阀管，同时孔内下两条注浆管，若注浆时一条管堵塞即可启用另一条注浆管，减少重新钻孔作业时间。

（4）注浆：完成一个孔即进行单孔注浆，且注浆以双液浆为主，缩短浆液初凝时间，减少窜浆、冒浆现象。注浆采取多次、间隔注浆为主。主要注浆参数见表 5-1。

天马河段岩溶注浆主要参数　　　　　　　表 5-1

项　目	参　数
水灰比	单液浆：水灰比 1∶1； 双液浆：水泥浆∶水玻璃溶液 =（1~5）∶1
注浆压力	由于注浆管路长度超过 50m，因此压力控制在 0.8~0.9MPa；注浆芯管从洞底往上压注水泥浆，每当注浆压力达到 0.4~0.5MPa，注浆芯管可提升 0.4~1m，最后注浆压力达到 0.8~0.9MPa 并稳压 10min 可终止注浆。每个孔间隔 2~3 次、每次 14~25min，注浆间歇时间建议在 3h 以上
注浆流速	30~50L/min

采用上述方法后，最终顺利完成天马河区段的岩溶处理施工，盾构下穿掘进过程中，未发生仓内失压、"栽头"等异常情况，盾构掘进出渣明显有水泥注浆体（见图 5-15），溶洞处理效果显著。盾构安全通过该区段。

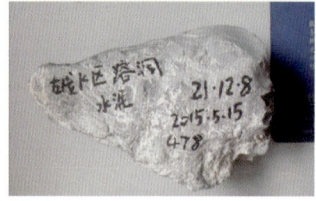

图 5-15　盾构外排的水泥浆体渣样

第四节　溶（土）洞处理施工应急处理技术

一、溶（土）洞处理过程中异常情况处理措施

1. 发生掉钻及钻孔塌陷

发生掉钻及钻孔塌陷事件时应及时进行回填、封堵。若塌陷严重，则应立即撤出人员、机具，待封堵稳定后再避开此钻孔另行施作。

2. 溶（土）洞注浆时严重跑浆

（1）如果发现注浆压力由大变小，或注浆一段时间后压力无法上升，且注浆量远远大于计算量，则可以判断为该溶（土）洞为开放性溶洞。

（2）重新对溶洞边界进行探测，确定边界后，在周边在采用双液浆（水泥浆—水玻璃浆液，1∶0.5～1∶1）做一道止水帷幕。止水帷幕采用间歇、分次压浆，间歇时间6～10h，分1～4次压浆。

（3）施工止水帷幕后，再由外向内进行跳孔注浆。

二、花都广场站岩溶处理异常案例

1. 工程概况

九号线花都广场站主体的围护结构连续墙共110幅，按照"一槽两钻"补充勘察要求，共施工超前钻220孔，其中有76孔发现溶洞，见洞率为34.5%。其中，西区施工超前钻58孔，有52孔发现溶洞，见洞率89.65%，发现的最高溶洞达到11m（西区WN12槽段）。

2. 地面沉陷情况

施工钻孔（西区 WN1 槽段边孔 T9-2）时发生地面塌陷，发现漏浆、塌孔、埋钻杆现象，提出钻杆后，地面发生沉降，并出现裂缝。一天后已发展严重，局部沉降 50cm，裂缝宽度达 50mm 以上，塌陷面积约 77.6m²，如图 5-16 和图 5-17 所示。

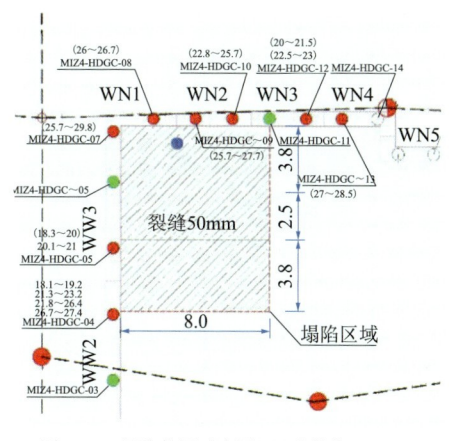

图 5-16　沉陷位置示意图（尺寸单位：m）

图 5-17　现场沉陷情况

3. 原因分析

根据连续墙"一槽两钻"，以及后期的探测孔、边界孔钻探的资料显示，花都广场站岩溶发育强烈，尤其是该站西区存在多层溶洞，溶洞之间基本连通，且部分溶洞体量较大。该区域在边界孔外侧仍然存在溶洞，且与钻孔显示的溶洞互相连通。溶洞多为无充填或半充填状态。地下水丰富，且溶洞水与砂层孔隙水有水力联系。由于钻孔施工打破溶（土）洞原有地下水压力的平衡，造成地表土体下沉、开裂。

4. 处理措施

现场进行警示并加强监测。同时对塌陷位置进行注浆，注浆材料为单液浆，注浆过程中不限制流速。因详细勘察揭示的基坑内溶洞洞体较高，为预防再次发生路面塌陷，在抢险过程中同时对详细勘察发现的基坑内部的溶洞进行处理。注浆终孔压力控制在 0.2～0.4MPa。经过处理，后续连续墙正常施工完成，基坑开挖顺利。

第三篇 盾构工程技术

- 第六章　盾构选型
- 第七章　盾构施工技术
- 第八章　联络通道施工技术

第六章 盾构选型

九号线全线在岩溶区穿过,隧道洞身处于全线上软下硬地层比较普遍,岩土均一性差,物理力学特性差异大,而且地下水丰富,给盾构选型带来很多困难。全线盾构隧道总长31.94km,划分为5个盾构施工标段,共投入16台次盾构(见图6-1),其中4台次为土压盾构(配置双螺旋输送机),10台次为泥水盾构,2台次为土压/泥水双模盾构。全线各标段盾构主要参数见附表4。

图6-1 全线盾构布置

根据传统的盾构选型理论,九号线全线选择泥水盾构或土压盾构都有适应的依据,但都有优缺点,如土压盾构在此类地层易发生喷涌问题,从而导致地面沉降;泥水盾构会遇到滞排、大石块堵管等问题,也会导致地面沉降。因此,九号线在盾构选型中,土压盾构主要是增加控制喷涌的配置,泥水盾构主要是增加防止滞排的配置。此外,创新实践了土压/泥水双模式盾构技术。针对岩石强度高,盾构在灰岩地层破岩,刀具的冲击荷载很大,同时由于切削下的灰岩滞排,在土仓内进一步冲击刀具和搅拌棒,容易造成刀具非正常磨损,因此部分标段着重进行了刀盘、刀具和冲刷系统的优化。本章对九号线盾构的选型和改造技术进行了总结。

第一节 盾构选型要点

传统的盾构选型理论是基于土的颗粒分析(见图6-2)和地层的渗透系数(见图6-3)。岩土颗粒与盾构选型的关系,大体上,当岩土中的粉粒和黏粒的总量达到40%及以上时,通常选用土压盾构,相反的情况则选择泥水盾构比较合适。地层的渗透性与盾构选型的关系,当地层的渗透系数小于 10^{-7} m/s 时,选用土压盾构;当地层的渗透系数大于 10^{-4} m/s 时,选用泥水盾构;介于两者之间时,两种类型均可。

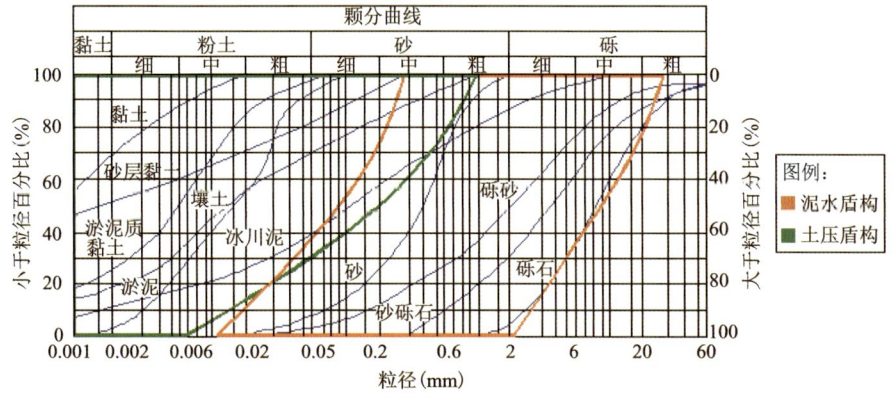

图6-2 颗粒与盾构选型关系图

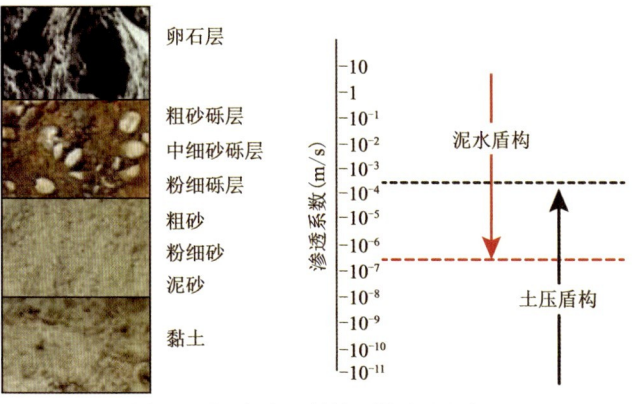

图6-3 地层的渗透系数与盾构选型关系图

对于九号线这类富水岩溶发育复合地层的地下工程,需考虑三大风险要素:水、洞、岩,结合岩溶地层盾构选型经验,对当前广泛应用的土压盾构、泥水盾构,提出选型评价方法,见表 6-1。

岩溶地层盾构选型考虑因素评价方法　　　　表 6-1

优先级	选型因素	选型建议
1级	地下水	综合考虑地层渗透系数和地下水位: ①当渗透系数小于 10^{-7} m/s 时,选用土压盾构;当渗透系数大于 10^{-4} m/s 时,选用泥水盾构; ②在渗透系数大于 10^{-4} m/s 而地下水位不高时,也可选用土压盾构; ③渗透系数在 $10^{-7} \sim 10^{-4}$ m/s 之间时,两者均可应用,需参考下一优先级因素决策
2级	地质类型	土岩复合地层:两者均可应用。 岩石复合地层:考虑掌子面自稳性较好、刀盘刀具磨损修复便利性,优选土压盾构。 特殊岩溶复合地层:在确保溶洞准确探测和填充处置后或溶洞较小时,优选土压盾构
3级	经济性	考虑不同地质类型占比,由于泥水盾构施工成本相对较高,在含水地层占比不大的情况下可选用较经济的土压盾构
4级	其他	①考虑地面沉降控制要求、环境保护、场地布置等影响,综合考虑适用性; ②隧道沿线地质条件跨度较大时,任意单一模式盾构均不能充分满足安全、高效、经济等施工综合要求,此时宜选用具有更大适应范围的双模盾构

九号线全线钻探揭露溶洞较多,地下水丰富,且部分标段隧道穿越的地层以第四系含水层〈3-1〉、〈3-2〉、〈3-3〉等强透水层为主,预测隧道掌子面涌水量在 16.59 ~ 497.70m³/d 之间,故大部分标段选用泥水盾构施工。但部分标段,如 4 标则采用经改造的土压盾构施工。

此外,单一模式盾构对复杂多变地层的适应能力有一定的局限性。如土压盾构在地下水丰富的地层中掘进,渣土改良不好时易发生喷涌;泥水盾构因块石堵仓堵管,造成切口压力波动甚至失压,进而发生地面沉降过大。因此,九号线 2 标首次尝试应用双模盾构。

在确定了盾构类型之后,需要依据地层及周边环境等因素,对刀盘、刀具、出渣方式进行优化设计。九号线地质风险集中表现为岩溶水丰富和岩面不平整的上软下硬地层,盾构选型风险主要体现为以下三点:

1. 土压盾构螺旋输送机喷涌风险

土压盾构上砂下岩掘进过程中,高压力地下水会击穿螺旋输送机形成喷涌,造成土仓内压力急剧减小;而关上闸门后,地层中的水又会很快充满土仓,土仓内的土压力将迅速上升,打开螺旋输送机后又会发生泥水喷出,从而形成恶性循坏,难以建立真正的土压平衡,而且严重影响盾构施工进度。另外,由于在喷涌过程中无法有效控制实际出土量,甚至会引发地表塌陷等次生灾害。

2. 泥水盾构滞排和堵管风险

灰岩地层岩石破碎,容易发生大碎块掉落泥水仓堵塞管路的情况。泥水仓内的破碎机也可能因为频繁超负荷工作而损坏。

3. 刀盘刀具损坏风险

土岩结合的复合地层中,如果黏土含量较高,刀盘容易结泥饼,滚刀由于达不到启动扭矩,易造成偏磨。盾构穿越溶腔填充物和空洞期间,刮刀在转动至溶腔时,易造成瞬间崩断。盾构在典型的上软下硬地层中掘进时,刀盘因受力不均而发生偏心受力,可能造成主轴承密封损坏。

一、土压盾构选型要点

盾构在上覆地层为富水砂层岩溶地层中掘进,如果采用土压盾构,则螺旋输送机易发生喷涌。选型时需重点优化防止螺旋输送机喷涌配置。

主要应对措施有:

(1)提高螺旋叶片成型质量(见图6-4),利用叶片本身对渣土的降压效果,配合施工时降低螺旋轴转速,甚至反转螺旋轴来降压,控制土压效果好。

此外,在螺杆的中心区域少设计一个螺旋叶片(见图6-5)。由于螺旋叶片的减少,使得少螺旋叶片处的渣土只能靠后面的压力向前推动,通过局部压实渣土,提高了渣土在螺旋内形成堵塞作用的机会,从而更好地达到减少喷涌的目的。

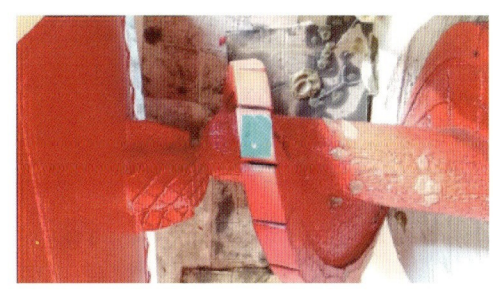

图6-4　螺旋输送机叶片成型及耐磨设计

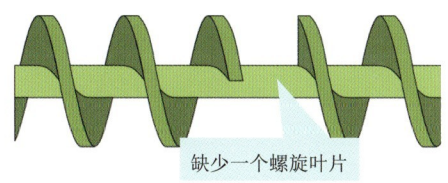

图6-5　螺带中断设计

(2)在筒体圆周布置多个膨润土或泡沫注入口,通过该注入口向筒体内注入注膨润土、聚合物等改善渣土的流塑性,以利于在筒体内部形成土塞效应。预留聚合物注入系统接口,突发喷涌后,向螺旋输送机内注入聚合物,降低渣土含水率和流动性,起到止喷的作用。

(3)配置尾部双闸门、防涌门结构。螺旋输送机配备双闸门、防涌门(见图6-6、图6-7)。在富水地层掘进作业时,可以通过交互关闭两道闸门缓冲和降低喷涌效果。

(4)设置双螺旋输送机(见图6-8),通过第一、二级螺旋输送机之间渣土流塑性的不同及叶片本身的降压效果,形成土塞效应。第一级螺旋输送机从土仓将开挖的渣土输送至二级螺旋输送机,再通过第二级螺旋输送机将渣土输送至皮带输送机上。通过调节两级螺旋输送机的相对转速来实现降压排渣。当土仓内的土压过大时,可将第二级螺旋输送机两端的闸门关闭,打开其下部球阀排泥水,达到降低渣土压力的目的。

图 6-6 剪式防涌门

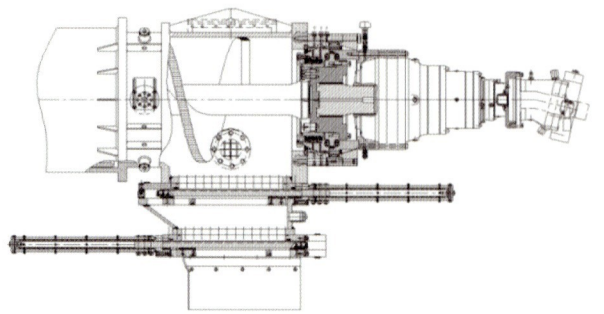
图 6-7 螺旋输送机尾部双闸门结构

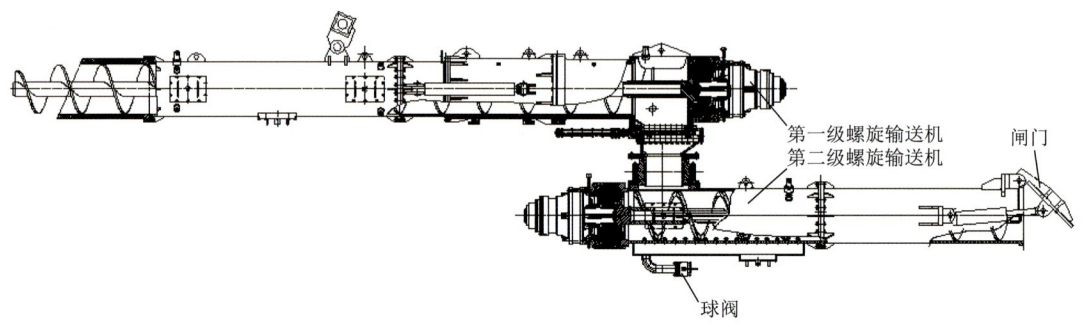
图 6-8 双螺旋输送机结构图

（5）在螺旋输送机尾部预留防喷涌的保压泵渣装置连接接口，在喷涌难以控制的地段，可以考虑关闭螺旋输送机的出闸口，然后利用预留的保压泵安装法兰，采用泵送方式进行出渣，或者引入长导管至落料口通过增加沿程阻力的措施消除喷涌。

二、泥水盾构选型要点

岩溶地层泥水盾构掘进面对的主要问题有掌子面形成泥膜困难、突遇未处理溶洞导致掌子面失压、大尺寸岩块滞排等。

针对泥膜问题，主要措施是调节泥浆配比，采用高质量（调节泥浆黏度、相对密度）泥浆，提高泥浆携渣能力。

针对掌子面压力失稳风险，可增加配置膨润土保压系统，在出现压力剧烈波动的情况下及时补充泥水仓泥浆，快速恢复压力稳定。

针对大量大尺寸固体岩渣排出问题，重点是改良泥浆环流系统：

（1）采用破碎机与采石箱组合设计，提高大尺寸石块的排出能力。针对岩溶发育区可能存在硬岩、卵石的地层特性，泥浆管路应配备大功率的破碎机和格栅，对大块石头进行破碎，保证排浆管路的顺畅；同时，在主机尾部配置采石箱部件，对大尺寸石块进行筛分过滤，进一步降低泥浆管路堵塞风险。

（2）配备大功率冲洗装置，防止仓内泥浆沉积和大的渣土堵塞排浆口；

(3)采用大功率的排浆泵,提高环流系统的排浆能力,确保管路顺畅;

(4)渣土中的碎石容易对管路造成磨损,需要对管路进行耐磨处理,以提高管路寿命;

(5)泥浆环流系统配备逆洗模式,在排浆口堵塞后方便快速疏通管道;

(6)高水压富水岩溶地层含有腐蚀性元素,因此盾构的排渣系统需要具备一定的抗腐蚀性能。

三、土压/泥水双模式盾构选型要点

面对复杂多变的地质条件,单一模式盾构对地层变化的适应能力已受到极大的挑战。因此,广州地铁考虑将土压/泥水两种模式进行融合,并在九号线2标花都汽车站—广州北站区间首次应用。

1. 双模盾构的研发思路

(1)两种掘进模式可供选择,土体自稳性强可采用土压模式,降低施工成本;土体自稳性差则采用泥水模式,可以有效控制地表沉降。

(2)融合泥水、土压两种模式,既可独立运行,又可相互交替,广泛适应复杂多变的复合地层(包括各类岩溶发育复合地层)和市区环境,能在有效控制工程风险的同时实现优质高效掘进。

(3)两种模式切换不需装拆任何部件,只需按规定程序操作便能根据地层、环境变化的需要随时实现安全、快速地切换。

双模盾构理念和工作示意图分别如图6-9、图6-10所示。

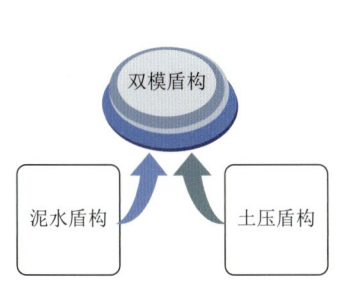

图6-9 双模盾构理念示意图　　图6-10 双模盾构工作示意图

2. 双模盾构的功能特点

1)快速模式转换技术

快速模式转换技术是基于双模盾构,融合传统单一模式土压、泥水盾构的开挖和出渣功能,实现土压平衡和泥水平衡两种掘进模式的系统集成,两个模式可独立运行又可互相支持。根据地层变化,实现无需拆装部件的条件下两种不同掘进模式的相互切换(见图6-11)。

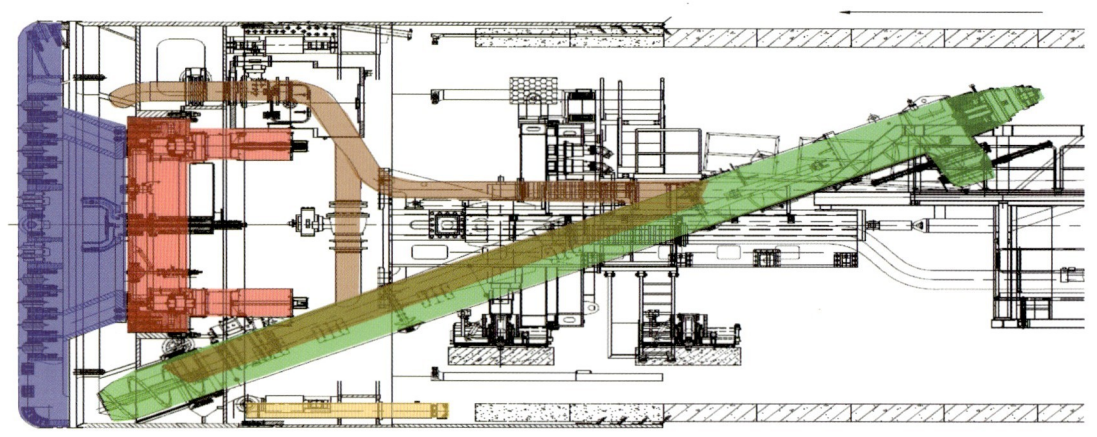

图 6-11　九号线 2 标双模盾构结构示意图

九号线 2 标花都汽车站—广州北站区间的双模盾构区别于当时同类技术海瑞克公司制造的双模盾构（又称"可变密度盾构"）：出渣及泥水管路的连接方式不同，九号线 2 标双模盾构采用了并联式的连接，而可变密度盾构是采用串联式的连接。

（1）串联式的双模盾构在泥水平衡模式下，携带渣土的介质有液体状泥浆和胶状浓泥浆两种。即通过改变开挖下来渣土的密度来实现开挖面的平衡和不同方式的出渣。

该类型盾构的特点是开挖仓中的渣土通过螺旋输送机排出。土压模式下，螺旋输送机尾部与皮带输送机相连。泥水模式下，螺旋输送机尾部接入盾构内破碎机或采石箱装置后，渣土通过泥浆管道排出，如图 6-12 所示。

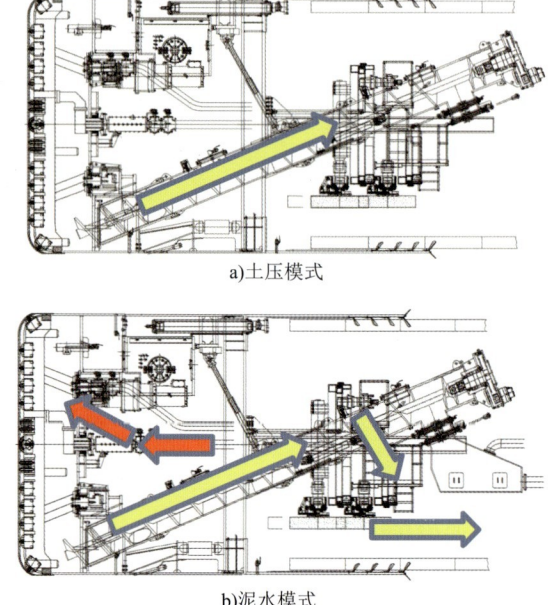

a) 土压模式

b) 泥水模式

图 6-12　串联式双模盾构不同模式下的出渣方式

若采用液体状泥浆作为出渣介质,盾构设计需考虑螺旋输送机叶片所形成的螺旋状通道对泥浆压力和泥浆流量的衰减作用。过低的泥浆流量和排浆压力,以及排浆泵的吸入口管路过长,可能造成大块渣土在土仓内和螺旋输送机内的"滞排"。通常,实际操作中辅以螺旋输送机的慢速转动来降低"滞排"风险。

串联式双模盾构在洞内进行模式转换,相对于并联式双模盾构,更加复杂,所需的转换时间更长。例如从土压模式向泥水模式转换,需把螺旋输送机后方的皮带输送机倾斜段拆除,在螺旋输送机后闸门处重新安装泥浆箱和管路。

(2)九号线2标花都汽车站—广州北站区间并联式双模盾构的特点是,开挖仓中的渣土可通过螺旋输送机或者泥水排浆管路直接排出。螺旋输送机的设计和布置方式与常规土压盾构一致,螺旋轴前端伸入开挖仓,同时螺旋输送机也配置有前闸门和后端出土闸门,以及必要的渣土改良系统。部分后端出土闸门采用双层闸门设计,以提高螺旋输送机的防喷涌能力。

由于螺旋输送机占据了开挖仓底部的位置,这类双模盾构的排浆管开口位置比常规泥水盾构排浆管开口的位置稍高,开挖仓底部易出现滞排风险。通常,通过优化刀盘主动搅拌棒的设计,以及施工中通过螺旋输送机间歇性动作来缓解滞排风险。

为了处理进入泥浆循环中的大块渣土,通常会在排浆泵前方的盾构内配置采石箱或破碎装置。

图6-13为双模盾构模式转换流程图。

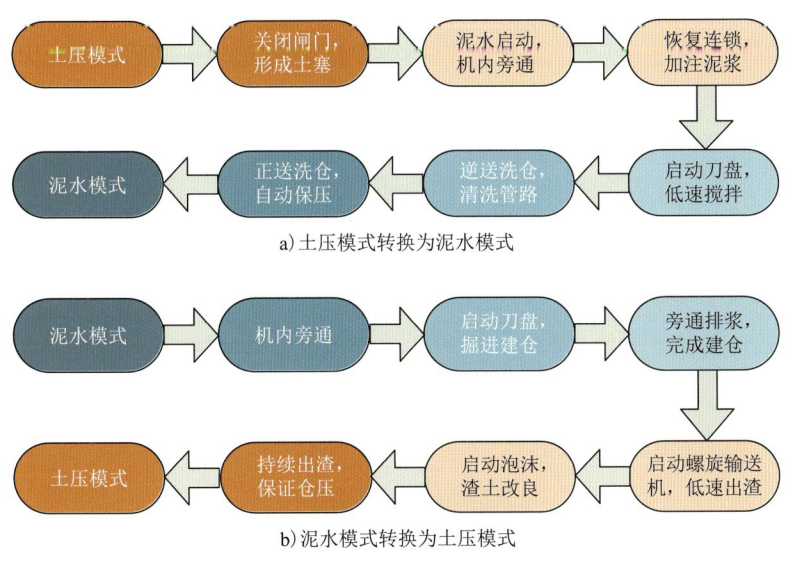

图6-13 双模盾构模式转换流程图

2)大粒径石块高效排出技术

传统泥浆循环系统出渣时,对进入土仓的大粒径石块多采用颚式破碎机挤压破碎,在高水压、高磨蚀泥水环境下极易导致鄂片磨损、液压缸泄漏等问题，一旦破碎机出现故障则要停机，需进入仓内进行高风险检修作业。因此，尽量减少破碎机的工作荷载、破岩数量或避免仓内破碎，是减少因破碎机高频率损坏、停机的关键。针对这种情况，双模盾构开发了基于螺旋输送机的大粒径石块无破碎排出技术，原理如下：

（1）泥水模式下，判断土仓底部石块的堆积数量，确定需要开启螺旋输送机排渣模式，在石块渣量较大时设置为螺旋输送机定期开启排渣模式。

（2）关闭螺旋输送机设备上各处管道阀门和螺旋输送机尾部闸门，启动螺旋输送机将沉积在土仓底部的石块通过螺旋叶片输送至螺旋输送机内部。

（3）待螺旋输送机内部石块累积一定数量后，螺旋输送机停止转动并从土仓缩回到盾体内，关闭螺旋输送机前端的防涌门，然后打开螺旋输送机上的泄压口释放螺旋输送机内的高压泥浆泄压。

（4）打开螺旋输送机尾部闸门，再次启动螺旋输送机，排出内部石块。

由于螺旋输送机允许的排出粒径大、输送能力强，相比传统泥水盾构，无需在土仓内配置破碎机，避免了因大块岩石堵塞管道、损坏设备的风险。

3）开挖仓自动保压技术

岩溶地层掘进如出现未填充处置的溶洞进入掌子面区域，则土仓内泥浆或渣土将快速流失、进入溶洞内，造成土仓压力急剧下降甚至完全失压，可引起掌子面塌方、地面沉降超限等。针对这种风险，提出了基于自动补偿原理的土仓压力快速补偿技术。其技术原理如下：

根据土仓容量配置多个容纳泥浆或膨润土的承压容器，该容器与空气自动保压系统相连，容器内容纳的物料液位宜在 2/3 容器高度以下，容器上部区域填充压缩空气，其压力受自动保压系统控制维持稳定，容器底部通过管路与土仓相连。在泥水模式下，容器内容纳的是泥浆，当土仓压力短时间内下降超标时，盾构控制系统打开容器底部的阀门向土仓快速输送泥浆，缓解压力下降；在土压模式下，容器内容纳的是膨润土，其控制流程与泥水模式相同。

3. 双模盾构与传统单一模式盾构比较

双模盾构集成了传统单一模式的土压盾构和泥水盾构的各项功能，能够在施工过程中根据地质情况进行灵活的模式转换，理论上，所有适用于土压盾构、泥水盾构的地质类型也适于双模盾构施工。

岩溶地层盾构选型比较见表 6-2。

岩溶地层盾构选型比较 表 6-2

比 较 项 目	土 压 盾 构	泥 水 盾 构	土压/泥水双模盾构
系统设计	结构简单	结构较复杂	结构复杂
地层适应性	适应渗透系数较小的地层，如黏土、淤泥、软岩	适应地层较广，特别是水压高、沉降要求严格的地层	适应多种地层，涵盖土压和泥水盾构的各种地层
添加剂	需要渣土改良材料	需要制浆材料	根据模式需要相应的材料

续上表

比较项目	土压盾构	泥水盾构	土压/泥水双模盾构
出渣方式	渣车出渣或连续皮带机出渣	泥浆管出渣,地面需要泥水分离设备	布置土压和泥水两种出渣方式
动力需求	刀盘扭矩需求较大	刀盘扭矩需求较小	刀盘扭矩需求较大
掘进速度(运行效率)	掘进速度较快	掘进速度稍慢	掘进速度快
沉降控制	较好	很好	很好
适应工作压力	较小	较大	较大
隧道清洁度	渣土掉落,易污染隧道	隧道较干净	一般

但是,由于多种功能集成,双模盾构的设备复杂程度更高、造价更高,在隧道距离较短(如小于 1km)的情况下,从经济性和工期方面考虑不适宜选用。

第二节 刀盘和刀具选型

盾构在高富水岩溶发育区地层掘进,刀具磨损包括正常磨损和异常磨损两种形式,其刀具异常磨损比例较之单一地层中一般要高一些。主要表现为过度磨耗(刀圈过度磨损、刀圈偏磨、轴承损坏等,切刀刮刀等切削刀具的异常磨损包括刀刃过度磨损、合金崩裂等)和破坏失效(滚刀刀圈崩刃、刀圈断裂、刀圈掉落、轴承损坏等,切刀刮刀等切削刀具的异常磨损包括合金崩裂、刀具掉落等),如图 6-14 所示。上述现象的产生,有刀具耐冲性不足的因素,但更重要的可能是因为刀具掉落,对其余刀具、设备造成损坏,且形成持续性的恶性连锁反应。

图 6-14 受损刀具

刀盘配置主要考虑适合的刀间距和开口率两个主要因素。其中,辐条的数量往往影响配置刀具的数量和刀间距。九号线盾构刀盘按辐条数量分为六辐条系和四辐条系。

1. 六辐条设计

六辐条设计主要是三菱系泥水盾构(编号 1685/1686, 1735/1736),其刀盘开口率为 36%,刀具配置为 9 把 17 英寸❶双刃中心滚刀、21 把 17 英寸单刃滚刀、40 把贝壳刀、66 把切刀、12 组边缘刮刀。

---

❶ 1 英寸 =0.0254m。

2. 四辐条设计

四辐条设计主要是海瑞克系盾构,按刀盘开口率的大小又分为以下三类:

(1)海瑞克泥水盾构(编号 S344/345、S455/456、S477/478),刀盘开口率为 28%。

(2)海瑞克土压盾构(编号 S541),刀盘开口率为 30%,刀具配置为中心滚刀 3 把(双刃)、正面滚刀 9 把(双刃)、边缘滚刀 7 把(双刃)。

(3)海瑞克土压盾构(编号 S337、S828/829),刀盘开口率为 35%,刀具配置为中心滚刀 4 把、正面滚刀 20 把、边缘滚刀 11 把。

九号线各盾构标段盾构刀盘对比见表 6-3。

九号线各盾构标段盾构刀盘对比表　　　　表 6-3

区　间	盾　构	刀　盘　图
飞鹅岭站—花都汽车城站区间	海瑞克 S477/478	
花都汽车城站—广州北站区间	三菱并联式双模盾构 1735/1736	
广州北站—花城路站—花果山公园站区间	二菱泥水盾构 1685/1686	

续上表

区 间	盾 构	刀 盘 图
花果山公园站—花都广场站区间	海瑞克泥水盾构 S455/456（中天）	
1号中间风井—高增站区间	海瑞克泥水盾构 S344/345	
1号中间风井—清布站区间	三菱泥水盾构 1685/1686	
花都广场站—马鞍山站公园区间	海瑞克土压盾构 S541/337	

续上表

区　间	盾　构	刀盘图
马鞍山公园站—莲塘村站—清布站区间	海瑞克土压盾构 S828/829	

第三节　施工 3 标广州北站—花都广场站盾构选型实践

九号线 3 标（包括广州北站—花城路站—花果山公园站—花都广场站区间），其穿越地层主要为微风化和中风化的灰岩及泥岩，区间溶（土）洞分布广泛，隧道区间溶洞发育明显，详细勘察资料显示隧道区域的钻孔见洞率达到 50%。在掘进施工过程中曾出现刀盘刀具损坏严重、刀具频繁脱落的情况，甚至造成刀盘搅拌棒撕裂，盾构筒体切口环、中隔板形成挤压凹痕的情况，导致掘进期间多次进行开仓更换刀具等维修作业。

一、花城路站—花果山公园站区间刀具配置实践

花城路站—花果山公园站盾构区间地质为典型的岩溶发育复合地层，地质构造、水文条件非常复杂，给盾构施工带来了不少的困难，特别是对盾构刀具的使用有很大的考验。

花城路站—花果山公园站盾构区间岩土分层主要为第四系人工填土层（Q_4^{ml}）、第四系冲洪积层、第四系坡积层、第四系残积层。沿线基岩为石炭系下统大塘阶石磴子组地层以及石炭系下统大塘阶测水组地层，区间详细地质纵剖图与地层统计表分别见图 6-15 和表 6-4。

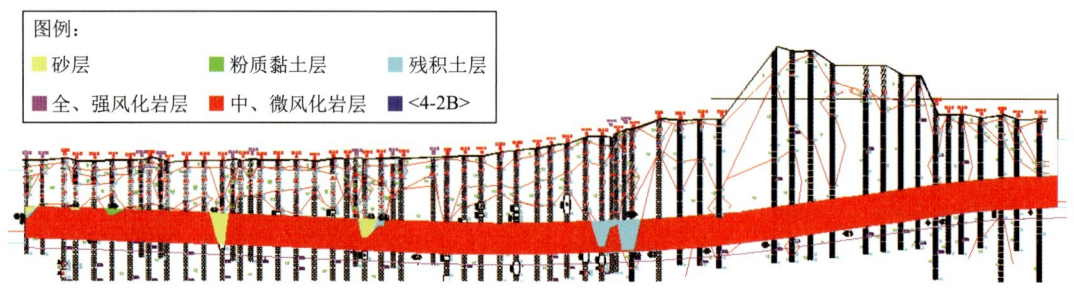

图 6-15　花城路站—花果山公园站盾构区间地质纵剖图

花城路站—花果山公园站盾构区间地层统计表　　　表 6-4

序号	地层代号	地层名称	标贯值	岩石强度（MPa）平均	岩石强度（MPa）最大	所占比例（%）	统计比例（%）
1	<3-2>	冲洪积中粗砂层	14.1			0.9	5.69
2	<3-3>	冲洪积砾砂层	17.9			1.63	
3	<4N-1>	冲洪积流塑～软塑粉质黏土层	4			0.22	
4	<5C-1B>	可塑状炭质泥岩、灰岩、炭质灰岩残积土	8.3			2.87	
5	<5C-2>	硬塑状炭质泥岩、灰岩、炭质灰岩残积土	18.3			0.08	
6	<8>	粉细砂岩中风化带		5	10	11.79	94.31
7	<8C-1>	炭质灰岩中风化带		5	10	15.84	
8	<8C-2>	灰岩中风化带		10	15	12.73%	
9	<8Y>	炭质泥岩、页岩中风化带		15	20	8.41	
10	<9C-1>、<9C-2>	灰岩微风化岩带		72.5	110	45.54	

根据地层统计显示，区间隧道大范围分布有<9C-2>、<9C-1>、<8>、<8C-1>、<8C-2>、<8Y>地层，并主要为微风化和中风化的灰岩及泥岩，部分地段顶部有砂层，纵向分布有上软下硬段；广泛分布有<4N-1>、<4N-2>、<4N-3>的冲洪积黏土层，土质的均匀性差，盾构掘进过程中刀盘易产生泥饼，影响施工效率。

盾构在本区间施工时刀盘主切削刀配置为硬岩刀具，具体见表 6-5。同时，为了应对硬岩对刮刀等辅助刀具的冲击，导致合金崩缺等问题，刀盘上搭配了相对耐受冲击的软合金刮刀和边缘铲刀。

刀具配置表　　　表 6-5

刀具位置	刀具名称	规格类型	数量（把）	刀具编号	备注
中心刀具	双刃滚刀	140mm	4	1～8	伸出量140mm
中圈刀具	双刃滚刀（标准刀圈）	17英寸	5	9～17、19	伸出量140mm
	单刃滚刀（标准刀圈）	17英寸	11	18、20～29	伸出量140mm
	固定式贝壳刀（焊接）	120mm	29		伸出量120mm
	小刮刀		66		伸出量90mm
外周刀具（圆弧段）	单刃滚刀（标准刀圈）	17英寸	10	30～39	
	固定式贝壳刀（焊接）	120mm	9		
	边缘铲刀		42		
	外扩贝壳刀（焊接）		3		

1. 刀具磨损情况

2 台盾构分别掘进 689 环、681 环，累计开仓检查 37 次。其中，左线 20 次，约 34 环开一次仓；右线 17 次，约 40 环开一次仓。根据地质特点将区间划分为三个施工组段，以下是三个组段开仓时对应掌子面及盾构刀具使用的实际情况。

（1）盾构掘进 1～280 环的掌子面地层情况（见表 6-6）。该段地层主要为石炭系下统大塘阶测水组，以炭质页岩和泥岩为主，局部存在炭质灰岩以及泥岩。

第三篇 盾构工程技术

左右线盾构 1～280 环的掌子面以及刀具磨损情况　　表 6-6

环号	图片(左线)	描述	环号	图片(右线)	描述
63 环		炭质灰岩、泥岩,部分大开口结泥饼,牛腿和小开口全封住,刀具磨损正常	60 环		大开口封一半、牛腿和小开口全封住,刀具磨损正常
84 环		大开口、牛腿和小开口全部结泥饼,刀具磨损正常	162 环		结泥饼较为严重,刀具磨损严重
146 环		12 点及 3 点位置漏水,同时 12 点位置发生塌方	170 环		地质情况非常复杂,刀具磨损严重

（2）盾构掘进 281～390 环的掌子面地层情况(见表 6-7)。该段地处石炭系下统大塘阶测水组与石炭系下统大塘阶石磴子组交互地层,以石磴子组为主,断面多为〈9C-2〉微风化灰岩,溶洞发育。

左右线盾构 281～390 环的掌子面以及刀具磨损情况　　表 6-7

环号	图片(左线)	描述	环号	图片(右线)	描述
307 环		无泥饼,开挖面上部出现漏水	304 环		无泥饼,典型溶洞发育地层
348 环		无泥饼,10 点和 4 点位置从筒体后方流入少量黄泥水	357 环		无泥饼,4～8 点位置从后方出现漏水

（3）盾构掘进 391 环至到达的掌子面地层情况(见表 6-8)。该段主要地处石炭系下统大塘

阶石磴子组。地层较为单一,为全断面微风化灰岩<9C-2>,偶见风化深槽。

左右线盾构 391 环至到达的掌子面以及刀具磨损情况　　表 6-8

环号	图片（左线）	描述	环号	图片（右线）	描述
484 环		无泥饼,7 点位置从筒体后方流入少量泥浆水	535 环		无泥饼,底部 3～4 点位置有少量漏水
514 环		无泥饼,从盾构 3 点位置后方一直漏水,刀盘上 S 形管碎裂	569 环		无泥饼,底部 10 点位置漏水,掌子面为全断面岩层,部分裂隙渗清水

2 台盾构在区间隧道左右线共计进行换刀作业 37 次,左线累计更换单刃滚刀 56 把,双刃滚刀 33 把,大小刮刀 40 把,搅拌棒 10 次;右线累计更换单刃滚刀 77 把,双刃滚刀 44 把,大小刮刀 42 把,搅拌棒 6 次。三个不同施工组段的刀具损坏情况见表 6-9。

刀具损坏情况的统计与分析　　表 6-9

掘进范围	1～280 环	281～390 环	391 环至到达
地层组成	<8>、<8Y>、<8C-1>	<8C-2>、<9C-1>	<9C-2>
不良地质情况	易结泥饼	溶(土)洞发育,岩层硬度高	岩层硬度极高
正常磨损量（折算为 mm/100m）	4.5～6.2	3～4	2～3
异常损坏类型	快速磨损,偏磨,刀圈断裂,双刃刀轴承散架	刀圈断裂,双刃刀轴承散架,刮刀脱落,搅拌棒损坏	部分刀圈断裂、刀刃崩缺

2. 刀具磨损原因分析

从整个区间刀具检查更换的情况看,盾构刀具在不同岩性地层中呈现出差异性较大的磨损和损坏形式,总体表现为在岩溶区中掘进的刀具损坏特点,即刀具整体正常磨损的速度较小,而断裂脱落的情况比较多。刀具异常损坏情况主要有滚刀快速磨损、滚刀刀圈断裂、双刃滚刀轴承损坏、刮刀和边缘铲刀掉落造成搅拌棒受损等几种类型,如图 6-16、图 6-17 所示。

图 6-16　滚刀快速磨损、滚刀刀圈断裂、双刃滚刀轴承碎裂情况

图 6-17　搅拌棒撕裂、大小刮刀脱落、筒体变形情况

1）滚刀快速磨损

中风化岩层非常破碎，滚刀容易切入，但由于岩块相互黏结，并不能把岩块挤压下来，而是挤压到刀刃的两侧。这变相地造成刀具较大的贯入度，加重刀刃的磨耗，使得滚刀刀刃磨损的速度较快，出现磨尖的状态。同时，由于在⟨8⟩、⟨8Y⟩这种粉砂岩、泥岩层中掘进，刀盘表面极易被附着泥团和岩块，而且泥浆黏度上升非常快，加速刀盘泥饼的形成，最快掘进 10 多环就可以使刀盘形成严重泥饼。受到刀盘中心易结泥饼及中心滚刀转动效果不良的共同影响，中心滚刀极易偏磨。在该段地层中每隔 30 环左右开仓就能发现 1~2 把中心滚刀偏磨，而滚刀的偏磨也引发中心区域刀盘面板受损及大量小刮刀掉落。

2）滚刀刀圈断裂

盾构在中风化灰岩和微风化灰岩的交界面掘进，滚刀会遭受巨大的冲击，如果配置的滚刀没有足够的抗冲击性能，则很容易造成刀圈断裂或者崩缺。在本区间隧道施工过程中就曾出现大量滚刀刀圈频繁断裂的情况。

3）双刃滚刀轴承损坏

盾构从泥岩地层进入灰岩地层后，中心双刃滚刀频繁出现轴承散架引起整刀卡死在刀箱的现象。轴承散架后，不仅滚刀出现偏磨，而且滚刀刀毂的下沉将两侧端盖挤变形，造成滚刀无法拆出，只能先将滚刀破坏后再取出。在刀具维修过程中，通过尝试采取一系列措施，如将滚刀的刀圈由标准刀圈更换为镶合金刀圈，改善刀具转动性能，将滚刀启动扭矩由 25N·m 逐步提高到 28N·m、30N·m、32N·m，降低推进速度等，但仍然不能解决中心滚刀出现轴承散架的问题。后经分析认为，存在双刃滚刀承受的轴向力过大的原因，也有刀具本身设计的轴承承载力不足的问题。

4）刮刀和边缘铲刀掉落造成搅拌棒受损

由于刀盘上装配的刮刀和边缘铲刀与滚刀的高度差并不是很大，在刀盘转动过程中，经常直接受力切削到岩体，造成刮刀和边缘铲刀受力过大后脱落。而在隧道区间掘进期间，刀盘搅拌棒受损，多数是由刀具掉落后卡在刀盘搅拌棒和土仓切口环间，造成搅拌棒受力过大，引起焊缝撕裂，继而整体变形。同时，掉落的搅拌棒携带卡住的刀具一路沿着土仓切口环挤压运行，也造成了土仓切口环的磨损与变形。虽然掘进期间对搅拌棒采取了加强筋等措施，增大了搅拌棒的结构强度，但每次检查依然发现搅拌棒背部挤压受损很严重，而且容易将破坏点由搅拌棒本身转移至刀盘连接部位。同时,拳形刮刀脱落后容易卡住外圈滚刀刀毂,造成外圈滚刀偏磨。

3. 刀具配置应对措施

1）滚刀全部采用镶合金重型刀圈

为了应对滚刀的快速磨损以及刀圈断裂问题,在整个区间掘进过程中,盾构交替使用了镶合金刀圈、标准刀圈、宽刃重型刀圈以及楔形刃刀圈等各类滚刀刀圈。从整个使用过程看,不管是全断面灰岩,还是上软下硬地层以及岩溶发育地层,普通20mm标准刀圈、26mm宽刃重型刀圈等都比较容易发生刀圈断裂的问题,相比较而言,镶合金滚刀的耐冲击性能表现得更加优良,整个区间都未发生过镶合金滚刀刀圈断裂的情况。

镶合金滚刀刀圈母体的硬度为HRC40～45,标准刀圈的硬度为HRC55～58,从实际效果看,镶合金刀圈安装在中心刀位置,受冲击时仅刀刃会发生轻微变形,刀圈整体并不会出现断裂,而且从换刀后的使用效果来看,在微风化灰岩中,合金并不容易碎裂。这说明,在岩溶区,岩体强度80MPa左右,使用镶合金刀圈可以有效提高刀具的抗冲击性能以及耐磨性,减少滚刀的快速磨损以及刀圈断裂等异常损坏情况。

2）双刃滚刀全部配置重型轴承

针对双刃滚刀轴承容易出现断裂的问题,采取的应对措施是在保持中心滚刀安装尺寸不变的情况下,通过改动刀具内部结构,将中心双刃滚刀轴承由原来的98400/98788轻型轴承改装为H924045/924010重型轴承。并在左线盾构552环更换后,一直推进到出洞137环,均未再发生双刃滚刀轴承损坏的情况,而右线采用原设计的双刃滚刀依然大量出现轴承散架的情况。这说明,在岩溶区掘进时,中心双刃滚刀配置重型轴承可以有效提升刀具的抗冲击性能以及整体的承载力。

3）对刀盘辐条以及面板两侧的大小刮刀刀座进行加固

为了应对刀具的脱落问题,减缓由于大小刮刀脱落对滚刀和搅拌棒的损坏,在左线盾构推至552环和右线推至536环开仓换刀时,对大小刮刀刀座进行了加固。

在采取以上措施后,两台盾构直至推进到达花城路站出洞时,外圈滚刀偏磨的比例相对均出现较大下降,刀盘搅拌棒也未再发现明显的损伤。这说明,在灰岩地区掘进时,要采取措施保护好大小刮刀,防止其脱落,以有效减少对滚刀等主切削刀的损坏。

4）刀盘外圈轨迹线采用大直径滚刀

大直径滚刀是相对常规滚刀17英寸的刀圈外周直径而言,在原有滚刀刀圈的尺寸上,增大刀圈外圈直径到18～19英寸。同时,为达到超挖目的,大直径滚刀通常被安装在刀盘的最外缘37号、38号、39号刀箱位置,通过增加刀圈的有效磨损高度,可以应对盾构在灰岩地层中掘进时,外圈滚刀过早磨损后,盾构的开挖直径不足,外圈滚刀磨损后卡盾体的问题。

5）优化刀盘结构以及中心区域的刀具分布

刀盘中心区域的固定式贝壳刀由于在刀具伸出量上与正面滚刀只有较小的高差，在硬度极高的裂隙灰岩中掘进，刀盘中心区域贯入掌子面深，受冲击力大，很容易造成脱落损坏；同时，位于刀盘正面环形区域的小刮刀，在岩溶区的实际掘进过程中，不仅无法发挥正常的刮泥作用，反而会对中心区域刀盘的实际开口率造成影响，对中心辐条上滚刀两侧的渣土排出形成阻碍，导致刀盘中心区域容易结泥饼。因此，须考虑在保证刀盘结构强度的前提下，尽可能多地增加刀盘的开口率。

采取的措施是，直接去除正面中心区域内的小刮刀以及焊接贝壳刀，为刀盘中心区域辐条上的滚刀两侧预留足够的渣土排出通道。优化后的刀盘结构以及刀具分布如图 6-18 所示，这种刀盘配置不仅能降低刀具使用成本，同时也能降低刀具损坏脱落对盾构刀盘与筒体造成损坏的风险。除此之外，还能增加刀盘中心区域的开口率，降低刀盘中心区域结泥饼的风险。

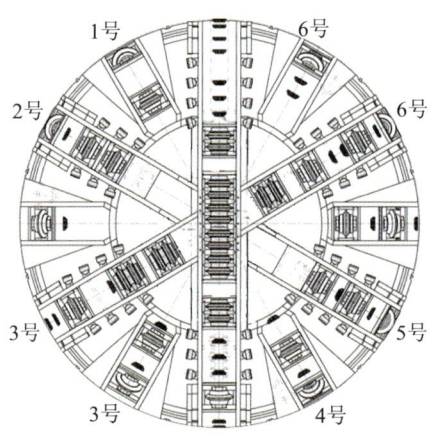

图 6-18 优化后的刀盘结构图以及盾构出洞后的刀具图

二、广州北站—花城路站区间刀具配置实践

广州北站—花城路站区间先后下穿京广铁路和武广高铁,为保证安全穿越,盾构配置及改造过程中主要进行了刀具选型和泥水循环的改造。

盾构刀具类型为双刃滚刀、单刃滚刀、贝壳刀、刮刀和铲刀等,配置示意图如图6-19所示。

1. 滚刀配置

为实现下穿铁路无需换刀的目标(耐磨性和耐冲击性),主要围绕以下五个方面开展系列滚刀比选,共计选取了19种滚刀类型。其中,单刃滚刀11种,中心双刃滚刀8种。

(1)刀圈类型:有无合金的刀圈比选;标准刀圈和重型刀圈的比选,即窄刃刀圈和宽刃刀圈的比选。

(2)轴承形式:以轴承所能承受的极限动载为指标区分。

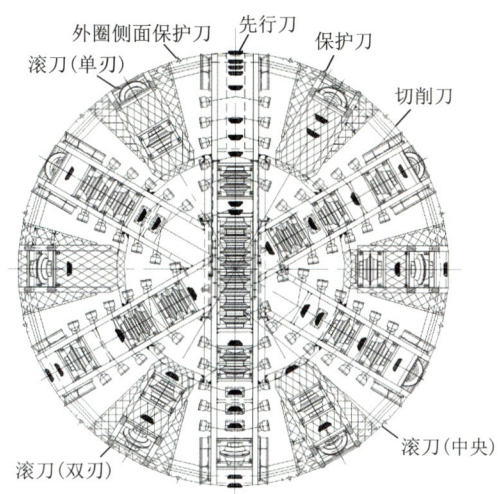

图6-19 岩层盾构刀具配置示意图

(3)刀圈刀毂结合形式:刀圈和刀毂是分离式还是一体式。

(4)细部设计:主要体现为合金粒的材质、外形,以及刃宽设计。

(5)刀具性能:主要为刀具材质硬度和刀具启动扭矩。

最终比选结果:

(1)刀圈类型:宜采用带合金的刀圈,体现为高强度的合金粒对破岩效率的提高效果明显;标准刀圈与重型刀圈的主要区分指标之一为刃宽,重型轴承的刀刃刃宽更大,可提供更多的磨损预留量,提高刀具耐磨性。

(2)轴承类型:单刀单刃滚刀的设计轴承承载力高,基本未出现轴承的异常损坏现象;采用重型轴承后的改进型中心双刃滚刀能适应高强度灰岩盾构掘进。

(3)细部设计:合金粒的强度远远大于刀具材质,但其破岩效率的发挥取决于合金外形设计和与刃宽设计的协调、匹配,宜选择重型刀圈的厚刃宽,以刀刃的强耐磨性确保刀具对合金粒的包裹性,以更好地发挥合金粒的作用。

(4)刀具性能:面对高强度灰岩,刀具整体的材质硬度应相应调节,硬度过高则易导致合金粒脱落或刀圈断裂等异常损坏;刀具启动扭矩经比选推荐采用28N·m。

2. 整体式滚刀的国产化研发

为了进一步研究滚刀的可靠度和耐冲击性能,尝试换装一把日本进口镶楔形齿整体式刀圈单刃滚刀,但开仓检查时,发现该滚刀的合金粒全部掉落,如图6-20所示。

a）使用前　　　　　　　　　　b）使用后

图 6-20　日本进口镶楔形齿整体式刀圈单刃滚刀使用前后对比

分析有以下原因：

（1）刀刃的硬度过大，达到 HRC60～64，直接切削高强度灰岩受冲击而异常损坏。应降低刀刃硬度，提高韧性，以适应灰岩。

（2）滚刀刀圈刃宽太小，合金粒宽度与刀圈刃宽尺寸相近，无法充分保证合金粒处于刀圈钢材的包裹中，刀圈两侧磨损后合金粒易整体剥落（见图 6-20b）。

研发整体式滚刀，主要是优化增强刀体的耐磨性和保证抗冲击能力：

（1）刀具母体材料选用牙轮钻头专用钢 2025，替代原模具钢。

（2）在热处理环节，比传统刀圈多了渗碳的热工工序。

（3）在刀刃两侧、刀体挡肩处、端盖顶部均用 WC 耐磨焊条进行堆焊。

（4）合金粒外形由楔形齿改为蘑菇齿；刃宽改为 30mm（见图 6-21），保证刃宽固定大合金。

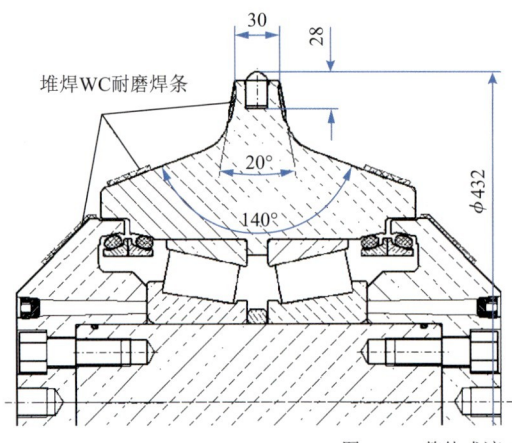 

图 6-21　整体式滚刀（尺寸单位：mm）

常规镶合金滚刀的冲击功为 10～15J，通过优化设计后的整体式滚刀冲击功为常规镶合金滚刀的 4.7～7 倍，大于 70J，滚刀刀具的抗冲击能力提升显著。

3. 边缘滚刀替代仿形刀

盾构原设计在辐条两端布置仿形刀（见图 6-22），施工时根据超挖量和超挖范围的要求，从辐条两端径向伸出和缩回以达到仿形切削的目的。仿形刀伸出最大值一般在

80～130mm之间。盾构在曲线段推进、转弯或纠偏时,通过仿形超挖切削土体创造所需空间,配合铰接千斤顶保证盾构在超挖少、对周边土体干扰小的条件下,实现曲线推进和顺利转弯及纠偏。

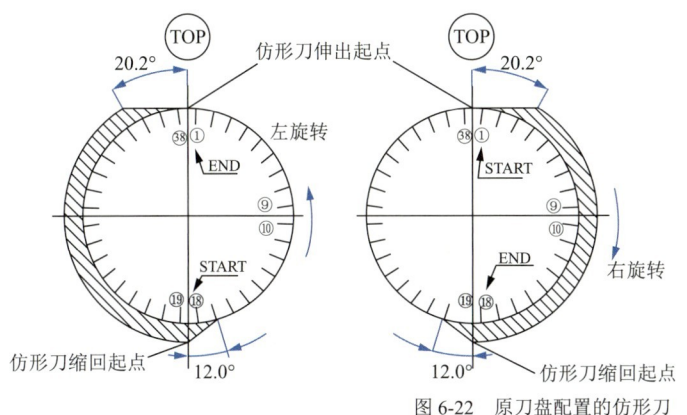

图6-22 原刀盘配置的仿形刀

在灰岩地层中掘进,由于岩层硬度高,且软硬地层夹杂,盾构刀具在切削土体的过程中,受到的冲击荷载大,仿形刀由于是液压驱动伸缩,在实际使用过程中,尤其是在硬岩地层中掘进,极易发生损坏,而且掘进期间一旦出现故障失效,很难维修,因此盾构在硬岩地层的曲线段推进、转弯或纠偏时,采用边缘大直径滚刀替代仿形刀实现超挖功能。

原刀盘配置的滚刀为17英寸,在刀盘的最外缘37号、38号、39号刀箱位置安装18英寸滚刀,以保证在下穿铁路范围直径为350m急曲线、上软下硬地层中有足够的外周超挖余量,实现顺利掘进。

4. 增强刀具的保护措施

1)小刮刀

为确保开挖效率及减少形成泥饼概率,需保证刀盘中圈以外的正面小刮刀正常工作,因此需要增加防护措施,以减少盾构在运行过程中刮刀脱落的概率。采取的方案是在辐条上刮刀背面焊接如图6-23所示的保护挡块,减少刀盘转动过程中土体对刮刀的冲击力,从而降低刮刀脱落的风险。

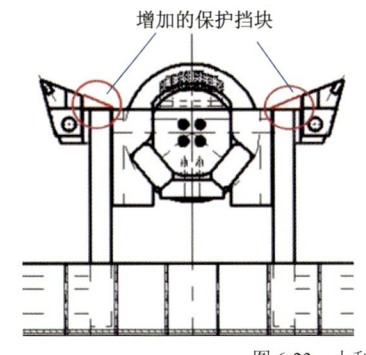

图6-23 小刮刀刀座背面焊接保护挡块

2)大铲刀

针对边缘铲刀遇到高强度灰岩比较容易掉落的问题,考虑提高边缘铲刀的装配强度,除了采用高强度螺栓连接边缘铲刀与刀座外,还将铲刀直接焊接在刀座上,焊接形式为在铲刀四周与刀座接触边线进行满焊连接(见图6-24),确保铲刀刀体与刀座的整体性。

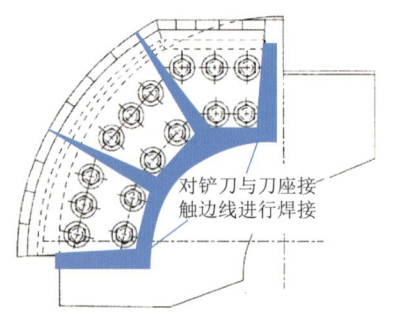 

图6-24 边缘铲刀与刀座焊接

5. 搅拌棒优化

该三菱盾构在过高速铁路前曾于花城路站—花果山公园站区间掘进过程中,由于铲刀与刮刀、贝壳刀的脱落,导致刀盘搅拌棒出现断裂。在对原有搅拌棒进行恢复后,针对过高速铁路,采用40mm厚Q345钢板焊接成筋板对搅拌棒根部进行加固(见图6-25),可以加强搅拌棒的抗剪切能力。

图6-25 搅拌棒恢复后与筋板加固

6. 刀具选型成效

通过灰岩地层刀具选型和保护的研究,确定采用全断面整体式滚刀的刀具配置,见表6-10。

盾构下穿铁路的刀具配置表　　表6-10

刀具位置	刀具名称	规格类型	数量(把)	刀具编号	备注
中心刀具	整体式中心双刃滚刀	17英寸	4	1~8	伸出量140mm,配置重型轴承
中圈刀具	整体式单刀双刃滚刀(镶齿刀圈)	17英寸	5	9~17、19	伸出量140mm,配置重型轴承
	整体式单刃单刃滚刀(镶齿刀圈)	17英寸	11	18、20~29	伸出量140mm
	固定式贝壳刀(焊接)	120mm	29		伸出量120mm
	小刮刀		42		伸出量90mm,刀座背部焊接保护挡块
外周刀具(圆弧段)	整体式单刃单刃滚刀(镶齿刀圈)	17英寸	8	30~36、39	
		18英寸	2	37、38	
	固定式贝壳刀(焊接)	120mm	9		
	边缘铲刀		42		铲刀与刀座进行焊接连接
	外扩贝壳刀(焊接)		3		

该刀具配置不仅实现了下穿铁路无需换刀的目标,而且双线盾构在2号竖井—1号竖井—广州北站区间长达230m的掘进施工过程中均无需更换刀具,未出现刀具异常损坏的现象,刀具磨损实测均小于10mm,如图6-26、图6-27所示。

图6-26 左线盾构1号竖井内开仓检查刀具

图6-27 右线盾构出洞刀盘刀具状态

三、盾构泥浆循环系统改造

盾构泥水送浆管路直径为250mm,在排泥管路中,采石箱前部管路直径为300mm,采石箱后部管路直径为200mm,一旦渣土粒径大于200mm,就可能造成管路堵塞。环流堵塞会造成切削面切口水压瞬间上升,导致开挖面失稳,加大对掘进地层的扰动,造成施工沉降加大,危及铁路的正常运行。

日系的循环系统虽然带有逆循环功能,但进行逆循环输送时,仍然会存在直径250mm管路的渣土堵塞直径200mm排泥管路的问题。发生管道堵塞时同样只能采用拆管清理的方式,耗费工时,更重要的是在拆管清理的时间段内,无法通过泥浆循环系统对土仓压力进行维持,容易造成掌子面压力失衡,从而导致地层沉降加大。

综合考虑环流管路堵塞引起切口压力瞬间变化的危害和逆循环掘进模式的优点,可设计和改造一种并联配置破碎机和采石箱、具备正逆循环掘进模式功能的盾构泥浆循环系统。

1. 单辊破碎机的应用

为减少盾构泥水逆循环过程中有可能因大粒径岩块堵塞管路引起的波动,在1号台车原10英寸送泥管上并联接入一台破碎机。

图6-28 AKTIO单辊破碎机

鉴于常用的颚式破碎机存在故障率高、维修不便及破碎能力过低的问题,本工程采用日本进口的AKTIO单辊破碎机(见图6-28),最大粉碎能力52t/h,抗压强度最高可达250MPa,最大破碎粒径为280mm,破碎后的渣土最大粒径为140mm,可以满足直径200mm排泥管路的排渣要求。在掘进过程中,如渣土(特别是岩层)粒径较大,则切换泥水循环管路经由破碎机出渣,经过破碎机对大粒径渣土的碾压处理,可保持泥水环流畅通。

2. 盾构泥浆循环系统改造

同时在送泥管段装配破碎机,在排泥管段装配采石箱,通过循环系统的阀组切换,实现以采石箱收集大块渣土的正循环掘进模式或以破碎机处理大块岩石的逆循环掘进模式,如图6-29~图6-31所示。

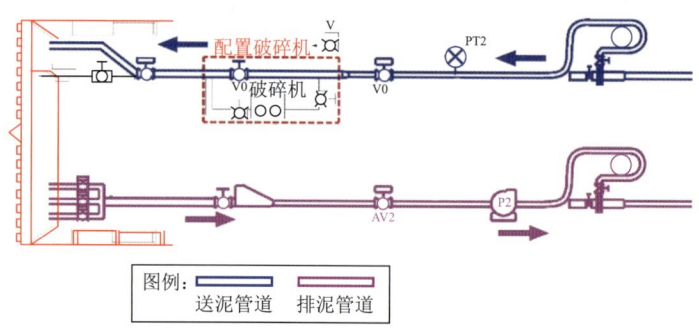

图6-29 正循环(经采石箱)的盾构泥浆循环示意图

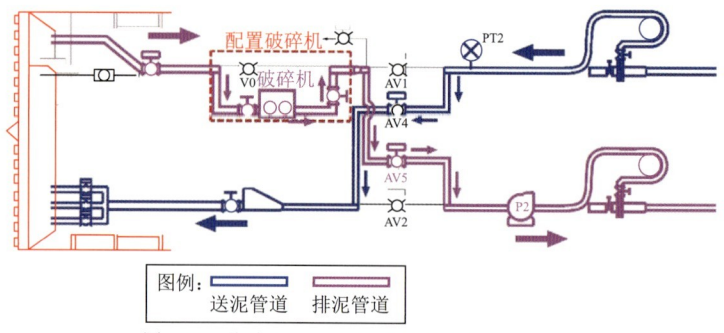

图6-30 逆循环(经破碎机)的盾构泥浆循环示意图

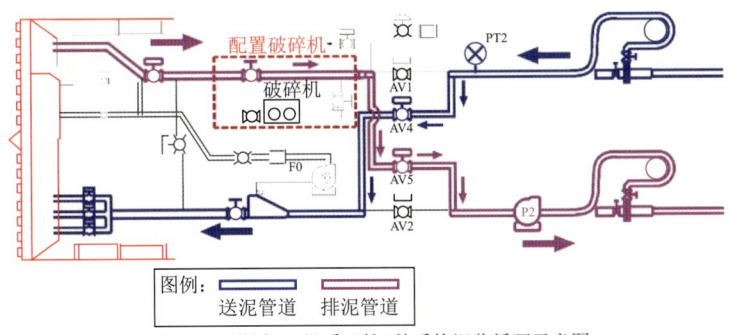

图6-31 逆循环(经采石箱)的盾构泥浆循环示意图

四、应用效果

通过对九号线花城路站—花果山公园站盾构区间两台泥水盾构施工刀具配置的优化实践，得出针对富水岩溶发育复合地层刀具的配置要点：①采用复合刀盘的刀具配置；②减少中心区域贝壳刀与刮刀的配置；③对边缘刮刀进行焊接加固或者采用新型刮刀刀座；④小刮刀进行后座加固；⑤边缘配置18英寸(或更大尺寸)滚刀。

通过优化改进后的两台泥水盾构在九号线广州北站—花城路站区间隧道掘进过程中应用效果良好，尤其是在盾构下穿武广高铁、京广铁路期间表现良好，铁路段盾构掘进期间未出现刀具异常磨损情况。运用上述技术后，有效地改善了盾构在该区域地层中刮刀、铲刀脱落，滚刀快速磨损、偏磨、断裂等非正常损坏等问题，延长了刀具的使用寿命，同时提高了盾构的掘进效率、保障了施工安全、降低了施工成本。

第四节 施工4标花都广场站—清布站区间盾构选型实践

一、工程概况

九号线施工4标包括花都广场站—马鞍山公园站区间和马鞍山公园站—清布站区间。

花都广场站—马鞍山公园站区间单线长1310延米，线路最小埋深4.85m，最大埋深9.47m，地下水稳定水位埋深0.90~3.10m；区间范围砂层和溶洞的地下水丰富，孔隙水主要存在于层状分布的冲洪积砂层，尤其在临近田美河段，地下水量特别丰富，属中等~强透水，渗透系数一般为15~25m/d，部分地段透水性特别强。孔隙含水层地下水降落漏斗的影响半径可达50~100m，局部地段可达350m。本区间主要穿越地层为〈3-2〉、〈3-3〉、〈4N-2〉、〈4N-2B〉、〈5N-1〉、〈5N-2〉，隧道底部局部穿越〈9C-1〉。

马鞍山公园站—清布站区间单线长2580延米，线路最小埋深5.85m，最大埋深12.67m，地下水稳定水位埋深 0.98～8.30m；本区间范围砂层和溶洞的地下水为丰富～较丰富，孔隙水主要存在于冲洪积砂层，该含水层全区均有分布。粉细砂层的粉、黏粒含量一般较高，富水性弱～中等，透水性中等，渗透系数一般为 1～6m/d。中粗砂层和砾砂层厚度较大，多呈层状分布，一般含黏粒较少，水量较丰富，中等～强透水，渗透系数一般为 5～12m/d。孔隙含水层地下水降落漏斗的影响半径可达 50～150m，局部地段可达 157m。本区间主要穿越地层为〈3-2〉、〈3-3〉、〈4N-2〉、〈4N-2B〉、〈5N-1〉、〈5N-2〉，隧道底部局部穿越〈9C-1〉。

最终购买 2 台新的二级螺旋土压盾构（S828 和 S829）和改造 2 台旧的土压盾构（S337 和 S541），并根据地质条件和透水性对盾构进行优化配置。

二、盾构优化改造技术

1. 双螺旋出渣技术

针对岩溶地层，优化设计了双螺旋输送机（见图 6-32）。双螺旋输送机技术在穿越岩溶区施工中，对稳定土仓压力起到了至关重要的作用。

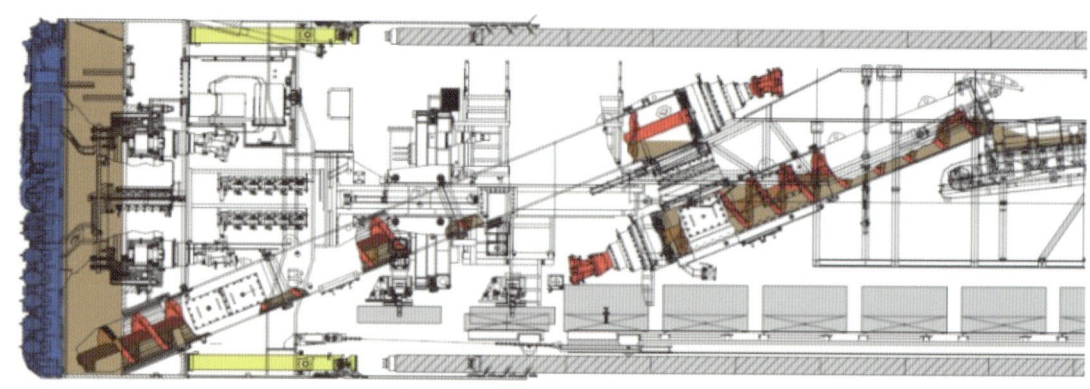

图 6-32 双螺旋出渣示意图

2. 双闸门+保压泵渣装置的组合防喷涌技术

螺旋输送机的排渣门可采用双闸门形式（见图 6-33），通过优化设计开口的截面形状，控制喷涌。当发现有涌水涌砂现象时，能够较容易地关闭闸门，防止打开时水或砂喷涌，可以保证关门的及时性，有利于人以及设备使用的安全性。

盾构通过岩溶地层，或其他渗透系数大、地下水丰富、水位高的地层，易发生喷涌，使用保压泵渣装置可解决喷涌问题。通过保压泵的连续出渣来维持开挖面的稳定，防止因喷涌引起的地面坍塌。保压泵渣的优点是控制沉降效果会比双螺旋稍好，主动泵渣，隧道内干净；缺点是采用辅助措施施工成本高，可通过渣土的粒径小，掘进效率较双螺旋低。

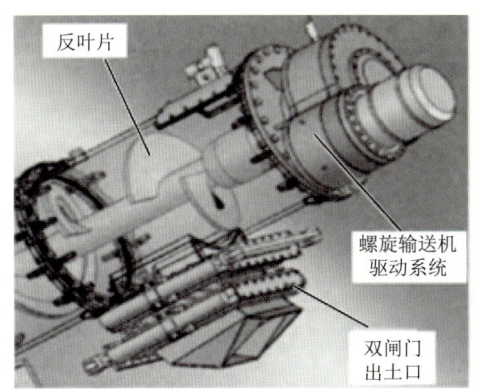

图 6-33　螺旋输送机双闸门结构

3. 自动加泥保压系统

由于盾构穿越的地层存在灰岩,岩体通过刀盘切削后颗粒直径大小不一,颗粒状的渣土进入螺旋输送机后无法密实地填充螺旋输送机的通道,土仓内的地下水压可通过该通道流出,导致土仓压力的波动或出现喷涌现象。经过研究,可通过渣土改良解决该问题。在盾构掘进期间向土仓内注入高浓度泥浆,通过刀盘搅拌后浓泥浆与岩块充分结合,经过改良后渣土形成流塑状,从而封堵螺旋输送机的通道间隙。

高浓度泥浆通过配置在盾构上的注浆泵注入土仓,可根据螺旋输送机漏水漏气情况,调节浓泥浆的注入量。高浓度泥浆黏度在 40 ~ 50s 之间,相对密度约为 1.4。

三、应用效果

以上技术在九号线施工 4 标中应用,掘进过程中盾构安全通过岩溶发育区,在上软下硬地层和浅埋砂层中,未发生喷涌和地面坍塌事故,地面沉降在可允许范围内。

第七章 盾构施工技术

九号线盾构区间自2010年8月首台盾构始发,至2017年4月全线贯通,盾构掘进历时2417d。影响盾构掘进速度的因素很多,如地层及周边建(构)筑物情况、盾构设备情况、承包商施工管理水平等。全线盾构掘进速度汇总见附表5。

九号线盾构不仅穿越众多不良地层,如岩溶发育地层、高强度灰岩地层、深厚软弱砂层、含有害气体地层等;还穿越众多建(构)筑物,如武广高铁、机场高速等;同时,还下穿天马河、青石河等河流。面对重重挑战,九号线创新采用了多种工法,如双模盾构快速成功切换技术、岩溶地层盾构应急抢险技术、MJS工法水平加固技术、硬岩预爆破后盾构掘进技术、富水砂层中各类开仓加固技术等。本章将重点对九号线下穿江河、铁路、房屋的技术措施及采取的新技术进行总结介绍。

第一节 盾构下穿高速铁路技术

九号线广州北站—花城路站在秀全大道与新民路交界处开始先后下穿京广铁路和武广高铁,穿越铁路段长度约100m,需下穿设计时速350km的武广高铁4条股道及站台雨棚、时速160km的国家I级干线京广铁路6条股道等,而且盾构隧道顶部距铁路路基顶面最近只有7.9m,隧道外轮廓距高铁站台雨棚柱桩基础最近水平距离只有1.2m。穿越工程存在以下特点和难点:

（1）施工环境复杂。盾构在铁路站场内同时下穿京广铁路和武广高铁，涉及众多铁路设备设施，为全国首例，涉及面广。其中，武广高铁轨道采用 CRTS-I 型双块式无砟轨道，京广铁路轨道采用碎石道床、普通混凝土轨枕。施工期间列车限速，武广高铁为 80km/m，京广高铁 45km/m。

（2）盾构隧道埋深浅。在整个穿越铁路路基段施工中，盾构施工埋深不足 10m，下穿武广高铁段隧顶距路基顶面 9.4～9.8m，下穿京广铁路段隧顶距路基顶面 7.9～8.9m，施工过程中极易扰动地层，容易对铁路正常运营造成影响。

（3）线路条件复杂。盾构穿越铁路路基线路上为平面急曲线（350m 急转弯半径）、纵断面大坡度（28‰纵坡），对盾构施工提出更高要求。

（4）铁路下方工程地质条件复杂。

①铁路范围地质勘察资料缺失，仅可利用周边勘察资料和武广高铁施工期间的勘察资料，且铁路范围内不允许进行勘探作业。

②为岩溶发育强烈地区，富含水的软弱砂层直接覆盖在强度高达 70MPa 的灰岩上，隧道断面为典型的上软下硬地层。

③武广高铁建设施工过程中，曾对路基下方进行了单轴旋喷桩地基处理，对下方基岩岩溶进行了压力注浆处理。

④铁路建设时部分区域为回填区，地层中可能存在异物。

（5）沉降控制要求高。常规的盾构掘进施工沉降控制值为 10～-30mm，而武广高铁无砟轨道结构沉降控制值为 0～-5mm，京广铁路轨道结构沉降控制值为 0～-20mm。同时，铁路下方不允许开仓、长时间停机等高风险作业。

本节对这一难度大、风险高的盾构下穿铁路工程案例进行总结。

一、工程概况

1. 下穿广州北站工程概况

京广铁路与武广高铁下方的地层从上到下依次为〈1〉人工填土层、〈3-2〉中粗砂层、〈3-3〉冲洪积砾砂层、〈4N-2〉可塑粉质黏土层、〈9C-2〉微风化灰岩。隧道区间穿越地层主要为砂层，隧底基本位于基岩面附近，在武广高铁段隧道穿越地层主要为地基处理后的砂层。

盾构下穿广州北站线路图与实景图分别如图 7-1、图 7-2 所示。

2. 武广高铁路基处理情况

越行线路基下方复合地基采用 $\phi 500$ 单管旋喷桩加固处理，桩间距 2.0m，梅花形布置，桩长约 12.3m。桩顶铺 500mm 厚砂砾石垫层，内铺一层 110 型经编双向土工格栅，如图 7-3 所示。

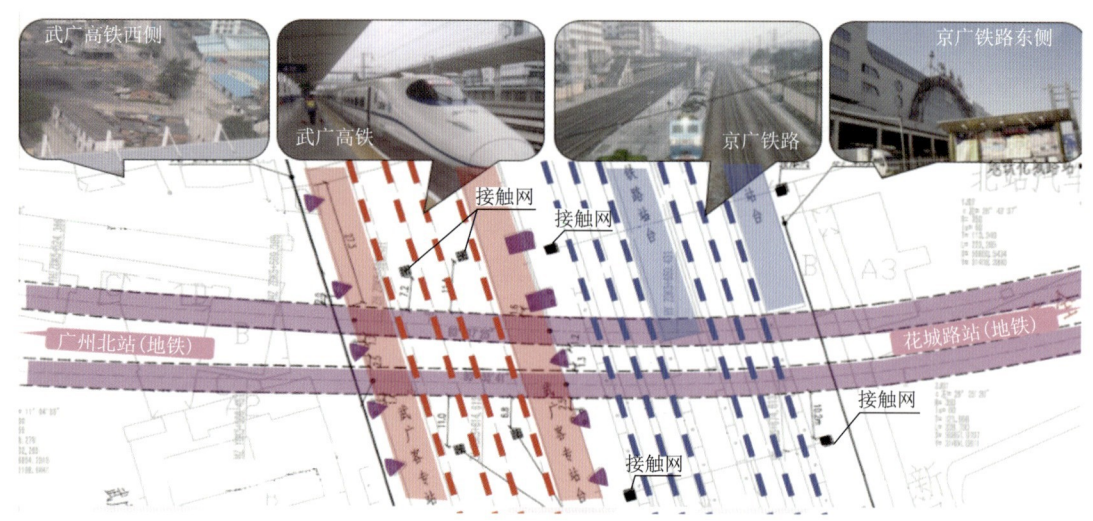

图 7-1 盾构下穿广州北站线路图

a) 京广铁路有砟轨道　　　　b) 武广高铁双块式无砟轨道

图 7-2 盾构下穿广州北站实景图

3. 武广高铁岩溶处理情况

武广高铁站场范围岩溶区全部采取了压力灌浆。注浆孔平面间距 6m×6m，梅花形布置。加固深度为岩面以下 6m，如图 7-4 所示注浆套管嵌入基岩 0.5m。

4. 武广高铁下方污水涵洞情况

武广高铁下方里程 DK2169+664.71（施工里程）处存在路基涵洞。经过调阅武广客运专线竣工图，并经多方调查和现场实地探查，了解知该路基涵洞原为武广高铁未修建前连接秀全大道和秀全西路的过街通道，在武广高铁修建时对高铁范围内的涵洞予以破除和重新修建，并已由铁路部门移交花都市政部门用作排污涵。污水涵距左线隧道拐角处最近仅为 1.1m。

根据竣工图纸，武广高铁范围内的排污涵为钢筋混凝土框架结构，宽 5.1m、高 4.28m，顶板厚 0.34m、底板厚 0.44m、侧墙厚 0.3m，结构底为 0.1m 素混凝土垫层，涵顶标高为 9.59m（实测污水涵内侧顶部标高为 8.7m，即涵顶标高为 9.04m），按实测涵顶标高 9.04m。

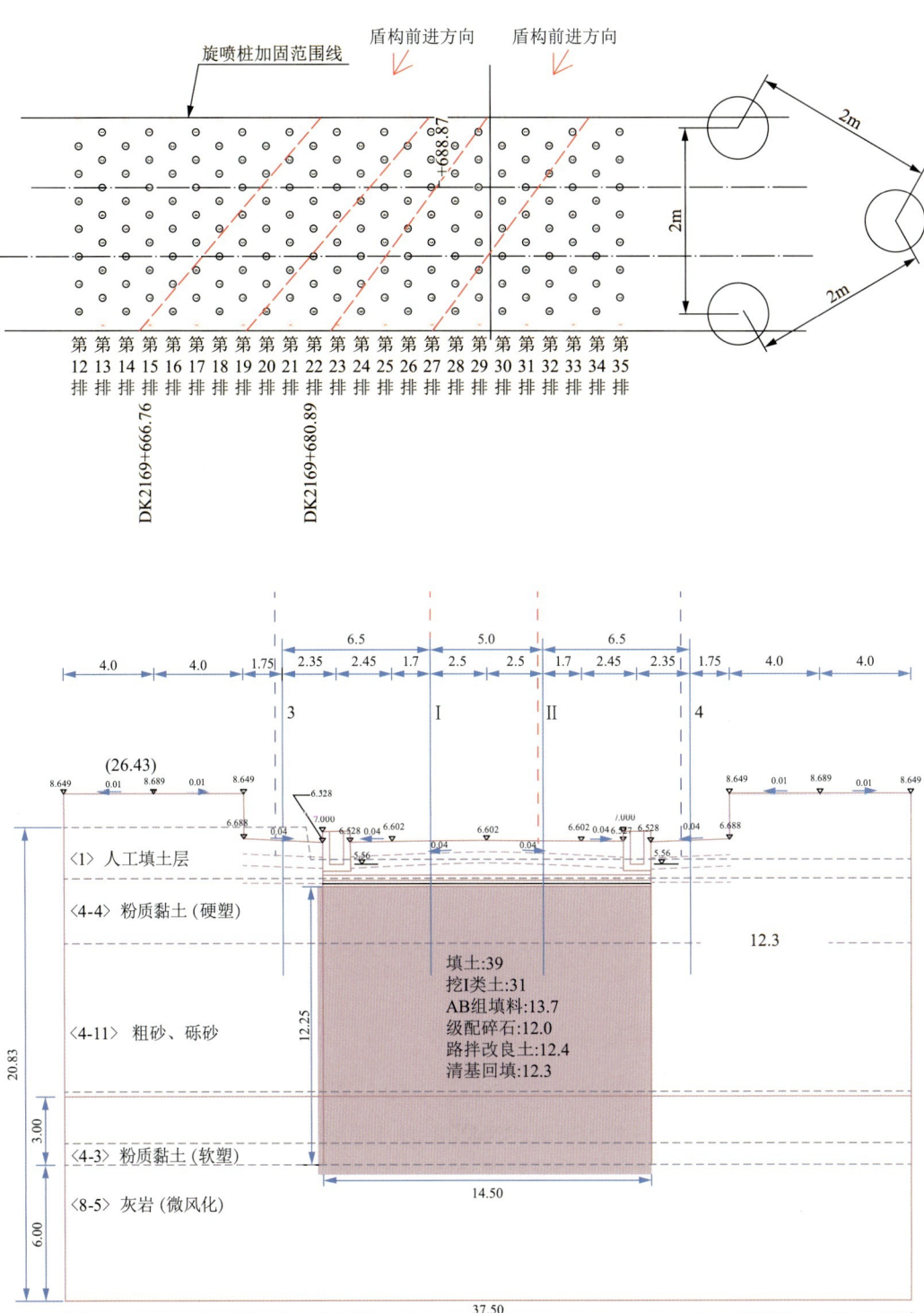

图 7-3 武广高铁路基处理图(尺寸单位:m)

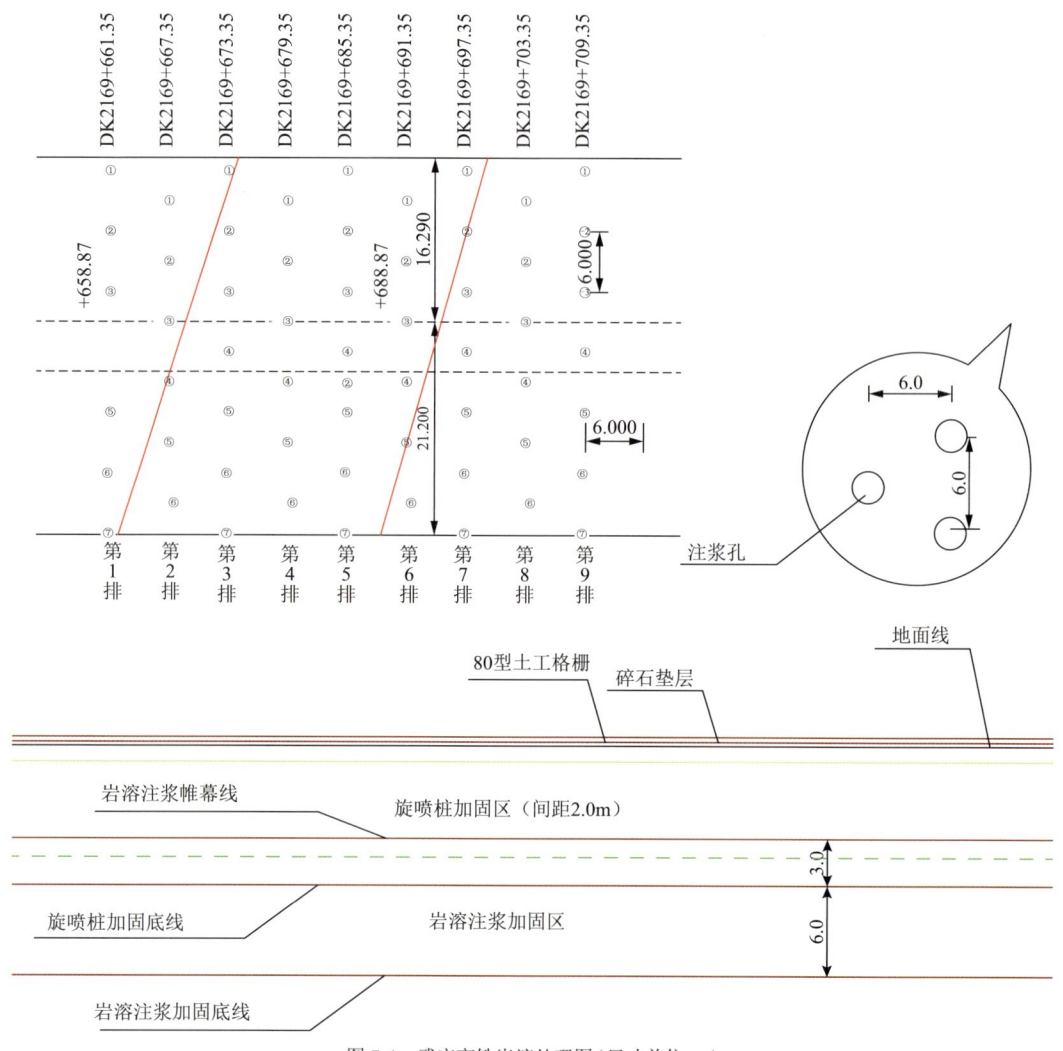

图 7-4 武广高铁岩溶处理图(尺寸单位:m)

二、下穿铁路段 MJS 水平旋喷桩加固技术

MJS 工法可实现垂直、倾斜和水平旋喷施工。MJS 加固的基本原理是:通过安装在钻头侧面的特殊喷嘴,用高压泵等高压发生装置,以 40MPa 的压力将硬化材料从喷嘴喷射出,同时将多孔管抽回,浆液凝固后,便在土中形成加固体。本技术在传统高压喷射注浆工艺的基础上,采用了独特的多孔管和前端装置,实现了排浆自动控制和地层压力变化监测,通过监测喷射点附近地层压力的变化,反馈控制特有的排浆管阀门泄压或保压来调整排浆量,以控制地层沉降和隆起。MJS 水平施工示意图如图 7-5 所示,施工工艺如图 7-6 所示。

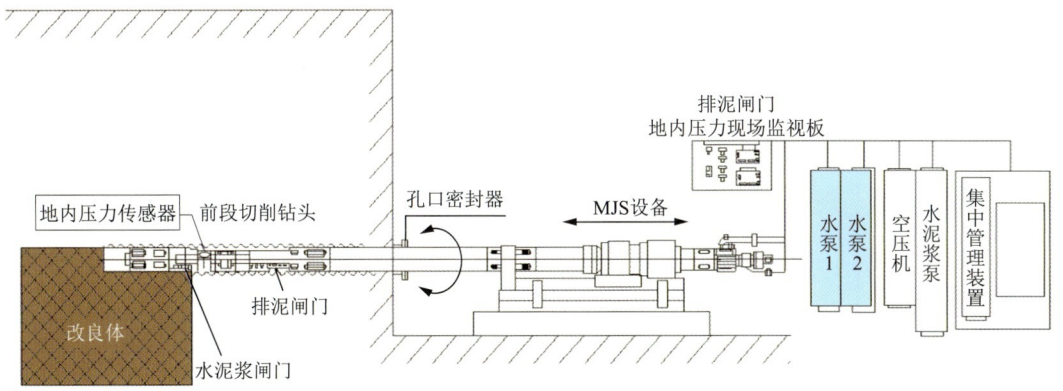

图 7-5　MJS 水平施工示意图

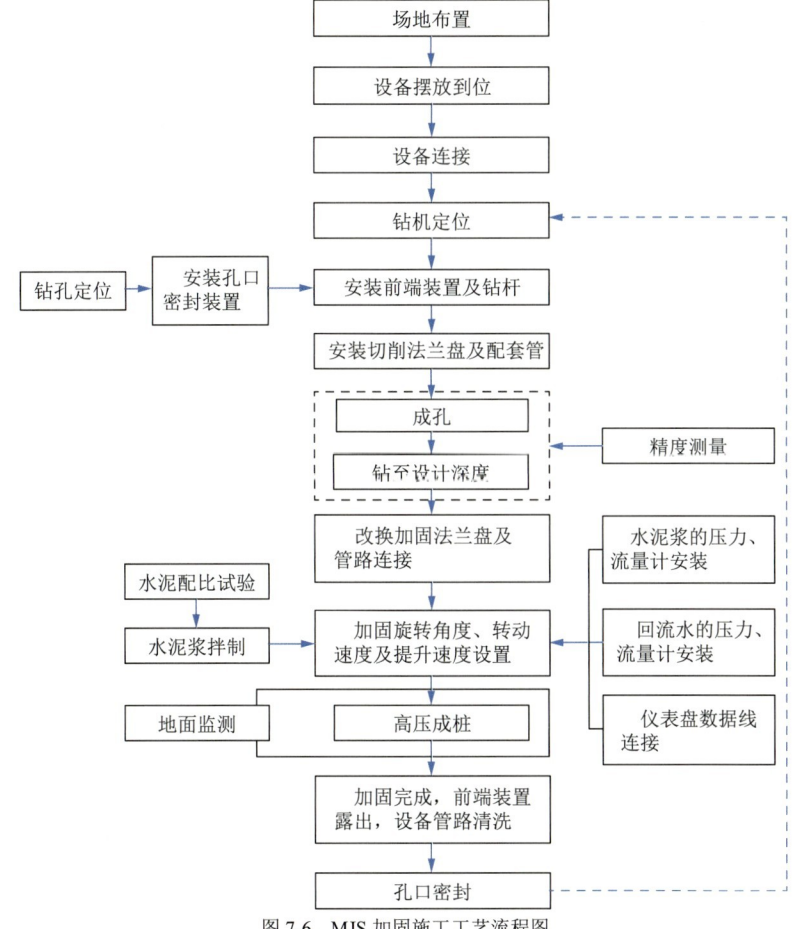

图 7-6　MJS 加固施工工艺流程图

1. 下穿铁路段 MJS 加固设计

武广高铁采用 3 排 MJS 水平旋喷桩加固（见图 7-7），京广铁路推荐采用单排 MJS 水平旋喷桩加固方案（见图 7-8）。

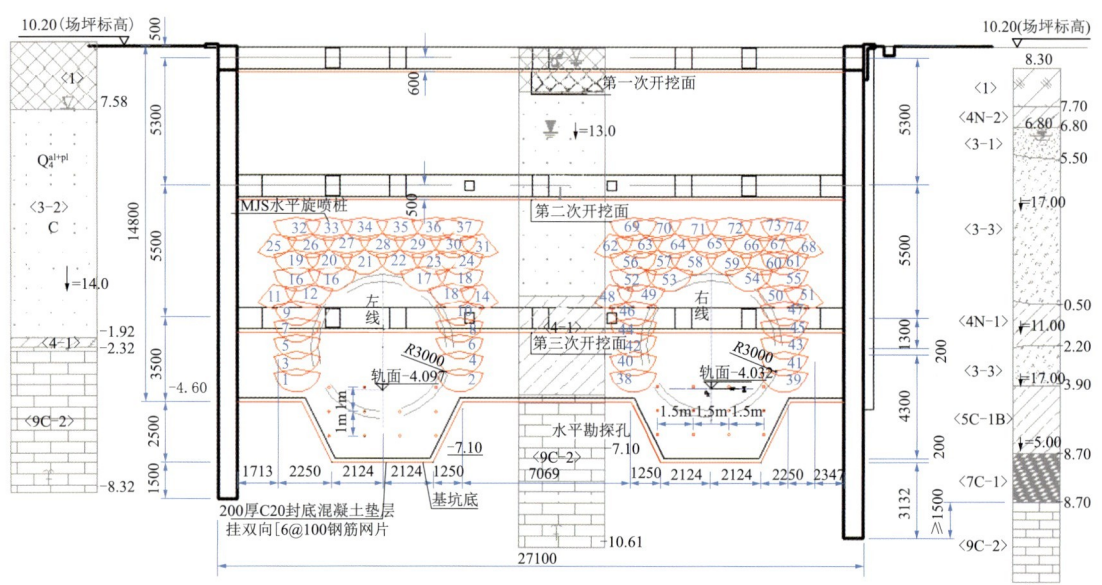

图 7-7 武广高铁 MJS 水平旋喷桩横剖面图（尺寸单位：mm；标高单位：m）

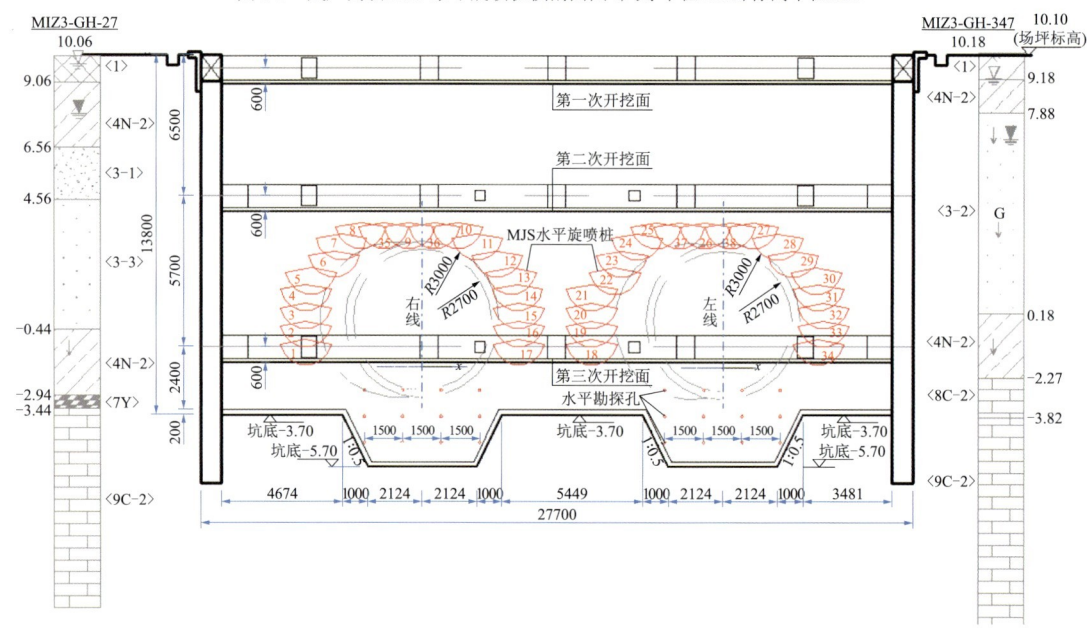

图 7-8 京广铁路 MJS 水平旋喷桩横剖面图（尺寸单位：mm；标高单位：m）

MJS 水平旋喷桩设计桩径为 2m，搭接厚度 300mm，水泥浆用量约 2m³/m（160°），桩体角度主要为 160°和 120°。

2. MJS 试验桩施工

施工单位在高增站和花城路站开展了 MJS 试验桩施工，总结经验，积极改进设备零部件，以更加适应该工程施工。

1）高增站 MJS 水平施工

高增站 MJS 工程为水平施工，共完成 4 根桩体，如图 7-9 所示序号①~④，左侧布置有 3 根桩体,右侧布置 1 根桩体,桩体长度最短 11.7m、最长 46.4m,施工总长度为 107.3m,桩体角度均为 180°。此处地质主要以黏土层及细砂层为主。

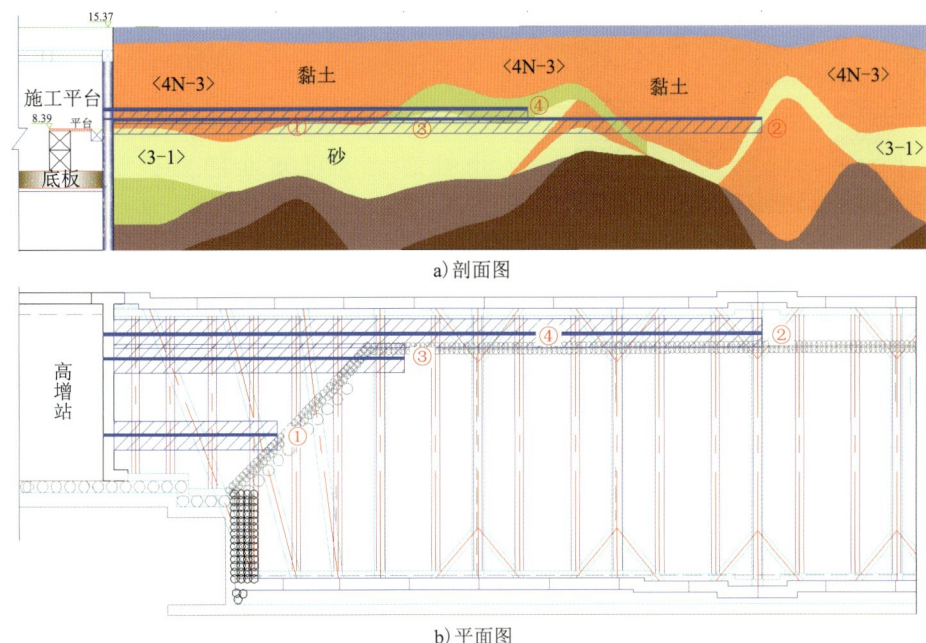

图 7-9 MJS 水平桩剖面图和平面图

在工程完成之后进行 MJS 桩体开挖检测,结果显示,水平桩体半径均大于 1m,最大有效半径达到 1.3m,如图 7-10 所示。抽芯试压结果显示,桩身强度最低 1.4MPa,最高达到 8.4MPa。试验桩体直径、精度、桩与桩搭接都达到预期效果。地面最终累计沉降值为 +6.7~-5.15mm。

2)花城路站 MJS 试验桩施工

该次 MJS 试验桩,从 2014 年 7 月 15 日开始至 2014 年 11 月 16 日结束,历时 125 天,共计完成 20 根试验桩,如图 7-11 所示。

图 7-10 MJS 桩体开挖检测

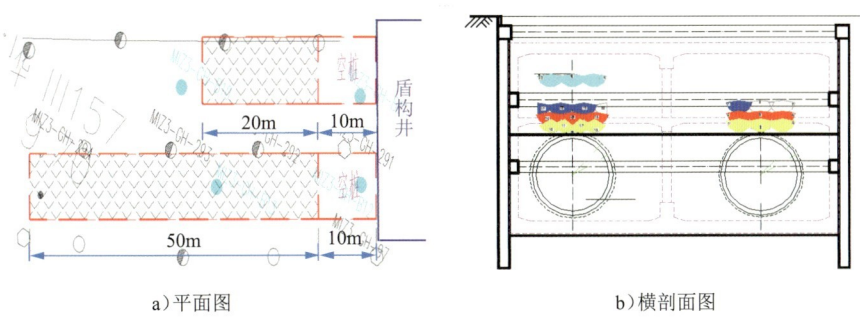

图 7-11 MJS 试验桩加固(花城路站西端头位置)平面图和横剖面图

图 7-12 抽芯芯样

花城路站 MJS 施工时，单桩地面沉降值控制均在 +0.5 ~ -0.5mm 之间，在全部桩施工完成后，地面最终累计沉降值在 +1.7 ~ -2.2mm 之间。通过地面抽芯检测（见图 7-12），确认 MJS 的成桩半径为 1.2 ~ 1.3m，成桩后的强度达到 5.8MPa。

由抽芯情况可知非隔离桩整体向上偏移 0.8 ~ 0.9m，隔离桩基本无偏移。非隔离桩偏移的主要原因有：①隧道上方 3m 范围内为端头加固实桩区域，土质较硬，导致钻杆上飘。而隔离桩施工范围内为端头加固空桩区域，原状土土质，故基本无偏移。②牙轮钻钻头切削孔的水从侧面喷出，而非从钻头前方喷出，钻头切削下来的泥沙无法及时排出，堆积在钻头下方，垫高钻头，导致上飘。

3. 下穿铁路段 MJS 加固桩施工

下穿铁路段，左线隧道断面主要穿越黏土层、砂层，隧道上方覆土从上到下依次为填土层和砂层，如图 7-13 所示，隧道距离路基顶面 9.4 ~ 9.8m；右线隧道断面主要穿越黏土层、砂层，上方覆土从上到下依次为填土层、黏土层、砂层、黏土层，如图 7-14 所示，隧道距离路基顶面 7.9 ~ 8.9m。隧道底部或局部下部为岩溶发育的灰岩地层。

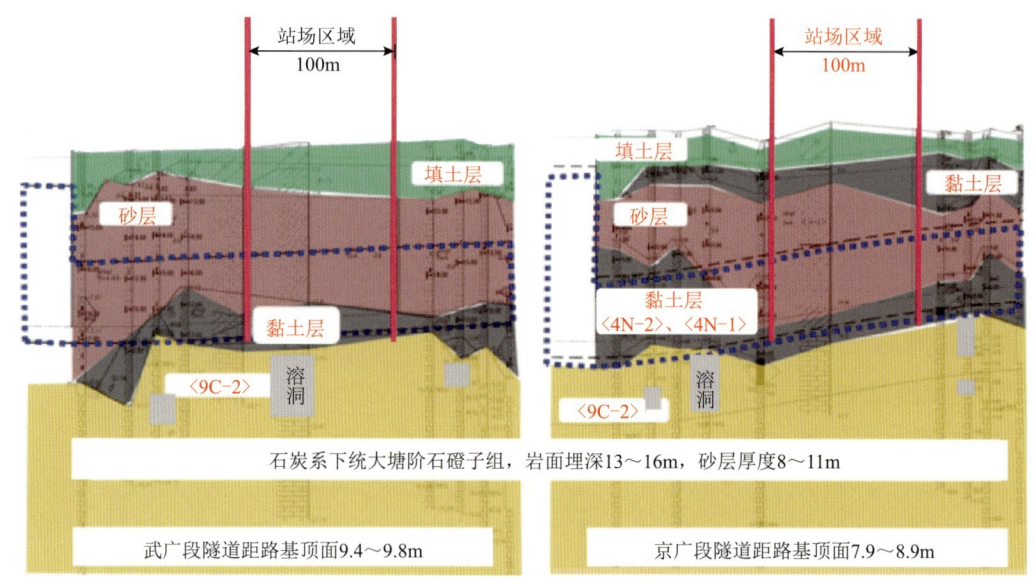

图 7-13 左线下穿铁路段地质剖面图　　图 7-14 右线下穿铁路段地质剖面图

为确保武广铁路下方 MJS 加固桩施工顺利，项目参建各方决定先施工京广铁路下方 MJS 加固桩，进一步取得经验后，再施工武广高铁下方的 MJS 加固桩。

京广铁路东侧为旧有线路，地层松散，路基没有经过处理，沉降不易控制。实际施工中，处于最底层的 3 排 MJS 桩在成桩时，碰到灰岩地层及不明障碍物，给 MJS 施工造成了极大的困难。

图 7-15 为 MJS 加固桩施工过程中收集的岩样。

图 7-15　MJS 加固桩施工过程中收集的岩样

1）异常情况

（1）铁路路基沉降情况

16 号桩于 5 月 11 日完成，19 号桩于 5 月 13 日完成，5 月 14 日发现铁路路基沉降过大。其中，16 号桩离沉降点水平距离约 6m、19 号桩离沉降点水平距离约 2.2m。沉降情况如图 7-16 所示。

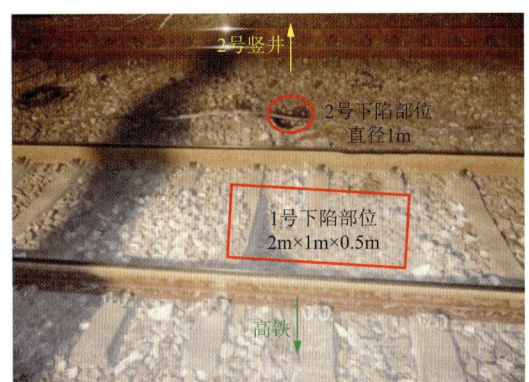

图 7-16　铁路沉降位置及相关桩位图

随后对铁路路基进行注浆回填，但在 16 号桩上面施工 13～15 号桩时，发现两隧道中间部分地面有继续沉降的情况，其中监测点 PT19 点沉降达到了 2.5cm。

（2）32 号桩卡钻情况

11 月 15 日，在 32 号桩（见图 7-17）成孔至 30.8m 后回拔喷浆至 27.14m 时，扭矩过大，不能前进也不能后退，采用千斤顶辅助回拔钻杆，千斤顶收回后，钻杆自动回弹到原来位置，判断钻头被卡,之后加大千斤顶行程,最后扭矩降低继续喷浆。回喷至 3m 处时,又出现钻杆不能前进也不能后退的情况,采用前述方法解决此问题。

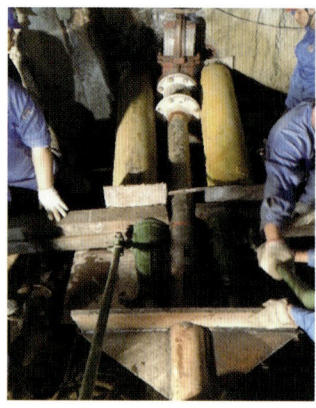

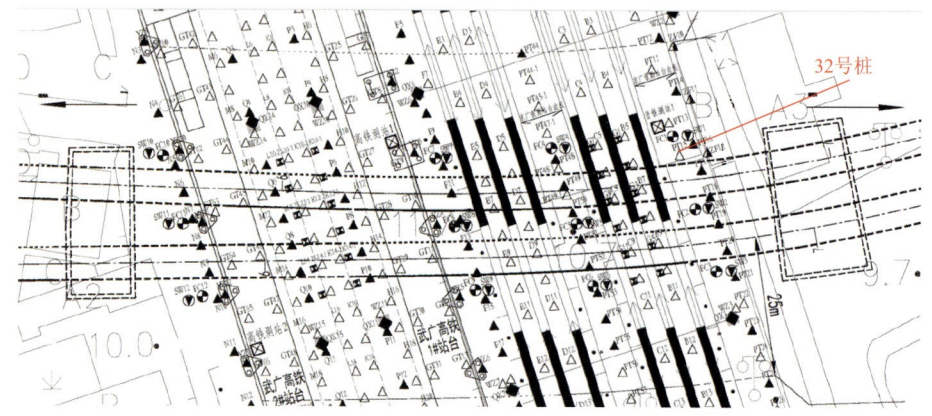

图 7-17 32 号桩桩位图

2)加固效果

下穿铁路采用 MJS 工法加固地层,由于碰到灰岩地层、卡钻等情况,加固过程中路基个别监测点沉降达 2.5cm,但加固后盾构下穿过程控制较好。

三、盾构掘进控制

1. 盾构掘进参数的设定

1)盾构推力和扭矩

在上软下硬地层中,只有底部基岩与刀具接触,即外圈刀在切岩,但切岩刀的数量很少,容易超过其最大允许的承载力,所以必须通过控制贯入度来避免刀具插入过深而造成损坏。

通过以往的理论公式结合经验和试验段情况,下穿铁路期间盾构推力控制为 12000kN 以下,扭矩控制在 1200kN·m 以下。

2)掘进速度和刀盘转速

刀具异常损坏的主因是冲击破坏,盾构主切削刀具选型原则为耐冲击性。

针对下穿铁路上软下硬地层盾构掘进施工,应首先考虑刀具的保护,只有这样才能保障连续掘进、控制地层沉降。因此,总结已完成的九号线5标和3标的盾构掘进实践经验,宜控制盾构贯入度指标小于10mm/r(贯入度=掘进速度/刀盘转速)。

根据以上关系,相应地设定盾构掘进速度为10~15mm/min,刀盘转速小于1.2r/min。

3)泥浆黏度

合适的泥浆质量是保证开挖面泥膜质量和开挖面稳定的关键,应采用较高的泥浆黏度(控制在30s以上),含砂率控制在5%以下,在环流顺畅的情况下,控制泥浆黏度在35s左右,保障上软下硬灰岩地层的携渣能力。

实际掘进过程中,因逆循环掘进的滞排效应,泥浆黏度上升较快,需及时对入口泥浆指标进行调节。

4)注浆管理

本项目所使用盾构采用两套注浆系统(单液同步注浆系统和单双液管片注浆系统)。

刀盘最外缘采用18英寸整体式滚刀,按照切削直径6350mm来计算,每环间隙为5.09m³。对试验段,分析不同注浆量和注浆压力与地表沉降的关系,最终确定同步注浆控量(不小于8m³),二次注浆采用控压不大于0.6MPa的注浆管理原则。相应同步注浆加二次注浆量为9.5~10m³/环,注浆填充率达到187%~200%。

同时,在下穿铁路范围采用每环管片上增设10个注浆孔的特殊环管片(见图7-18),有利于注浆填充密实和注浆质量的检查。

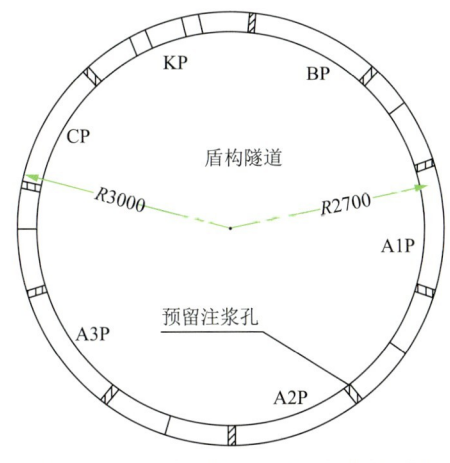

图7-18 下穿铁路范围增设注浆孔的特殊环管片

2. 盾构环流循环模式的选用

本项目泥水盾构具备环流逆循环的特殊模式。通过单辊破碎机的应用和盾构泥浆循环系统的改造,一般情况为正循环模式经采石箱,逆循环模式经破碎机。

在先行盾构(左线)下穿铁路时,全程遵循逆循环模式、少洗仓的原则,以达到控制切口压力波动、减小铁路沉降的目标。但在实际掘进过程中发现了大量不可预计的钢质异物,存在以下问题:

(1)逆循环的滞排效应,易形成泥饼甚至泥团,虽然所形成的泥饼在短距离的下穿铁路施工中不易导致较大的施工困难,但是大的泥团会堵塞排泥口,影响切口压力计的灵敏度并导致盾构参数的误判。

(2)盾构刀盘难以切削和分解钢质异物,造成环流周期性堵塞和切口压力的周期性异常波动,对切口压力稳定和地层沉降控制造成了极大的困难。

(3)若采用正循环模式,钢质异物经采石箱到达环流泵,环流泵设备故障排除时间长,盾构停滞时间长更容易导致衍生的风险;而逆循环模式,钢质异物到达破碎机,破碎机具备电机过载保护的装置。按照"两害相权取其轻"的原则,且破碎机并不易受损伤,在切口压力波动大、盾构参数异常或环流堵塞时启用逆循环模式更能控制施工风险。

最终,在第二台盾构(右线)下穿铁路时,盾构环流循环模式采用"正逆循环相结合"的方式,即先采用正循环模式,在切口压力、扭矩波动或环流堵塞时再采用逆循环模式掘进;当隧道断面岩面提高,可能产生大块石堵塞排泥口,环流堵塞时,根据盾构参数变化情况优先启用逆循环模式掘进。

3. 掘进主要异常情况

1)左线 563 环出现 ϕ80 钢管

在 563 环逆循环掘进施工过程中,V5 阀入口堵塞,拆出一截长约 40cm 的 ϕ80 钢管(见图 7-19),经过刀盘切削搅拌已严重变形和损坏,经判断为铁路加固施工遗留钢管。

图 7-19　左线 563 环 V5 阀拆出 ϕ80 钢管

2)环流排出不明金属物质

左线自 573 环扭矩出现波动(见图 7-20);574 环扭矩波动变大(见图 7-21),部分时间扭矩可以达到 1500kN·m,刀盘前方出现有规律的异响,但掘进推力只有 8000kN 左右;579 环扭矩波动加剧(见图 7-22),推力只有 10000kN,完成掘进后洗仓,在渣土中发现了一小块金属材料(见图 7-23),尺寸约为 10cm×5cm。

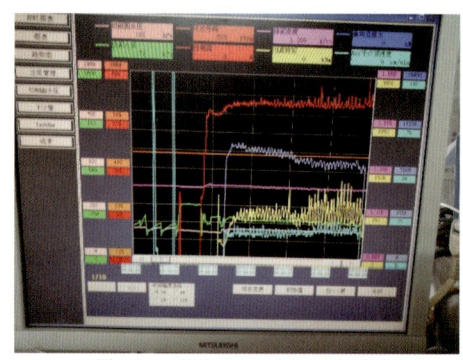 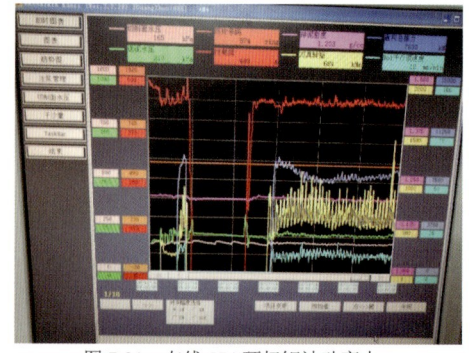

图 7-20　左线 573 环扭矩出现波动　　　图 7-21　左线 574 环扭矩波动变大

在左线 580～595 环掘进时扭矩依然不定时地出现波动(见图 7-24),最后分别在 587 环(地面排泥管弯头)、593 环和 595 环(破碎机)拆出加固体、大石块和金属材料,如图 7-25～图 7-29 所示。

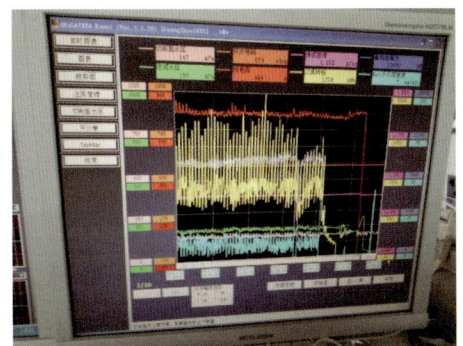

图 7-22　左线 579 环扭矩波动加剧

图 7-23　左线 579 环环流出渣发现异物

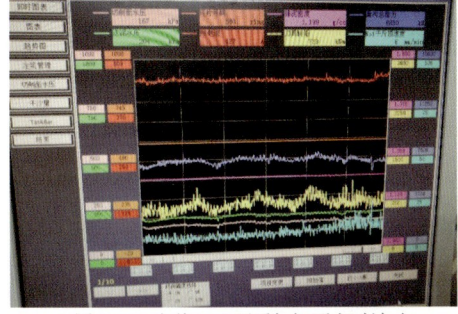

图 7-24　左线 580 环后扭矩不定时波动

图 7-25　左线 587 环排泥管弯管排障

图 7-26　左线 595 环破碎机取出钢质异物

图 7-27　左线 593 环采石箱取出 MJS 加固充填溶（土）洞的高强水泥块

图 7-28　右线 532 环采石箱拆出不明钢管（长 1.5m）

图 7-29　右线 546 环采石箱取出 ϕ12 钢筋（长约 50cm）

四、自动化监测铁路路基

1. 监测范围

监测对象为下穿隧道施工影响范围内的既有铁路。

（1）施工影响范围内，测点横向及纵向布设范围不应小于4H（H为隧道中心至地表距离，下同）且不小于70m。

（2）测点按由近及远、由密及疏的原则布设，在重点监测区（Ⅰ区）测点一般按照5m布置，在一般监测区（Ⅱ区）测点一般按照10m布置。

施工影响范围内监测分区判定见表7-1，下穿铁路段地面监测平面如图7-30所示。

施工影响范围内监测分区判定表　　　　表7-1

监测分区	具体范围
重点监测区（Ⅰ）	隧道正上方及外侧2H范围
一般监测区（Ⅱ）	隧道外侧（2～4）H范围内且不小于70m

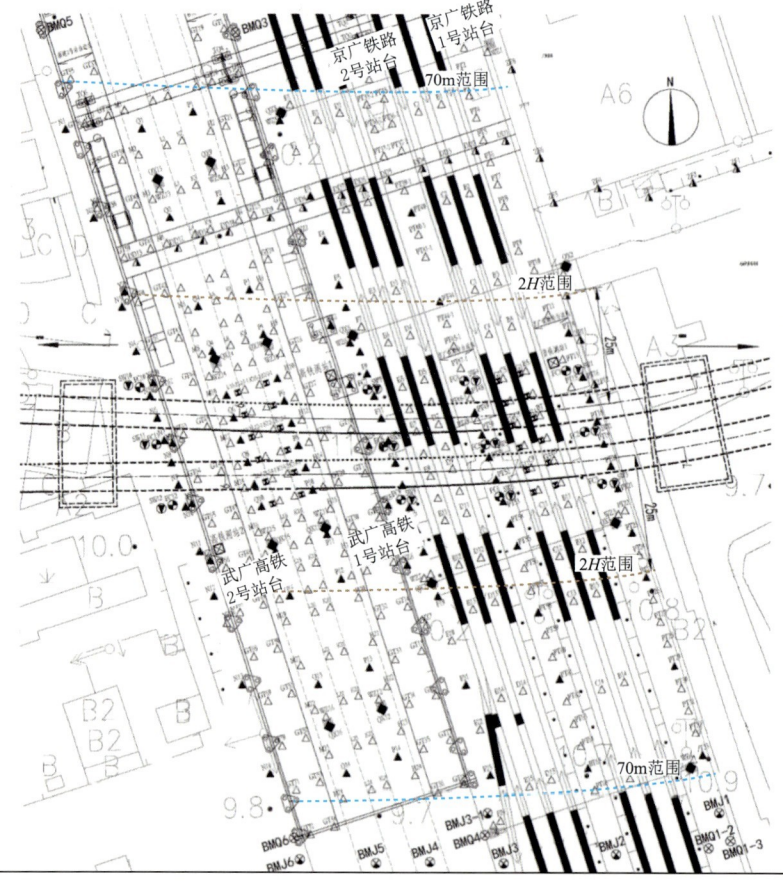

图例：▲ 静力水准仪测点　▲ 人工水准测点　● 土体分层沉降测点　⊗ 静力水准仪基准点　⊗ 轨道几何状态测点
　　　△ 全站仪测点　◆ 接触网柱倾斜测点　⊙ 地下水位监测孔　⊗ 全站仪基准点

图7-30　下穿铁路段地面监测平面图

2. 监测项目与方法

监测项目与方法见表 7-2。

监测项目与方法一览表 表 7-2

序号	监测项目	监测方法	
		武广高铁	京广铁路
1	（无砟）轨道结构沉降	自动全站仪、静力水准仪	自动全站仪、静力水准仪
2	轨道几何尺寸	自动全站仪	自动全站仪、人工道尺
3	接触网柱沉降及倾斜	自动全站仪、自动倾角仪	自动全站仪、自动倾角仪
4	限界测量	人工测量	人工测量
5	地基分层沉降	自动分层沉降仪	自动分层沉降仪
6	站台沉降	自动全站仪	自动全站仪、静力水准仪
7	雨棚柱沉降	自动全站仪、静力水准仪	自动全站仪、静力水准仪
8	地道沉降	人工水准	人工水准
9	地下水位	自动水位计	自动水位计
10	地下管线	人工测量	人工测量
11	高铁列车速度	自动测速雷达	
12	人行天桥沉降	人工水准	人工水准
13	车站站房沉降		人工水准

3. 监测频率及周期

监测频率及周期见表 7-3。

监测频率及周期表 表 7-3

序号	监测项目	监测频率			监测周期	备注
		临时竖井施工期间	MJS 加固期间	盾构掘进期间		
1	（无砟）轨道结构沉降	关键时期 1 次 /2 h，一般情况 3 次 /d，之后根据需要进行适当调整，必要时需加密监测频率	关键时期 2 次 /h，一般情况 1 次 /2 h，之后根据需要进行适当调整，必要时需加密监测频率	关键时期 1 次 /h，一般情况 1 次 /3 h，之后 1 次 /d，其他可根据需要进行适当调整，必要时需加密监测频率	从竖井施工开始直至盾构穿越施工完成全过程均需进行监测	自动化监测
2	接触网柱沉降及倾斜测量					自动化监测
3	地基沉降测量					
4	站台、雨棚柱、地道沉降测量					自动化监测
5	地下水位					
6	地下管线					自动化监测
7	轨道几何尺寸（高低、水平、轨距等）	根据现行《铁路线路修理规则》等规范及铁路部门的要求执行				
8	行车限界测量					
9	列车速度监测（仅武广高铁）	1 次 / 每列				自动化监测

4. 监测控制值及警戒值

监测控制值及警戒值见表 7-4。

监测控制值及警戒值　　　　　表 7-4

序号	监测项目	监测精度（mm）	监测控制限值建议值		警戒值
			武广高铁	京广铁路	
1	（无砟）轨道结构沉降	0.1	沉降限值 -5mm，不允许隆起	根据现行《铁路线路修理规则》等规范及铁路部门的要求执行	取控制值的 50%
2	轨道几何尺寸（高低、水平、轨距等）	0.1	根据现行《铁路线路修理规则》等规范及铁路部门的要求执行		
3	接触网柱沉降及倾斜测量	1.0			
4	行车限界测量	1.0			
5	地基沉降测量	1.0	-20mm	-30mm	
6	站台、雨棚柱、地道沉降测量	1.0	-20mm	-30mm	
7	地下水位	1.0			
8	地下管线	1.0	根据管线产权单位要求		
9	列车速度监测（仅武广高铁）		限速 80km/h		

5. 信息化施工

根据各个规定的频率对盾构穿越铁路段施工进行监测，迅速处理所采集的数据，并根据数据处理结果及时调整和设定盾构施工参数，从而达到指导施工的目的，这是穿越铁路群施工至关重要的环节。同时，建立反馈机制，确保信息流的顺畅。监测与施工流程关系如图 7-31 所示。

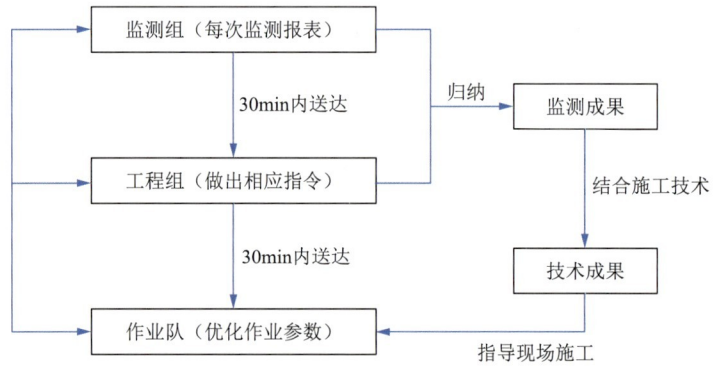

图 7-31　监测与施工流程关系图

建立监控及信息反馈的联动机制。数据采集处理后，形成监测日报、周报、月报等文字信息材料，报送相关单位。当达到警戒值时，应立即采取以下措施：

（1）以短信、电话、快报等形式快速且及时地通报建设单位、施工单位、铁路相关部门、监理单位、设计单位等；

(2)通知施工单位暂停掘进,采取必要措施,消除隐患,确保安全。

五、实施效果

在掌握铁路下方地质特点的基础上,通过盾构刀具选型保护、设备改造、盾构参数的合理设置和信息化施工管理等手段,最终确保九号线双线盾构安全、顺利地下穿广州北站武广高铁及京广铁路路基段,如图 7-32 所示。

图 7-32　双线盾构完成下穿铁路区间到达现场

(1)从 2 号竖井碰壁到盾尾完全进入 1 号竖井:

左线(528 ~ 611 环,84 环,126m)2016 年 11 月 4 日 ~ 2016 年 11 月 23 日,共 20d;

右线(530 ~ 615 环,86 环,129m)2016 年 12 月 4 日 ~ 2016 年 12 月 19 日,共 16d。

(2)在盾构下穿铁路期间沉降可控,高铁线路最大沉降量为 -4.62mm,为监测点 H12,位于武广高铁 3 道轨道板;普铁线路最大沉降量 -8.53mm,为监测点 C10,位于京广铁路线路 1 ~ 2 道之间。

第二节　盾构下穿江河施工技术

在富水岩溶区,单一模式盾构对复杂多变地层的适应能力有一定的局限性。如,土压盾构在地下水丰富地层中掘进,渣土改良不好时易发生喷涌;泥水盾构因块石堵仓堵管,造成切口压力波动甚至失压,进而发生地面沉降过大。因此,九号线施工 2 标花都汽车城—广州北站区间首次尝试应用泥水/土压双模盾构,并在花广区间下穿河段进行模式切换试验。

9 号线花都汽车城站—广州北站盾构区间须下穿天马河。天马河河面净宽约 88m,盾构隧道斜穿其下方，如图 7-33 所示。

图 7-33　盾构隧道下穿天马河平面图

天马河处左、右线隧道线间距为 13m，覆土厚度为 5.2～7.7m，河水与隧道埋深处的地下水存在水力联系。盾构隧道主要穿越地层为冲洪积砂层，局部夹冲洪积黏性土层，砂层顶部分布有约 2.0m 的淤泥质土层，隧道下部局部存在溶洞发育灰岩地层，如图 7-34 和图 7-35 所示。

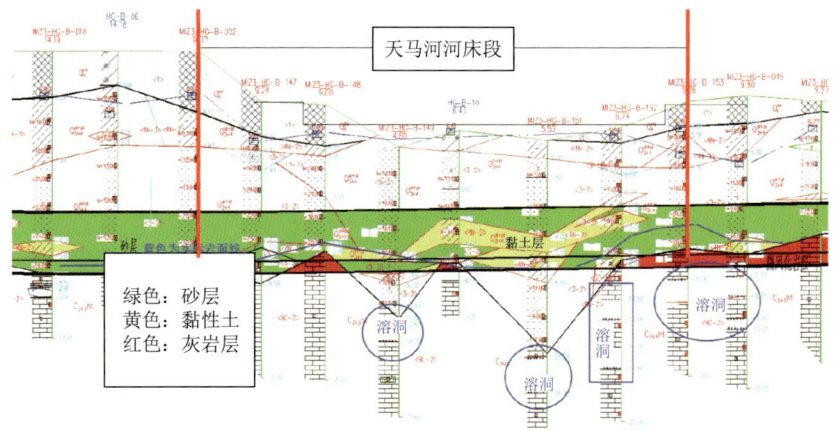

图 7-34　左线下穿天马河段地质剖面图

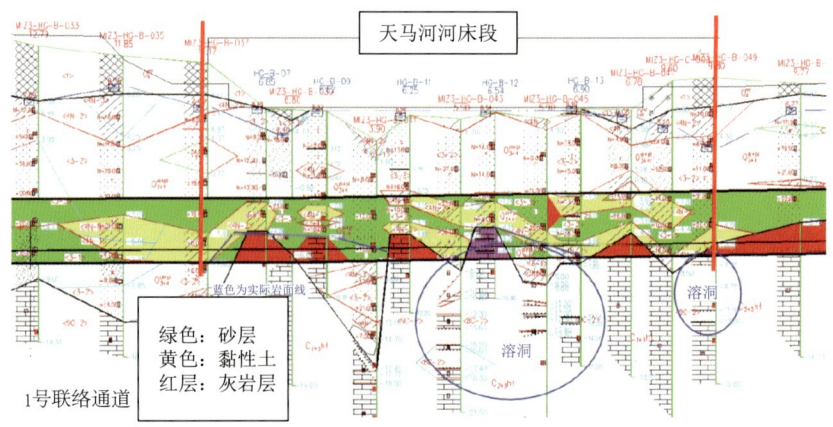

图 7-35　右线下穿天马河段地质剖面图

隧道断面内存在溶洞发育灰岩的区域主要位于隧道下穿河床段,据盾构掘进范围渣土情况反馈:地质情况基本与勘察资料吻合,实际岩面有差异;根据详细勘察、补充勘察资料揭露,天马河段及岸堤共存在5个溶洞区(见图7-36),设计估算总面积达到970m²,其中河床段占88.5%;溶洞平均厚度为1.6~11.7m(串珠式),单个溶洞面积最大的为322m²,充填形式以半充填和全充填为主。

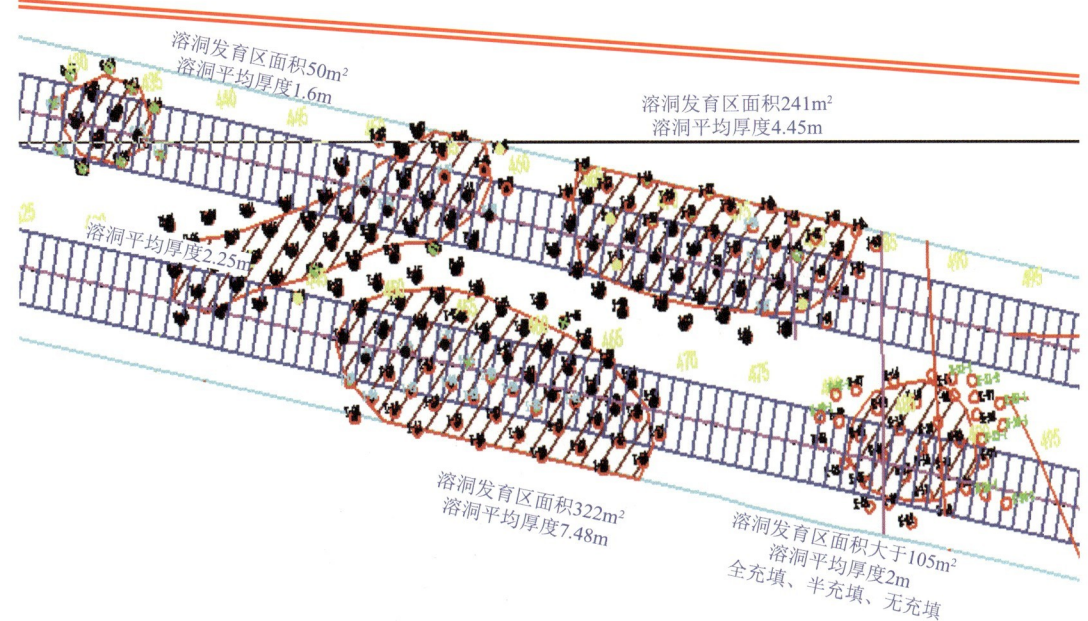

图7-36 盾构区间天马河段平面图(5个溶洞区)

本区间采用双模盾构,主要配置见表7-5。

双模盾构配置一览表 表7-5

项 目	配 置 情 况
刀盘	含刀φ6310、不含刀φ6240,厚度为750mm(不含刀),6个支撑腿。开口率38%,一把仿形刀
泡沫孔/注水孔	刀盘面6个泡沫注浆孔,4个注水孔
驱动方式	电动机,160kW×6台
铰接方式	主动铰接,最小转弯半径250m
泥浆泵	P1送浆泵、P2排浆泵、P0循环泵
刀盘转速	0.3~3.0r/min
螺旋输送机	内径800mm,双闸门
扭矩	最大6528kN·m
搅拌棒	3个主动,2个被动
环流形式	正循环、逆循环

本区间发挥双模盾构的功能优势,在河堤段以泥水模式掘进为主,有效控制了地面沉降,保护了河堤安全;在河床段以土压模式掘进为主,通过连续的、稳定的施工作业,提高了掘进效率,保证了施工安全。

一、下穿河堤段掘进施工(泥水模式为主)

盾构在通过河堤时,隧道覆土厚度由14m变为8m,采用以泥水模式掘进为主,辅以浓泥浆保压、螺旋输送机排石,减少扰动和沉降。由于落差大,切口水压设定变化较大,必须尽量保持切口水压的稳定。在盾构穿越河堤后,由于覆土厚度发生突变,及时调整了设定的压力值,以减少江底的沉降,保护好河堤。施工过程中采用以下针对措施:

(1)控制泥浆指标。采用立体式组合泥浆处理系统,泥浆黏土保持在24～29s,相对密度按照渣土的处理能力及其他情况而定。

(2)加强河堤监测。根据地面的实际情况,穿越河堤时,沿隧道的轴线和断面位置布设监测点。在中隔板位置或岸堤设置振动监测仪(见图7-37),对施工过程进行监测,出现异常振动或振动突然变大时及时分析原因并采取相应对策。

图7-37 振动监测仪

(3)浓泥浆保压,螺旋输送机取石,解决灰岩堵管问题。切削的岩块从土仓进入排浆管内,易造成管和泵的堵塞,不仅无法控制地面沉降,还造成泥水压力大范围反复波动。当土仓内块石较多时,可往土仓内注入惰性浆,保证仓内压力的平稳安全,然后利用螺旋输送机排出石块,排石粒径是泥水模式管路的3倍。下穿天马河期间,螺旋输送机最大排出的块石为42cm×32cm×23cm,如图7-38所示。

二、下穿河床段掘进施工(土压模式为主)

下穿河床段,盾构切换成土压模式施工,平稳地进行连续掘进,减少施工滞留时间,既提高了掘进效率,也降低了施工风险。在通过大溶洞位置时,再次切换为泥水模式,确保了施工安全稳定。

图 7-38　土压、泥水模式排石情况

河底的地质情况如图 7-39 所示,盾构掘进断面内约 50% 为上软下硬的复合地层:隧道下部为〈9C-2〉岩层,具有较高的硬度,裂隙较为发育;拱顶覆土层几乎均为中粗砂层,地层稳定性差。盾构掘进时极易发生冒浆、沉降甚至塌陷等险情,施工时必须在刀具配置、泥浆性能指标、切口压力控制和背填注浆有效性等各方面采取措施保证地层稳定和施工安全。

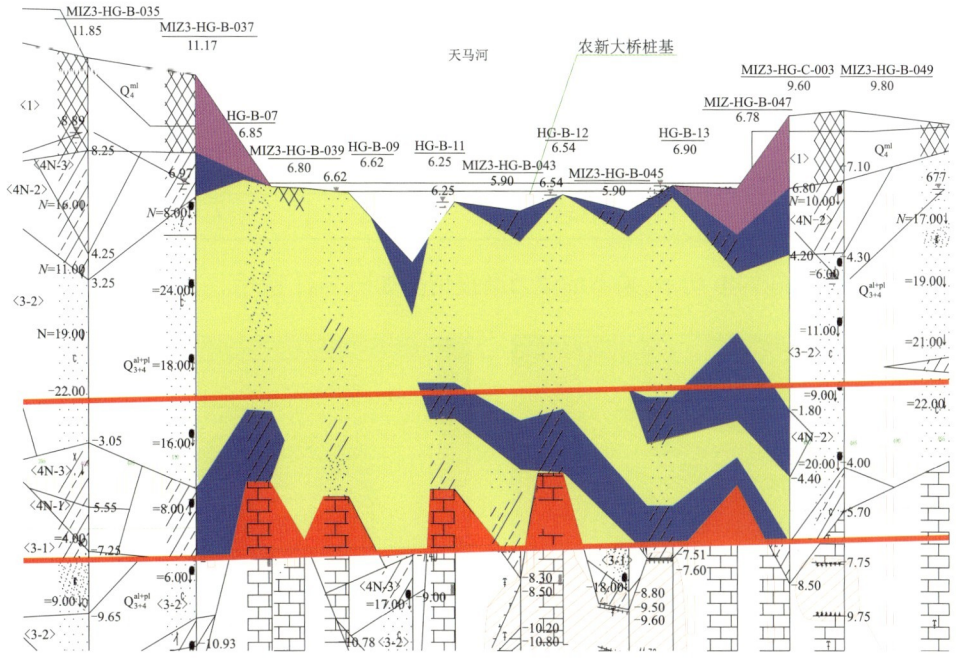

图 7-39　河床下方地层情况(红色为岩层,黄色为砂层,蓝色为黏土层)

1. 刀具管理

岩面变化大,也存在较大的强度差异,刀具配置中标准滚刀发生冲击破坏的风险较大,极易发生刀圈脱落损伤刀盘刀具的连锁反应。根据地层的特点,刀具选择以滚刀为主,适当扩大带合金粒滚刀的配置范围,以加大破岩能力,增加刀具的耐磨性。在刀盘配置适量的贝壳刀以保护滚刀、刀盘面板,临时点焊固定刮刀螺栓,防止松落。共配置 9 把 17 英寸带合金粒中心双刃宽刃滚刀,21 把 17 英寸单刃宽刃滚刀。

通过合理的刀具配置,有计划地进行主动开仓检查,以及有效的掘进参数设定和优化,通过天马河后检查右线刀具,刀具磨损最大的为单刃滚刀 15mm,处于最长轨迹线处,周边刮刀无掉落,属于正常磨损。部分刀具磨损统计见表 7-6。

部分刀具磨损统计表　　表 7-6

序　号	名　称	轨迹线半径(mm)	磨损状况	厚度磨损(mm)	高度磨损(mm)
18	单刃	1623.9	正常磨损	2	5
20	单刃	1802.0	正常磨损	2	4
22	单刃	1979.0	正常磨损	2	5
23	单刃	2067.0	正常磨损	2	8
28	单刃	2507.0	正常磨损	3	5
29	单刃	2594.0	正常磨损	6	10
30	单刃	2680.5	正常磨损	5	10
31	单刃	2763.4	正常磨损	6	10
32	单刃	2842.8	正常磨损	5	12
33	单刃	2916.4	正常磨损	4	10
34	单刃	2982.1	正常磨损	6	15
37	单刃	3114.7	正常磨损	6	15
39	单刃	3150.3	正常磨损	6	15

仓内刀具测量如图 7-40 所示,换下的滚刀磨损情况如图 7-41 所示。

图 7-40　仓内刀具测量

图 7-41　换下的滚刀磨损情况

2. 浆液应急储备管控

盾构穿越大溶洞区,最大的风险为盾构失稳。切换为泥水模式,加大钢箱泥浆储备量,应对掘进过程中可能出现的失压、保压困难等异常问题。利用浓泥浆或惰性浆,做好应急准备,无论是土压模式还是泥水模式均可使用。

1)浆液的制作、储备

选用优质膨润土进行制备,并现场长期储备一定数量的膨润土。施工现场通过钢箱,预先储备部分拌制好的浓泥浆(见图 7-42),以应对突发情况,并及时补充。

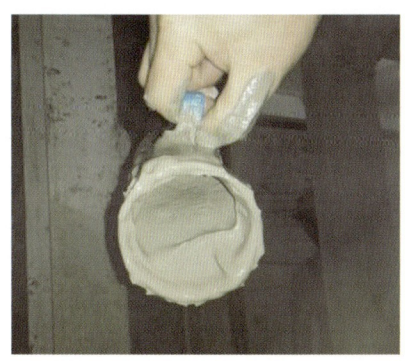

图 7-42　浓泥浆

泥浆配置见表 7-7。

泥 浆 配 置 简 表　　　　　　　　　　　　表 7-7

项目	配比	要求
浓泥浆 (仓内保压)	优质膨润土浆液 + 雷硼	以泡制发酵 12h 以上为宜。但在有泥浆(黏度 24s,相对密度 1.05～1.10)作为溶液拌制时,在 2h 内结合雷硼应用可快速配置出黏度 80s 以上的浓泥浆
惰性浆 (盾体周边注入保压)	每立方配比:石灰 60kg、粉煤灰 400kg、膨润土 70kg、砂 200kg、水 500kg	该配比中的水可用泥浆代替,调整后相对密度可以达到 1.38

2)浆液的运输及注入方式

(1)通过电瓶车转运至盾构台车上的浆罐储存,利用中隔仓壁的预留孔注入。

（2）用泥浆管路将泥浆送至掌子面,快速稳压;或通过地泵,连接管路至前方,以应对坍塌较大时,浓泥浆运输不及时的情况。

3. 掘进参数控制

1）土仓压力控制

江底切口水压设置按照经验公式计算:

$$P_切 = H_1 \times \gamma_浆 + H_2 \times \gamma_水$$
$$= H_1 \times 12 + H_2 \times 10$$

式中,H_1 为河床底至隧道轴线的高度,H_2 为水面至河底的高度。

设定的切口压力比理论值压力小 5~10kPa,控制在 107~171kPa 区间。

密切监测水位变化,平时每隔 60min 记录一次水位,在大雨和暴雨等水位变化较快的时间段加密至 15min,以修正切口压力的设定;同时,收集出渣量（泥水模式时为相对干砂量）、开挖面压力、盾构推进速度、推力和扭矩波动大小。盾构掘进过程中波动范围控制在设定值的 ±(5~10)% 以内。

2）掘进速度控制

以快速、均衡、平稳为原则,考虑地层因素及排渣情况,掘进速度控制在 10mm/min 以下。由于岩面的高低起伏和不连续性,掘进时遇到岩面未侵入开挖面时,推力、扭矩下降而速度上升,此时,中控手往往会加快掘进速度而忽略对刀具的保护,一旦遇到岩面上升凸起,刀具受到的冲击力会非常大。因此,应严格控制掘进速度,在灰岩地区尤其重要,不得随意加快速度。刀盘转速控制在 0.8r/min 以下,扭矩控制在 2000kN·m 以下,掘进贯入度保持在 1~1.25mm/r 最为理想。图 7-43 为右线盾构扭矩与推力数据图。

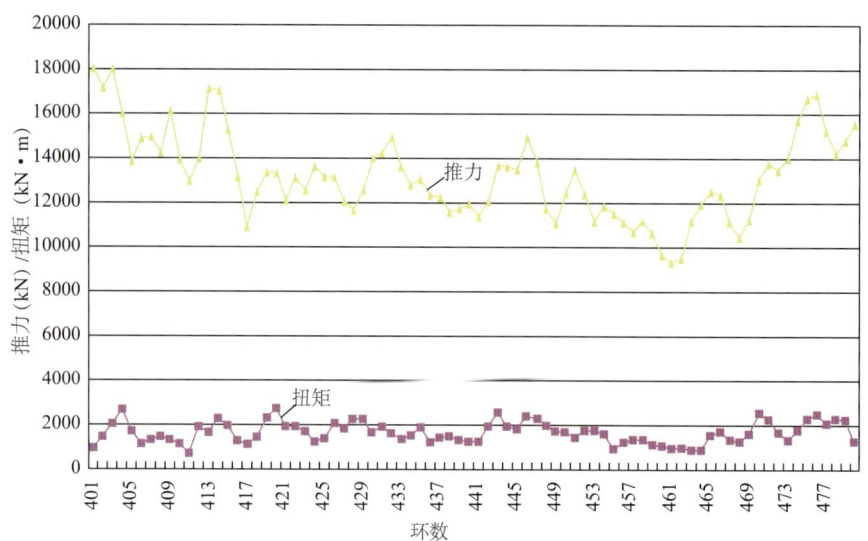

图 7-43　右线盾构扭矩与推力数据图

（平均扭矩为 1647.7kN·m,平均推力为 13240.0kN）

3）做好同步注浆和二次注浆

配置有 2 套注浆系统和 3 台注浆泵，可同时快速进行同步注浆和管片补浆。管片补浆每隔 2 环进行一次，形成有效封闭环保护。

采取注浆压力和注浆量双控原则，注浆出口压力＝切口水压 +（50～100）kPa。

4. 管理控制

（1）对盾构姿态、掘进参数进行实时监测，保证盾构安全通过。

（2）防止喷涌。双模盾构两种解决方式，一是在不断的模式切换中掌握浓泥浆和惰性浆应用技术，通过采用浓泥浆改良渣土可以较好地解决喷涌问题；二是在土压模式掘进时如发生喷涌，则可立即停止螺旋输送机转动，通过泥水模式的环流系统进行溢流排浆。

（3）管片螺栓严格落实"三紧"制度（即管片拼装完、管片脱出盾尾、管片脱出台车，这三个阶段要复紧），强调拼装管理，防止管片脱出盾尾后产生错台；管片拼装时在纵向两侧涂抹黄油，增强润滑减少止水条受损；管片止水条外侧增加一道海绵条（见图7-44），加强防水效果。

（4）增设靴板。在盾构姿态控制和纠偏过程中，主要通过偏斜千斤顶来调整姿态，但往往由于某组千斤顶受力过大而引起管片挤压破损。本标段在千斤顶撑靴与管片接触面之间安放一个长靴板（见图7-45），使相邻的几个千斤顶形成一组，减少应力集中。

图 7-44　增设海绵条

图 7-45　靴板安放

（5）河道两岸现场设值班室和照明，便于 24h 轮值，有效快速应急响应；东西两岸设照明设备，确保可以实时掌握河面、河堤变化。

三、土压与泥水模式转换

两台盾构在通过西河堤后，进大溶洞区、出大溶洞区和进入东河堤时，分别进行了模式切换，未出现异常现象。

1. 泥水模式切换成土压模式

在掘进状况下不排浆继续挖掘，在送泥浆管打开状态下停止送浆，通过安全阀和螺旋输送机确保仓内压力稳定，实现转换，直至满足土压模式出土掘进的标准，如图 7-46 所示。

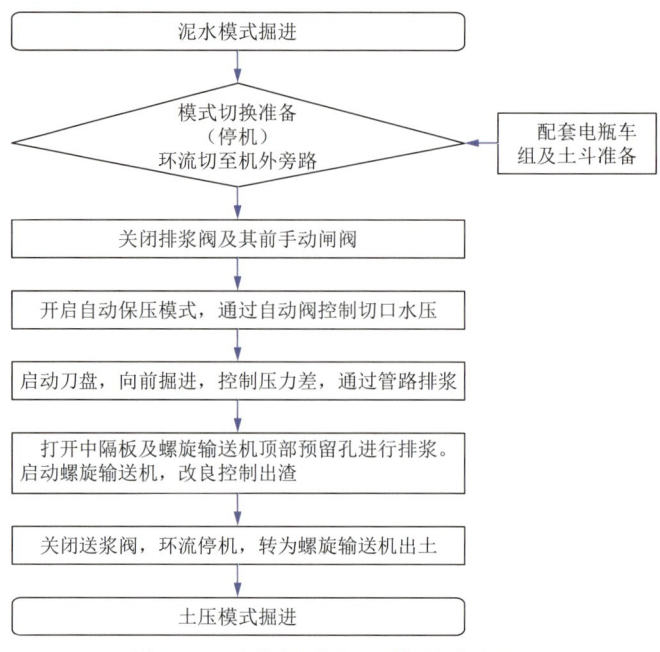

图 7-46 泥水模式切换成土压模式操作流程图

2. 土压模式切换成泥水模式

停止掘进,进行泥土与浆液置换,通过泥浆输送系统实施浆液循环,将送排泥浆管疏通至不堵塞,直到送排泥流量达到掘削的标准,如图 7-47 所示。

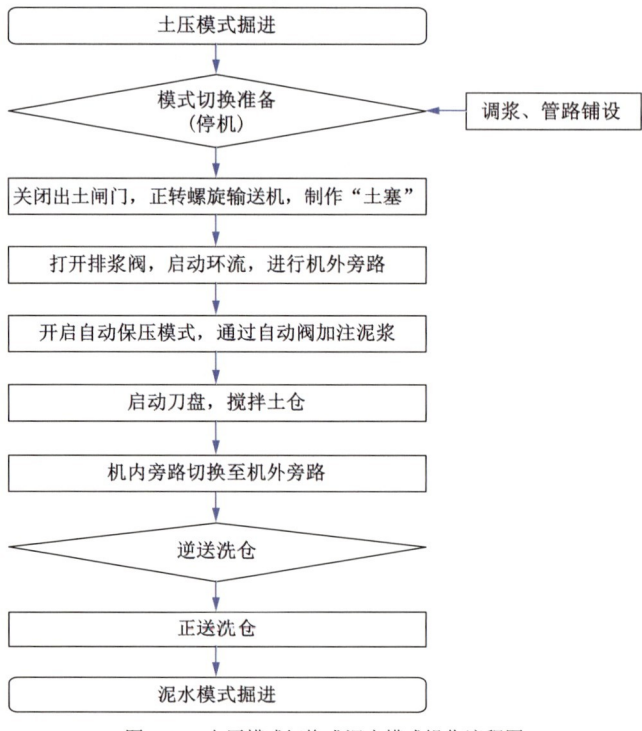

图 7-47 土压模式切换成泥水模式操作流程图

3. 切换主要风险点的控制

主要难度和风险点并不是设备和程序控制系统，而是转换过程中如何确保仓内压力的相对稳定，避免出现压力波动异常导致地面沉降预警和进一步风险扩大的情况。仓内压力的相对稳定，可以通过气压或浓泥浆来达到一种相对平衡。尤其是由泥水模式转换为土压模式的过程中，为防止喷涌带来的失压，通过浓泥浆或环流系统转换实现；土压模式转换为泥水模式的过程中，管路的疏通通过逆循环、P0泵和备用管辅助实现。为保证切换作业的连续性和有效性，整个切换过程，可采用在一环管片有效进尺（以1.5m的管片为例）内完成，避免管片拼装带来的作业中断。

四、河床设置水垫

因盾构隧道距离农新大桥较近，且存在一个"V"形风化槽，如操作不当，极易造成上覆土层被击穿。起初拟在盾构通过河床采用围堰法或河床局部增厚加固法（回填混凝土）预处理施工，确保将安全风险降至最低。但经充分讨论、分析，认为：

（1）在河床上覆加固层后，江面对冒顶坍塌的反应将更为隐蔽，难以及时进行应急处理，可能会出现新的风险隐患。

（2）预处理施工工期较长，水务局部门的审批时间不可控，将严重耽误盾构掘进工期。预处理完成后，基本已到天马河的汛期，将给盾构下穿施工带来新的风险。

最后采用设置水垫预警防控措施，即采用20m×20m×0.4m的水垫拼接布置在天马河底（见图7-48、图7-49），可对天马河底冒浆、坍塌起辅助预警及保护作用。

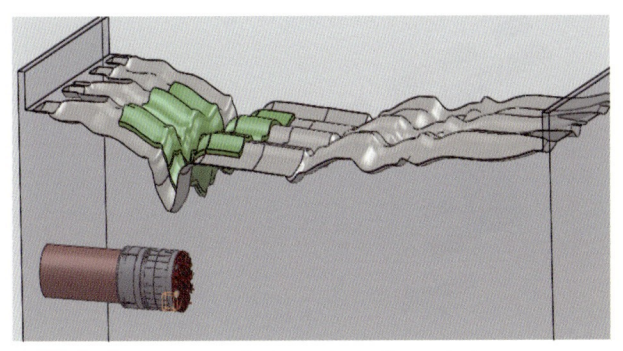

图7-48 水垫敷设于"V"形槽段示意图

图7-49 水垫安放

使用时，先把一条水垫放入河中，同时对每个方块进行注水，使之沉入河底。在放入河中时，把每条水垫前后通过扎孔连接好。这样，逐条连接，逐条加水，逐条放入河中，沉入河床面。在盾构掘进过程中，让水垫放水充气浮起后，通过绑扎孔洞的绳索移动，转接铺设在盾构机头上方，反复使用。水垫沉入水底的充水过程，充水量及充水压力须在现场根据下沉的情况实时调整，通过砂袋预压使水垫整体各部缓慢下沉，并使用竹竿探测水垫各处的下沉情况，避免水垫因面积较大在下沉过程中受阻而没有起到拟定作用。

水垫的主要作用包括：

（1）增加河床厚度，形成一道人为的反压预应力，在河床起伏变化的地方可有效防止切口水压击穿河床，造成大面积的冒浆；

（2）即使河床表面被击穿，但通过延长通道，可避免击穿后的通道直接与水流水力形成贯通渠道，造成仓内失压；

（3）可用来控制河床下陷或下塌，阻止更多的块石、土渣进入到开挖面内。

第三节 盾构岩溶发育区下穿建（构）筑物技术

九号线建设时穿越众多房屋建筑，由于部分建筑无法拆迁，在岩溶发育地区，盾构掘进施工如履薄冰。广州地铁首创精细化管理模式，化解隧道施工困境。本节以施工3标花城路站—花果山公园站盾构下穿建（构）筑物为例，总结盾构在岩溶发育区穿越建（构）筑物时实施的精细化管理措施。

一、盾构穿越房屋概况

九号线3标花城路站—花果山公园站区间隧道主要沿秀全大道和新花街敷设，沿线道路狭窄，道路两侧建筑物密集（见图7-50），原招标设计需拆除的房屋共17栋，但由于种种原因，在盾构施工前均未拆迁，统计情况见表7-8。

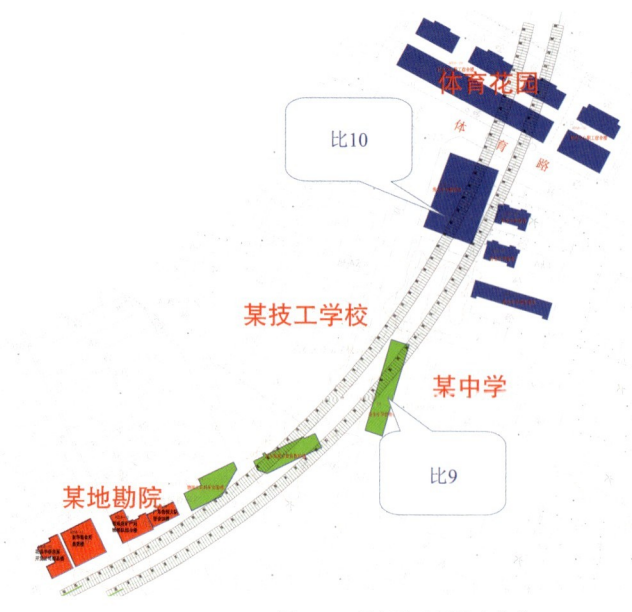

图7-50 区间线路周边建筑物

沿线建筑物保护统计 表 7-8

类型	房屋编号	建筑物名称	区间里程	房屋类型	上部结构	建筑物基础形式	建筑物保护方式	隧顶埋深（m）
一类	A056-11	某公司商品楼	ZDK7+002～ZDK7+012	A7	框架结构	独立基础	①沿建筑物施作MJS桩进行隔离保护；②扩大岩溶处理范围（由隧道平面轮廓外1m增加为3m）；③加强信息化施工，必要时进行跟踪补偿注浆处理	13.1
	A056-12	某集资楼	ZDK7+013～ZDK7+033	A6	框架结构	独立基础		13.5
	A056-15	某综合楼	ZDK7+039～ZDK7+057	A6、A3	框架结构	独立基础		14
	A056-16	某宿舍2号楼	ZDK7+057～ZDK7+075	A6	框架结构	独立基础		14
二类	A056-17	某实验楼	ZDK7+082～ZDK7+107	A7、A6、A5	框架结构	独立基础	①扩大岩溶处理范围（由隧道平面轮廓外1m增加为3m）；②加强信息化施工，必要时进行跟踪补偿注浆处理	14.9
	A056-18	某教师楼	ZDK7+117～ZDK7+168	A7、B	框架结构	独立基础		15.6
	比9	某中学宿舍楼	YDK7+185～ZDK7+235	A8、B	框架结构	条形基础		17.4
三类	A056-24	某中学宿舍	YDK7+265～ZDK7+278	A4	砖混结构	条形基础	①对建筑物不拆迁、不专项保护；②做好岩溶处理、施工及应急预案；③预留地面跟踪注浆措施	
	A056-25	某中学宿舍	YDK7+295～ZDK7+309	A4	砖混结构	条形基础		
	A056-26	某中学宿舍	YDK7+319～ZDK7+328	A4	框架结构	条形基础		
	比10	某中学解困房	ZDK7+290～ZDK7+330	A8	框架结构	条形基础		
	A056-29	某职工宿舍楼	ZDK7+351～ZDK7+365	A8	框架结构	条形基础		
	A056-30	某职工宿舍楼	ZDK7+351～ZDK7+365	A9	框架结构	条形基础		
	A056-31	某公司综合楼	ZDK7+658～ZDK7+663	A6	框架结构	独立基础		

其中，最敏感的建筑物有体育花园、某中学解困房（比10）、某中学宿舍楼（比9）。

体育花园为20世纪90年代末建造的8层或9层框架结构建筑物，条形基础。双线隧道埋深为18.0～18.7m，洞身穿越地层均为〈8Y〉炭质泥岩中风化带及〈9C-1〉炭质灰岩微风化带。

某中学解困房（比10）为1990年建造的8层框架结构建筑物，条形基础。左线隧道埋深为17.4～18.9m。洞身穿越地层，从250～270环主要为〈9C-1〉炭质灰岩微风化带，270环开始变为〈5C-1B〉可塑状残积土层及〈8C-1〉炭质灰岩中风化带。

某中学宿舍楼（比9）为1988年建造的8层框架结构建筑物，条形基础。宿舍楼下方的地质情况从上至下依次为〈1〉人工填土层，〈4N-3〉冲洪积硬塑粉质黏土层，〈5C-1B〉可塑状炭质泥岩、灰岩、炭质灰岩残积土层及〈9C-2〉微风化灰岩。建筑物下方隧道穿越地层主要为〈9C-2〉微风化灰岩层。该建筑物周边为溶(土)洞发育区域。

二、采用 MJS 桩隔离保护技术

该盾构区间位于花都区中心地带,沿途房屋密集且基础较差,如图 7-51 所示。区间所处地质情况复杂,为确保盾构顺利通过,对本区间内秀全大道的其中 4 栋房屋(见图 7-51),用 MJS 桩进行隔离保护。

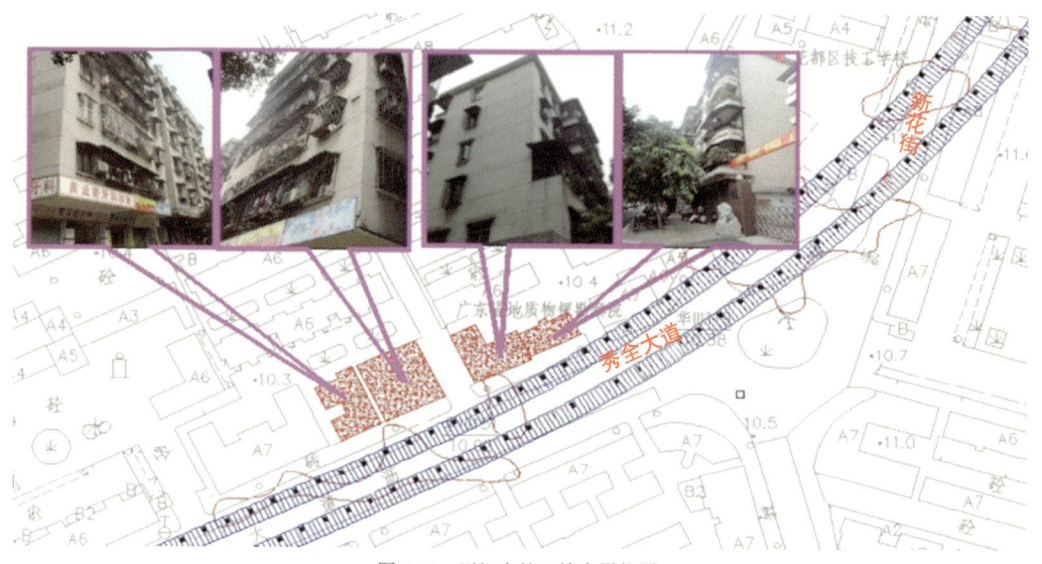

图 7-51　区间内的 4 栋房屋位置

工程施工未改迁管线,而是在确保桩体搭接的前提下避开管线进行布桩,MJS 桩桩位布置如图 7-52 所示。

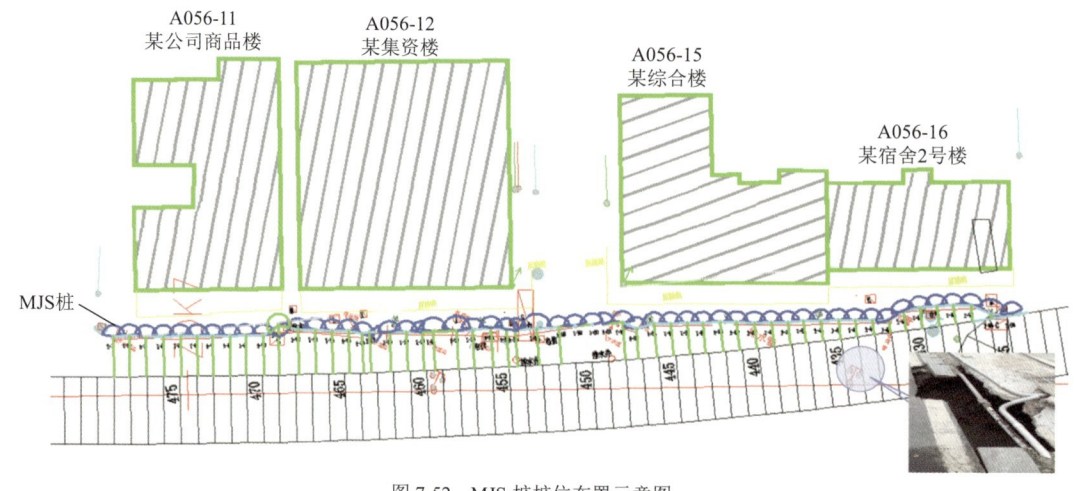

图 7-52　MJS 桩桩位布置示意图

MJS 隔离桩施工完成后，地面最大沉降值为 3mm，房屋沉降值基本为 0mm。待盾构掘进至此时，在盾构前上方地面出现塌陷，塌陷区域如图 7-52 所示。塌陷处最大沉降为 2m，范围为半径 4m，而房屋沉降基本不变。实践证明，MJS 桩对房屋的保护起到了重要的作用。

三、盾构穿越房屋异常情况及应对措施

1. 异常情况

某中学解困房（比 10）位于体育路与新花街交界，区间右线在 278～287 环侧穿该栋房屋，左线 248～282 环从房屋正下方穿过，地质情况如图 7-53 所示。

左线穿越过程中发现该解困房墙体多处开裂（见图 7-54、图 7-55）。监测数据显示，房屋南边 2 个沉降监测点 XJ02 与 XJ03 累计沉降量超过警戒值，XJ02 累计沉降 -27.4mm，XJ03 累计沉降 -26.7mm，如图 7-56 所示。当时左线盾构在 284 环位置，盾尾离开建筑物南边墙约 1.5m。

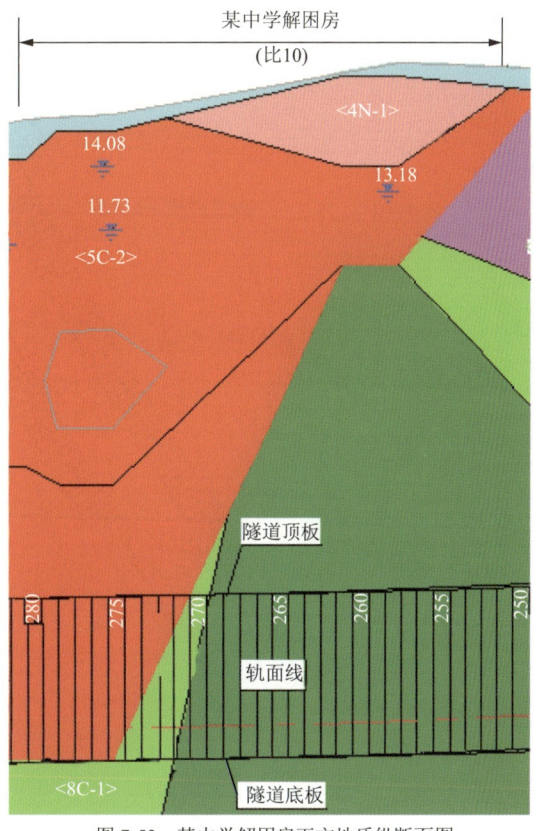

图 7-53 某中学解困房下方地质纵断面图

图 7-54 解困房沉降情况

图 7-55 解困房大院墙体开裂

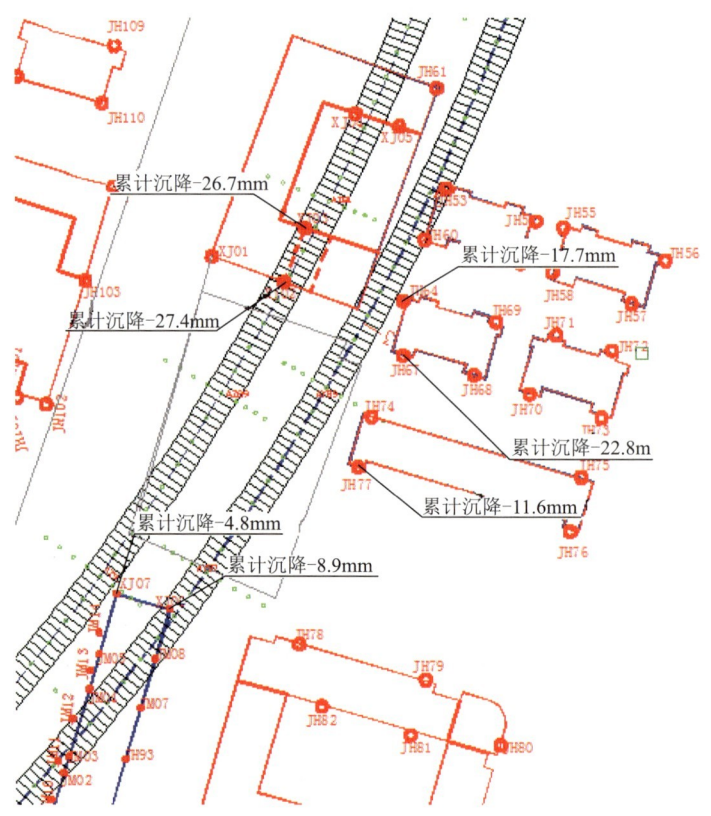

图 7-56 解困房天台女儿墙开裂

左线盾构穿越解困房平均切口压力为 1.96bar（1bar=0.1MPa），平均每环同步注浆 5.9m³、二次注浆 1.5m³，如图 7-57 a）所示。250～270 环平均推力 9635kN、平均扭矩 652kN·m，270～283 环平均推力 15824kN、平均扭矩 1424kN·m，如图 7-57 b）所示。穿越后开仓情况如图 7-58 所示。

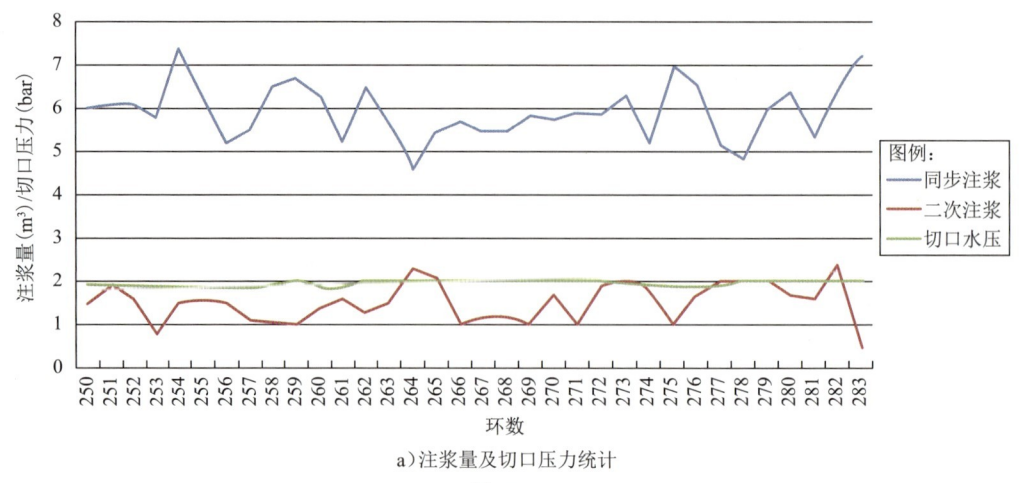

a）注浆量及切口压力统计

图 7-57

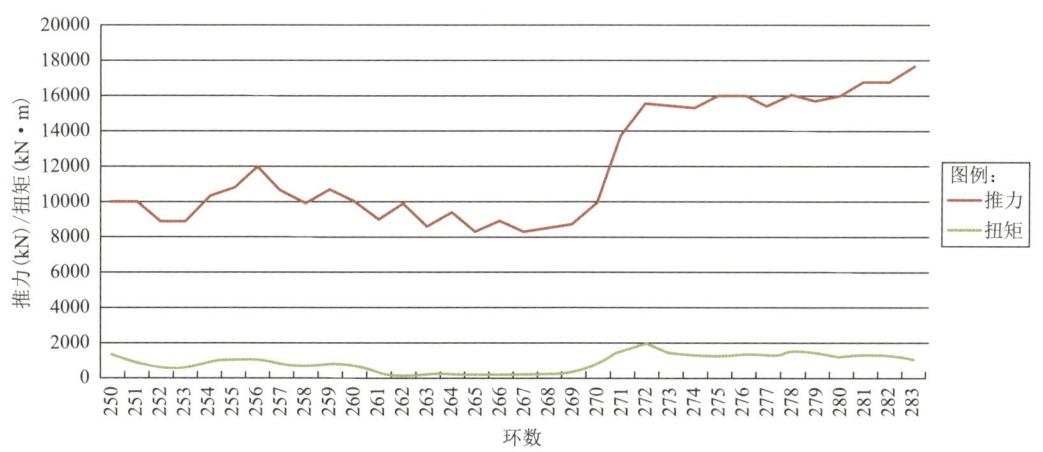

b）推力及扭矩统计

图 7-57 左线盾构穿越解困房时的掘进参数

a）左线 235 环开仓情况

b）右线 304 环开仓情况

c）右线 321 环开仓情况

图 7-58 左右线盾构穿越后的开仓情况

2. 沉降原因分析

(1)根据右线开仓情况分析,在非溶洞区域,开仓时发现了溶洞,说明通过勘探和提前预报,不可能发现所有的溶洞,更无法探明溶洞之间的连通性。

(2)建筑物处于山坡地形上,地下岩面变化剧烈。最大沉降点处于硬岩层与土层交界面,亦可说是溶槽边缘。建筑物本身已有不均匀沉降,伸缩缝设置发挥了作用。

(3)盾构通过前就已发生了17mm的沉降,极有可能是盾构之前掘进过程中剧烈振动在岩土交界面有扩大反应导致土层振动沉降。盾构掘进过程中的剧烈振动是沉降发生的主要原因。

(4)盾构通过溶槽后重新进入灰岩,同样会发生振动。但这种振动很难通过土层向后传递。因此,下一步掘进不会产生目前最大沉降点的进一步沉降。

3. 后续应对措施

1)盾构通过前开仓

为全面准确掌握开挖面情况并确保盾构处于最佳状态,在每一次穿越房屋之前,都开仓检查刀具及进行必要的更换,保证盾构刀盘具备良好的开挖能力,同时在开仓的过程中对设备进行保养,确保设备处于良好状态。

2)监测措施

(1)对解困房(比10)增加裂缝监测项目,选取结构柱、伸缩缝等布设监测点,每4h观测一次。

(2)对右线下穿宿舍楼(比9)及下一步需下穿的房屋增加振速监测项目。获取振速对房屋沉降的影响,以信息化反馈指导施工。

(3)过房屋阶段,加强地面监测点的横断面布设,横断面间距由图纸要求的50m改为10m。

3)盾构施工措施

(1)盾构下穿房屋期间,每5环施作止浆环,把管片注浆孔全部打开,注入双液浆。

(2)加强岩样管理,每环收集岩样进行分析,判断地质条件,及时调整施工参数。

(3)加强泥浆管理,适当增大泥浆黏度,并保证足量的后备泥浆储存量,以应对突发的岩溶空洞导致浆液流失问题。

(4)以左线280~300环作为掘进试验段,根据施工措施及监测情况,为下一步穿越岩溶区域提供借鉴。

(5)严格控制盾构掘进时的切口压力波动,防止因切口水压突变扰动地下土体,减小因盾构掘进造成地面沉降而对地面建(构)筑物造成的影响。

(6)盾构下穿建筑物前,开仓作业时应尽可能彻底清理土仓内残留的大块岩石,为盾构逆循环掘进提供条件。而逆循环掘进更有利于维持切口压力平稳。

(7)保证注浆质量。盾构掘进同步进行壁后注浆以填充管片与地下土体间的间隙。做好单液浆离析率试验,根据浆液离析损失量及时进行二次注浆。同步注浆以140%空隙率控制,每环注入量约 5.6m³,二次注浆按照"量、压双控"原则,正常情况下注入量不超过 1.5m³,注浆压力控制在 0.5MPa 以下。

(8)尽量控制盾构以均匀的速度掘进,在推力、扭矩各项数据正常的情况下,控制盾构掘进速度为 10mm/min 左右。

(9)掘进过程中做好盾尾密封管理工作,严防因盾尾渗漏造成地下水压力瞬间失衡。掘进过程中根据每环掘进进度,往盾尾密封舱注入油脂,每环盾尾油脂注入量为 50kg 左右。

(10)在保证质量的前提下,提高管片拼装速度,减少盾构停机时间。

4)管理措施

(1)在盾构穿越房屋期间,建设单位、监理单位、第三方监测单位和施工单位均安排人员 24h 值班。每天各方人员在现场指挥部召开交接班会,会上对施工参数、监测情况进行全面汇报,并对下一步工作提出具体的要求,同时对上一班要求落实的事项进行复查,确保安全可控。

(2)与政府各部门建立应急联动机制,一旦房屋沉降超过设计控制值,即启动包括紧急临迁在内的应急预案。

4. 实施效果

在落实上述各项工程技术和管理措施后,盾构安全顺利地穿越了该压间其余房屋且经第三方房屋鉴定单位鉴定,盾构穿越的房屋均为"房屋基本完好",与盾构穿越之前的级别相同,盾构穿越过程对房屋几乎无影响,房屋主体结构安全。

第四节 岩溶发育区盾构掘进地面沉降控制技术

岩溶发育区域,盾构掘进容易破坏周围溶(土)洞的临界平衡状态,并与盾构开挖面形成通道,从而引起地面沉降。本节将总结九号线在地面沉降风险预控及应急管理方面的技术。

一、盾构掘进地面沉降风险预控技术

1. 盾构掘进参数管控技术

九号线泥水盾构在岩溶区的掘进经验如下:

(1)循环模式:环流循环模式采用正逆循环相结合的方式,当遇到大块岩石堵塞排泥口,环流堵塞时,可根据盾构参数变化情况优先启用逆循环掘进。

(2)推力和扭矩:初定推力控制在 10000kN 以下(不超过 12000kN),扭矩控制在 1200kN·m以下,实际推进推力为 7000~12000kN,扭矩为 400~1200kN·m。

(3)掘进速度和刀盘转速:主要控制为 10~15mm/min,最大速度为 17mm/min,刀盘转速1.2r/min,特别是上软下硬地层,贯入度不得超过 10mm/r。

（4）泥浆黏度：泥浆黏度控制在 30s 以上，含砂率控制在 5% 以下，在环流顺畅的情况下，控制泥浆黏度在 35s 左右，携渣能力比较有保障。

（5）注浆量：同步注浆量控制为 8m³，同步注浆的填充率就可达到 160%；同时，应对上部管片进行二次注浆，注浆压力一般控制在 0.7～0.75MPa。

（6）切口水压：切口水压以平衡为原则，切口水压在高黏度泥浆护壁情况下，一般采用刀盘中心至地面埋深的经验水土压力加 25kPa，可以保持开挖面稳定。

2. 遇到未探明溶（土）洞的风险预控技术

1）及时发现风险

应尽一切可能提前发现勘察阶段未探明的溶（土）洞。可在盾构机械上配置超前探测及注浆设备，进行溶（土）洞超前探测并在发现后予以及时填充。盾构掘进过程中关注压力波动，若出现压力突然下降，其余状态良好，或者在掘进过程中盾构向前推进，但是出渣量少于设计值，甚至盾构出现严重的"栽头"情况，方向无法调整时，应立即启动应急预案，疏散地面交通、人员，再在相应位置进行地质钻孔探测或地质扫描，判断盾构前方是否存在空洞。

2）预先增加泥浆储备

岩溶地层工程中应预先准备一定量的泥浆。对于泥水盾构，在地面条件允许的情况下，可设计增大泥浆池，如九号线优化泥浆池设计，池容量从 418.296m³ 调整为 710.065m³（见图 7-59、图 7-60）；一旦遇到未探明溶洞或发生塌陷时，保证有充足的保压填充泥浆。

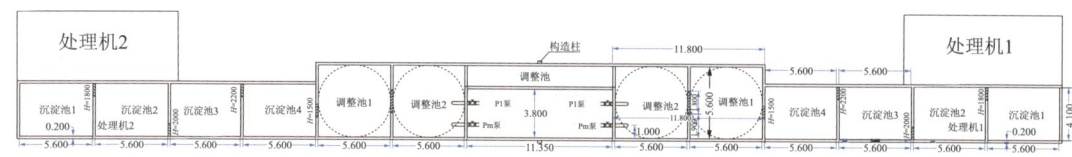

图 7-59　泥浆池原始设计（尺寸单位：m）

图 7-60　泥浆池优化设计后（尺寸单位：m）

3. 地面沉降过大甚至塌陷的应急技术

广州地铁在九号线施工时发明了应急综合工程车，如图 7-61 所示。一方面，应急综合工程车始终位于刀盘上方地面，可防止发生塌陷时有人或车辆掉入；另一方面，该车将所有抢险物资集成化，实现即时钻孔、注浆、回填功能，一旦发生沉陷等问题，可随时处理，大大提高了应急抢险的效率。

图 7-61　应急综合工程车

4. 盾构掘进泥水堵管失压应急技术

大块岩石和泥饼的产生会堵塞管路，导致盾构掘进时发生堵管失压。控制措施有：

（1）开启逆循环的环流方式，通过此环流形式，大块岩石经过土仓内搅拌棒的充分搅拌，形成较小的岩块，从土仓上方的原进浆口排出，确保大块岩石不堵塞管路，避免发生切口压力波动的情况。

（2）通过泥浆指标的控制、环流模式和参数的选择，减少泥饼的形成，保证切口水压的平稳，结合二次注浆，有效控制地面沉降。

二、岩溶发育区盾构掘进地面沉降应急管控案例

九号线花都汽车城站—广州北站盾构区间及花果山公园站—花城路站盾构区间都发生过地面深陷事件，因相关应急处理及时到位，未对社会造成不良影响，现将两案例总结如下：

1. 花都汽车城站—广州北站盾构区间地面沉降过大应急处理

1）工程概况

花都汽车城站—广州北站盾构区间灰岩广泛分布，岩面覆盖较厚的砂层，地下水丰富，岩溶发育。详细勘察阶段共288个钻孔，发育溶（土）洞的钻孔有100个，见洞率为34.72%。详细勘察及补充勘察阶段共发现257个钻孔，发育溶（土）洞的钻孔有113个，见洞率为43.97%。

2）地面沉降异常

2014年10月20日下午4点，地面巡线人员发现左线隧道盾构上方出现沉降异常情况，随后项目部立刻安排测量人员进行地面沉降监测。当天沉降观测记录见表7-9。

沉降异常位置当天的沉降监测数据　　　　表7-9

监测点位	监测点累计沉降数据（mm）			
	8:00	16:10	17:30	20:00
Z14	-3.26	-23.48	-23.57	-23.63
Z15	-2.26	-121.27	-122.32	-125.65
Z16	-2.43	-177.01	-176.89	-178.57

3）原因分析

从沉降位置、监测数据、溶（土）洞预处理施工情况，结合掘进参数分析，本次沉降过大主要是盾构掘进过程中遇见未探明的溶（土）洞，盾构掘进中引起溶（土）洞失稳导致。

4）应急管控措施

（1）加强地面监测工作，提高监测频率，每2h监测一次。

（2）通过隧道内管片预留注浆孔对管片下方地层注浆填充。

（3）疏解交通并围蔽道路进行地面紧急注浆，先后进行了两次注浆。

注浆情况及注浆后沉降监测数据见表7-10和表7-11。

注浆情况统计表　　　　　　　　　　　　　　　　表 7-10

注 浆 方 式	注 浆 情 况	
	第一次注浆	第二次注浆
隧道内注浆	107m³	
地面注浆	消耗 101t 水泥,注浆压力在 0.2～0.4MPa 之间	消耗 165t 水泥,注浆压力在 0.3～0.5MPa 之间

沉降异常位置监测数据(第二次注浆后)　　　　　　表 7-11

监 测 点 位	监测点累计沉降数据 (mm)			
	10月21日 8:00	10月22日 8:00	10月23日 8:00	10月24日 8:00
Z14	0.49	−1.13	1.28	2.07
Z15	−95.36	−96.67	−95.17	−92.12
Z16	−159.37	−157.83	−160.68	−157.66

2. 花果山公园站—花城路站盾构区间地面塌陷应急管控

1）工程概况

九号线花果山公园站—花城路站盾构区间采用三菱泥水盾构施工,盾构从花果山公园站始发,下穿云山大道、体育花园宿舍楼后,沿秀全大道到达花城路站东端头。秀全大道周边商铺住宅林立,两边铺设的管线众多。盾构穿越地层包括灰岩微风化带、炭质泥岩、粉细砂层、中粗砂层,从花城路站往东约 350m 至花城路站为上软下硬地层,灰岩岩面较浅,高于 2/3 开挖掌子面高度。

2）地面塌陷情况

2014 年 6 月 5 日下午,地面巡视人员发现秀全大道路面塌陷,塌陷半径约 4m,目测深度超过 2m,如图 7-62 所示。塌陷位置距离左线盾构刀盘前 3m,此时盾构刚完成房屋下穿进入秀全大道范围。

3）原因分析

发现路面塌陷时,左线掘进至 426 环,该处隧道埋深约 15.2m。塌陷前 5 环地面泥水处理系统未发现出渣量增大,塌陷前出渣主要为砂层,但 425 环出渣只有少量黄砂,426 环开始出渣为灰岩。另外,塌陷前几天连续下暴雨。

经分析,本次塌陷的主要原因为盾构施工地层为岩溶地层,溶(土)洞较发育,盾构前方有未探明的溶(土)洞,盾构掘进产生的振动破坏了溶(土)洞的临界平衡状态,并与盾构开挖面形成通道,从而引起地陷。

4）应急管控措施

(1) 立即在塌陷范围周边拉起警示带,封闭现场道路,防止行人及车辆靠近塌陷位置。

(2) 采用混凝土对塌陷体进行回填,如图 7-63 所示。

(3) 加强对房屋及地面的沉降监测,加密监测频率。

(4) 抢险时盾构处于停机保压状态,避免掘进施工扩大塌陷范围。

(5) 恢复掘进的 3～5 环采用逆循环模式,以保证切口水压稳定、减小扰动。

第七章 盾构施工技术

图 7-62 塌陷现场

图 7-63 对塌陷体回填混凝土

针对该区段岩溶非常发育的情况，后续掘进中采取了应急综合工程车跟随盾构掘进，并与属地交警部门协商采取了分段式临时封闭道路的措施。同时，进一步加强掘进管理，每环进行两次岩样分析和干砂量统计。

第五节 硬岩段盾构施工辅助预爆破技术

九号线施工 4 标花都广场站—马鞍山公园站区间是全线最后贯通的咽喉区间。该区间位于花都区主干道迎宾大道道路下侧，隧道埋深 6.7～9.4m。详细勘察及补充勘察地质资料显示，本区间溶（土）洞见洞率高达 51.9%，上软下硬地层占本区间总长的 51%（见图 7-64、图 7-65），地质条件极为复杂，掘进及换刀风险较大。

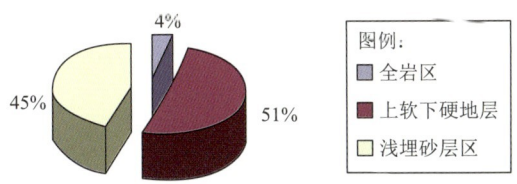
图 7-64 右线地层比例图

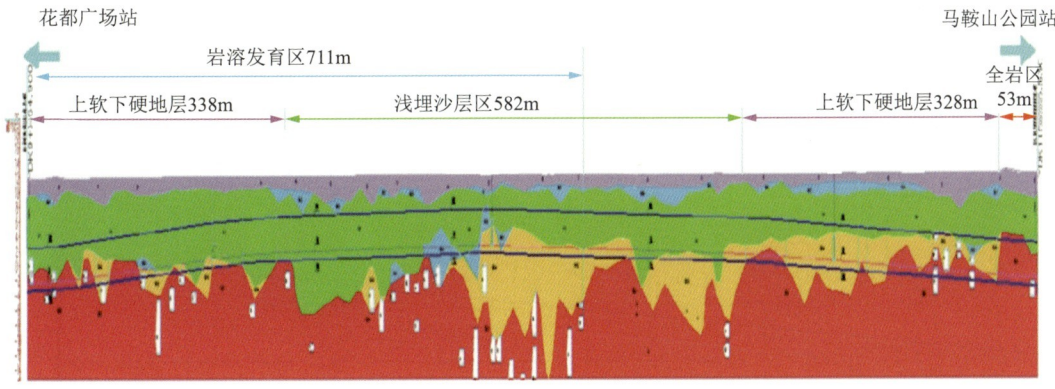
图 7-65 右线区间地质剖面图

区间右线从2014年7月13日至2016年9月21日,掘进完成695环,完成换刀8次,原计划于2017年1月底贯通。但在2016年9月21日第8次换刀后掘进不到39m停机,掘进距离较历次换刀后最短。剩余146环(约219m)中约有145m上软下硬地段,岩面最高侵入隧道4.2m,岩石强度43.2~90MPa不等。隧道上部为富水砂层,砂层与岩层直接接触,中间无不透水层,砂层渗透系数15~25m/d。

为了保证工期,对该上软下硬地段基岩进行了地面预裂爆破及注浆固结,预爆破钻孔2200个、开仓4次,显著减少了换刀时间,有效提高了掘进效率。

一、预爆破处理方案

基岩预爆破长度约为128m,爆破宽度为7m(见图7-66、图7-67)。

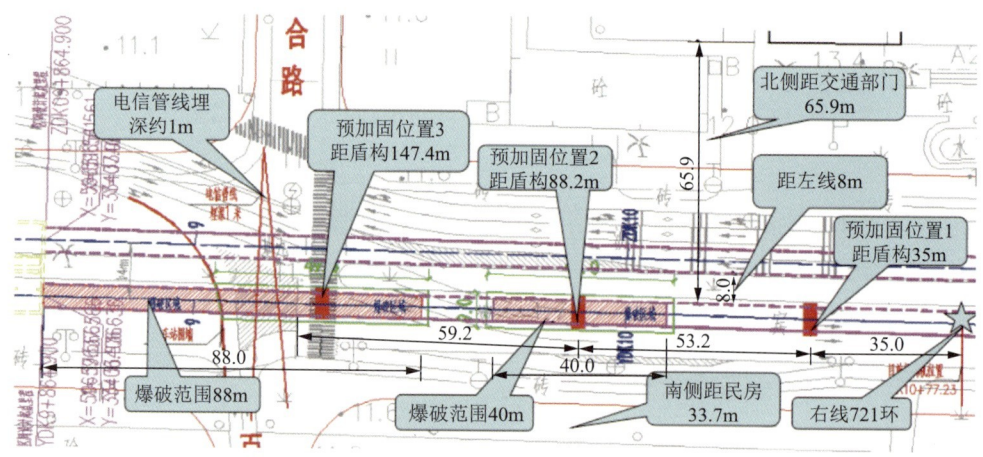

图7-66 区间辅助措施实施平面图(尺寸单位:m)

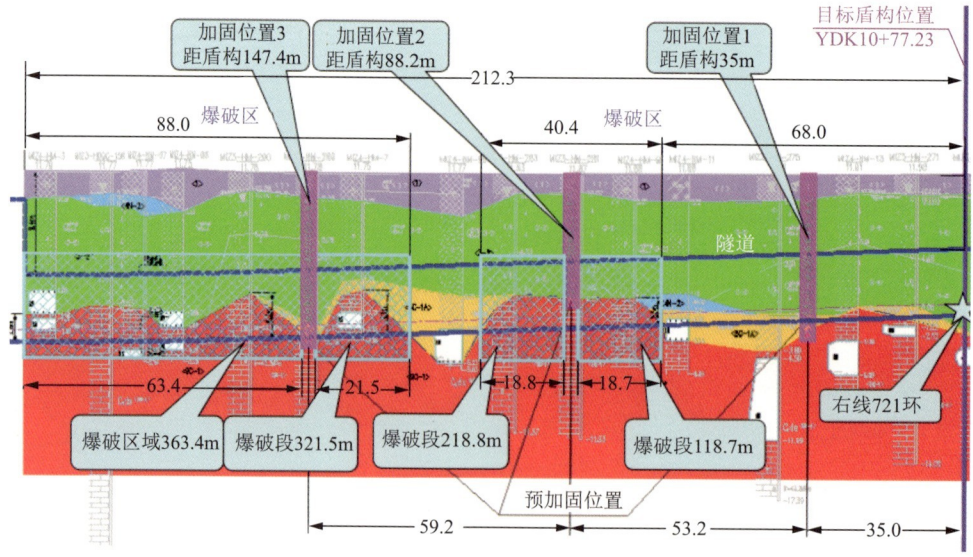

图7-67 区间辅助措施实施剖面图(尺寸单位:m)

炮孔间距为 0.7m×0.7m,矩形布置,如图 7-68 所示。

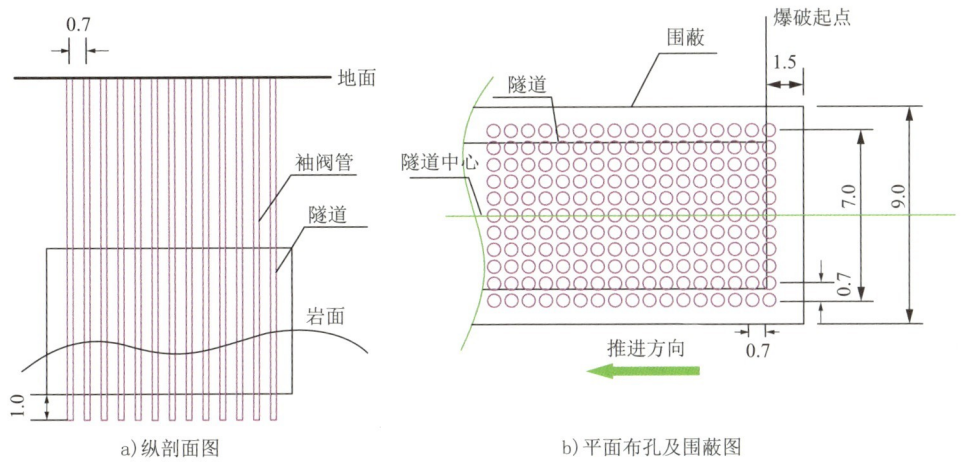

图 7-68 预爆破布孔平剖面图(尺寸单位:m)

二、预爆破施工情况

根据现场实际情况,爆破区域共有三处方案调整,如下:

(1)在爆破区域实际钻孔时,发现实际地质情况与原有图纸描述不符合,其中图中原定三处无岩非爆破区域均发现较高岩层,因此对三处非爆破区域进行钻孔爆破(见图 7-69)。

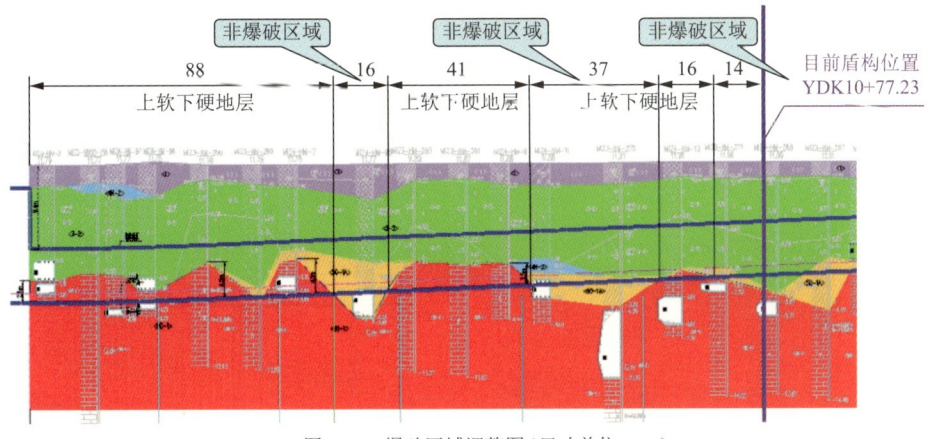

图 7-69 爆破区域调整图(尺寸单位:mm)

(2)爆破区域存在三组管线无法迁改,施工中破开路面查找管线具体位置并将其保护架空,然后进行布孔和爆破调整。

(3)端头部分由于离车站主体结构较近,基岩爆破可能对主体结构产生一定的影响,故对爆破区域最后 5m 进行调整,钻孔排距由 0.7m 调整为 0.5m。同时对装药量的分段进行调整(见图 7-70)。

第三篇 盾构工程技术

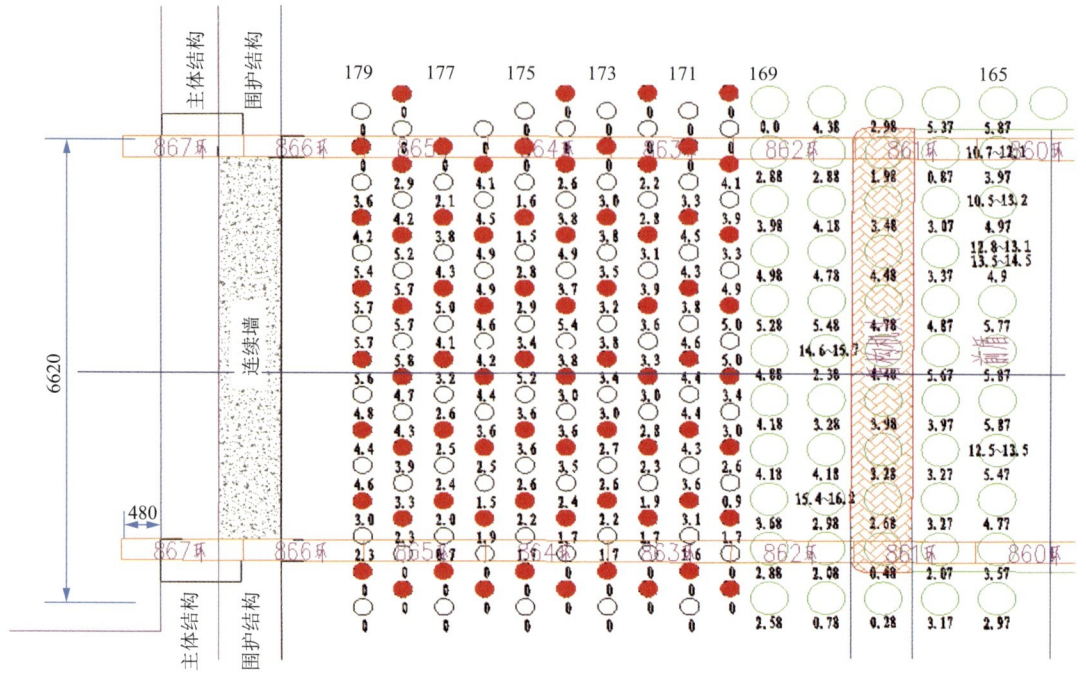

图 7-70 端头位置爆破孔调整图（尺寸单位：mm）

三、爆破后注浆固结

爆破后岩石较破碎，上部为砂层，在盾构掘进过程中形成的碎石易在盾构推力和刀盘旋转作用下，进入砂层，形成小的孤石，当爆破粒径大于30cm时，无法进入刀盘开口，在刀盘旋转过程中，对刀具造成不利影响。因为爆破孔较密且爆破振动对地层扰动大，盾构掘进时容易"冒顶"和引起较大的沉降。为了避免此现象产生，在爆破完成后，对隧道掌子面四周1m范围内的岩土体进行固结。注浆孔间距2m×2m，呈梅花形布置，深度至隧道以下1m，如图7-71所示。

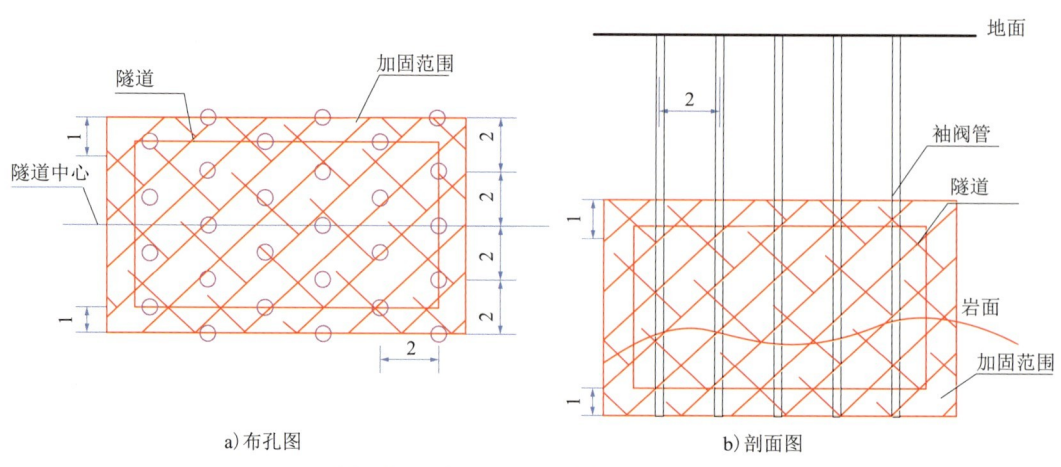

a) 布孔图　　　　　　　　　　b) 剖面图

图 7-71 注浆固结布置示意图（尺寸单位：m）

四、预爆破实施效果

表 7-12、表 7-13 为 742～786 环爆破前后,掘进及换刀情况的统计。

未爆破区域情况 表 7-12

项	目	环号	推力（kN）	掘进速度（mm/min）	刀盘转速（r/min）	刀盘扭矩（bar）	地 质	岩面（m）
未爆破区域	换刀前	742	11500	4	1	80～110	砂层、微风化岩层	1.1
		743	10500	4	1	50～80	砂层、微风化岩层	0.8
		744	12800	2	1	80～100	砂层、微风化岩层	0.7
		745	11800	2	1	80～100	砂层、微风化岩层	0.7
		746	14000	2	1	80～100	砂层、微风化岩层	0.7
		747	19500	1	1	130～150	砂层、微风化岩层	0.7
		748	21000	3	1	120～150	砂层、微风化岩层	0.7
		749	18000	9	1	100～120	砂层、微风化岩层	0.6
		750	15000	13	1	100～120	砂层、微风化岩层	0.6
		751	12000	19	1	90～110	砂层	
		752	12000	19	1	90～110	砂层	
		753	12000	19	1	90～110	砂层	
		754	8000	19	1	60～80	砂层	
		755	8000	19	1	60～80	砂层	
		756	8000	19	1	60～80	砂层	

爆破区域情况 表 7-13

项	目	环号	推力（kN）	掘进速度（mm/min）	刀盘转速（r/min）	刀盘扭矩（bar）	地 质	岩面（m）
爆破区域	换刀前	763	10000	6	1	100～130	砂层、微风化岩层	1
		764	9800	10	1	90～130	砂层、微风化岩层	3.7
		765	9800	10	1	90～130	砂层、微风化岩层	0.9
		766	11000	4	1	90～140	砂层、微风化岩层	1.25
		767	12000	3	1	90～140	砂层、微风化岩层	1.25
		768	12000	1～2	1	100～120	砂层、微风化岩层	2.8
		769	11000	5～8	1	100～120	砂层、微风化岩层	1.2
		770	11000	5～8	1	100～120	砂层、微风化岩层	1.1
		771	11000	5～8	1	100～120	砂层、微风化岩层	0.5

续上表

项	目	环 号	推力（kN）	掘进速度（mm/min）	刀盘转速（r/min）	刀盘扭矩（bar）	地 质	岩面（m）
爆破区域	换刀后	775	14600	2～4	1	70～90	砂层、微风化岩层	2.5
		776	14800	1～2	1	85～100	砂层、微风化岩层	3.5
		777	9500	4～5	1	85～100	砂层、微风化岩层	3
		778	9500	4～5	1	80～100	砂层、微风化岩层	4
		779	10100	2～4	1	95～120	砂层、微风化岩层	4
		780	10000	2～4	1	95～115	砂层、微风化岩层	4.38
		781	10000	3～5	1	90～120	砂层、微风化岩层	3.8
		782	10500	6～8	1	90～110	砂层、微风化岩层	2.5
		783	10600	8～12	1	90～110	砂层、微风化岩层	1
		784	9800	10～13	1	95～105	砂层、微风化岩层	1.89
		785	9800	10～13	1	95～105	砂层、微风化岩层	0.9
		786	9800	10～13	1	95～105	黏土	0

根据掘进参数和换刀情况，对比爆破前后掘进情况见表7-14。

爆破前后掘进情况对比　　表7-14

条件	刀盘扭矩（bar）	推力（kN）	掘进速度（mm/min）	刀盘转速（r/min）	姿态控制	换刀最小间隔(m)	刀具情况
爆破前	80～150	8000～21000	1～5	1	不易控制	39	偏磨和无刀圈，滚刀损坏严重
爆破后	80～130	9000～12000	2～8	1	可控	68.5	正常磨损，滚刀损坏程度低

由表7-12～表7-14可看出：

（1）爆破前，岩面不平整，盾构掘进刀盘扭矩波动较大，推力大，滚刀损坏严重；

（2）爆破后，盾构推力和扭矩下降，掘进速度提升且有效提高了刀具的使用寿命；

（3）在全断面岩石预爆破后，掘进速度为2～8mm/min，平均3～4环/d，盾构姿态可控，刀具磨损属于正常磨损，滚刀损坏程度低。

综上所述，硬岩预爆破取得了良好的效果。虽然受管线位置和主体结构的影响，局部调整硬岩预爆破方案，但通过实际取芯和盾构掘进渣样看，盾构掘进速度有提升，刀具更换时间间隔变长，刀具使用寿命变长，大大缩短了工期，同时也降低了盾构掘进的风险，证明硬岩预爆破的方案合理可行、效果明显。

但实施预爆破也存在需占用地面场地、对周边环境有一定影响、增加施工成本等缺点。

第六节 盾构开仓换刀施工技术

一、地面预加固开仓换刀技术

九号线施工4标花都广场站—马鞍山公园站区间盾构掘进遇到上砂下岩地层,刀具损坏严重(见图7-72),进度极其缓慢,在上软下硬地层中平均掘进指标不到2环/d,在软土地层中平均掘进指标3环/d。该区间对各种开仓换刀方式(泥膜带压、填仓常压、垂直旋喷桩加固、袖阀管预加固、地面化学浆加固等)均进行了尝试和改进。

图7-72 刀具严重损坏

该区间左线(共874环),自2014年4月13日始发,至2016年11月6日贯通,历时近30个月,平均每月不到30环。

该区间右线(共867环),自2014年7月13日始发,至2016年9月21日掘进完成695环,期间换刀8次。在2016年9月21日第8次换刀后掘进不到39m再次停机开仓换刀,掘进距离较历次换刀后最短,还剩余146环(约219m)。此时统计,日均掘进仅1.3m,累计开仓换刀9次,累计停机362d。从掘进及换刀工时看,采用成功率较高的地面化学浆注浆常压换刀平均耗时45d,无法保证计划工期,故采用预加固方案进行开仓换刀。

1. 预加固方案

预加固计划设置3处,每处加固尺寸为3m×8.2m,预加固体采用素混凝土桩+袖阀管注浆的方式,素混凝土桩直径为1000mm,桩底进入岩层0.5m,共设置3排,每排10根,每根桩相互咬合20cm,在两端薄弱处各设置4根袖阀管进行补浆加固接缝。预加固体位置和施工工艺如图7-73、图7-74所示。

2. 预加固体实施

1)第一处预加固体实施情况

由于没有控制好钻孔桩的凝固时间,导致部分桩间没有咬合,所以在未咬合的桩间增加旋喷桩,填补桩间缝隙,而在素混凝土桩和旋喷桩之间形成的闭合区域,用袖阀管注浆进行填充,如图7-75所示。

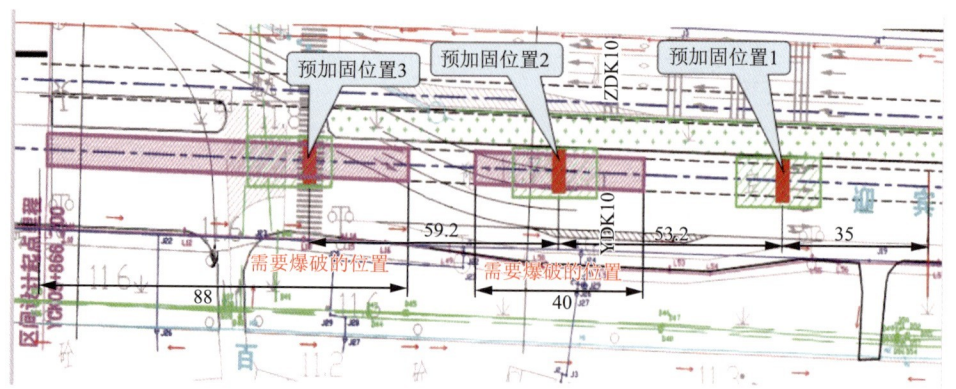

图 7-73 预加固位置平面图(尺寸单位:m)

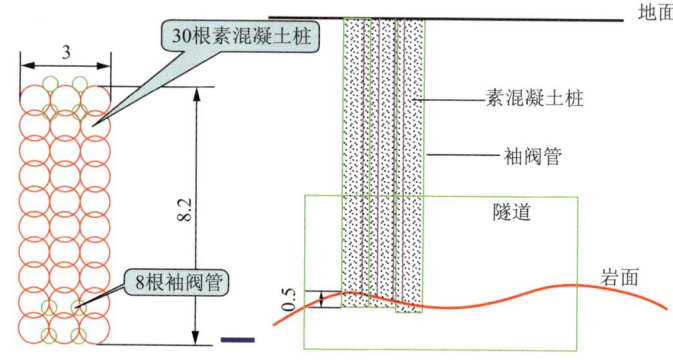

图 7-74 预加固体平剖面图(尺寸单位:m)

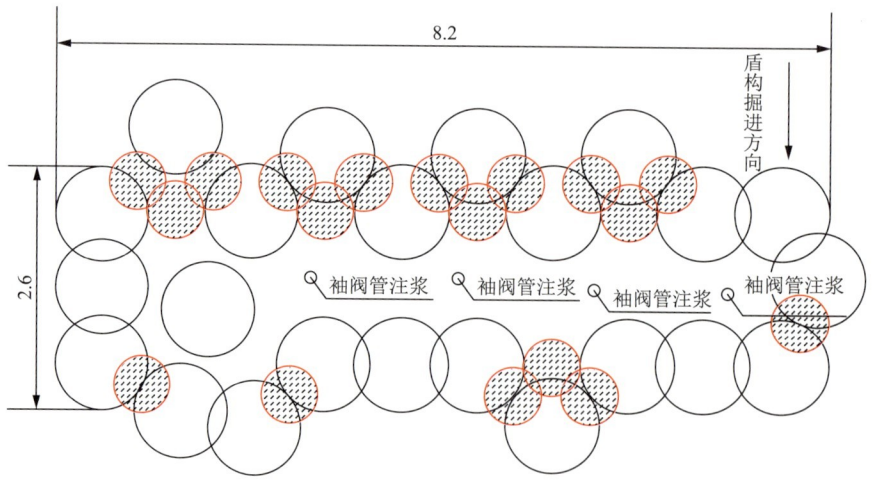

图 7-75 第一个加固体施工平面图(尺寸单位:m)

盾构到达加固体后带压换刀失败,后续增加降水井 4 口,但降水效果不理想。根据掘进参数分析,推力大、扭矩小,判断可能周边刀磨损,开挖直径不足。随后于 2016 年 12 月 27 日、28 日,对盾构前方与 2 号加固体之间非预爆破区的岩面进行探查,共钻孔 32 个,发现岩面在隧道下 1.7~3.1m。同时,原定的预爆破区已全部爆破完毕。考虑到前方岩面不高且硬岩已经预爆破,研究后决定继续掘进,至第二个加固体的边缘再换刀,如图 7-76 所示。

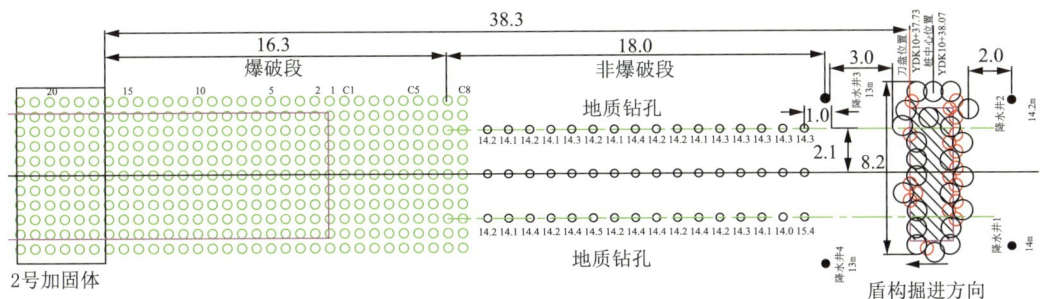

图 7-76　盾构与第二处加固体之间地质情况（尺寸单位：m）

2）第二处预加固体实施情况

吸取第一个加固体换刀失败的经验教训，针对第二处加固体做三项调整：

（1）加固体布孔调整：第二个加固体由三排素混凝土桩构成，第一排独立成桩，二、三排形成闭合区域。具体布孔和加固深度如图 7-77 所示。

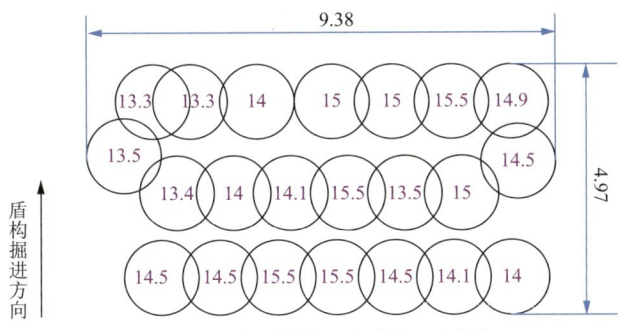

图 7-77　第二处加固体施工平面图（尺寸单位：m）

（2）在第二处加固体前进行钢板桩围护。

（3）在钢板桩与加固体之间补注化学浆。具体施工情况如图 7-78 所示。

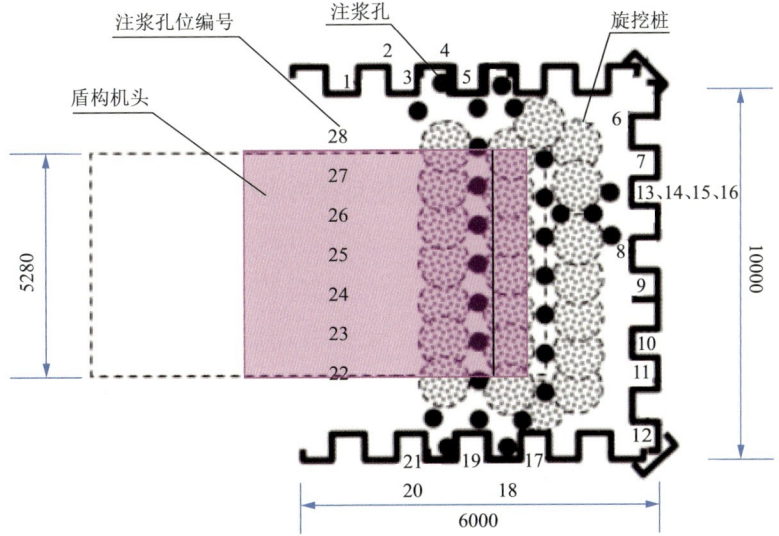

图 7-78　第二处加固体化学浆加固平面图（尺寸单位：mm）

采取上述措施后,区间右线历经16d完成了盾构在2号加固体的开仓换刀工作。

3)第三处预加固体方案调整

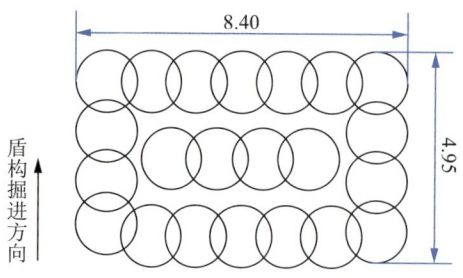

图 7-79 第三处加固体施工平面图(尺寸单位:m)

根据前两个预加固体的成功经验,对第三个预加固体再次进行调整,采用3排直径1.5m C15素混凝土桩(见图7-79)。最终顺利完成了盾构在第三处预加固体处的换刀,用时仅3d。

3. 预加固效果评价

在灰岩地区砂层和岩面直接接触的地层中采取预加固体换刀的方案是可行的,三处加固体均主要采用旋挖桩加固,并且方案不断改进,虽然1号加固体内换刀失败,2号加固体内化学浆补充加固换刀,但最终3号加固体内实现常压换刀。该工法优缺点总结如下:

1)优点

(1)采用旋挖桩工艺,施工周期短。

(2)桩体采用不高于C15的素混凝土灌注,相互咬合的素混凝土桩能满足止水、加固的目的,桩体强度不高,即使在边缘刀具部分损坏的情况下,盾构也能掘进至加固体内进行刀具更换。

(3)加固范围大,能将盾构径向孔包住,盾体聚氨酯止水环能有效止住后方来水。

(4)可实现加固体内常压换刀,有效缩短换刀时间。

2)缺点

(1)如果素混凝土桩的凝固时间把握不好,则任何一处咬合出现问题,都有可能导致无法进仓换刀,造成时间的浪费或加固体的废除。

(2)加固体的位置选取不易把控,加固体间隔小,则加固体数量多、成本高;加固体间隔大,则可能无法到达换刀,而需重新加固后再换刀,造成时间和成本的双增加。

(3)旋挖桩工艺,需占用较大地面场地。

二、填仓法常压开仓换刀技术

施工4标马鞍山公园站—莲塘村站区间采用填仓法成功常压换刀,现对该工法主要技术总结如下。

1. 准备措施

(1)材料准备,包括棉絮、钢丝软管及接头、球阀、气动泵(含管)、聚氨酯、丙酮、钢钎、剪刀、裁纸刀、铁丝、堵漏灵、1英寸胶管、二保焊机或直流电焊机(能气刨)、气刨钳、0.75kW污水泵、2英寸消防管等。

(2)空气换泥浆,排出泥浆到3点和9点位置。

①从9点泄压阀观察是否有泥浆流出,无泥浆流出即可;

②换气过程中保持仓压稳定 6kPa，用 Samson 系统保压；

③注意观察地面情况和监测结果。

（3）人员带压进仓（6kPa）填充并封堵切口环周边盾体间隙。

人员带压进仓，用棉絮将 3～9 点位（上半圆）刀盘切口环以及切口环处前盾与土体之间的缝隙塞紧，防止浆液流进盾体与土体之间裹住盾体。

（4）人员带压进仓，使用橡胶软管从土仓壁球阀的钢套管连接至土仓上方指定位置（见图 7-80），管路布置如下：

①12 点位球阀，不接管，注水泥砂浆（配合比：水泥：砂：水 =400kg ∶ 300kg ∶ 470kg）；

②10 点位球阀，接短粗管固定在 10 点和 11 点位吊耳上，注水泥浆（水泥：水 =1 ∶ 1 或 1 ∶ 0.8）；

③2 点位球阀，接短粗管固定在 12 点位吊耳上，检验 10 点位球阀的注浆情况；

④管路要固定在吊耳上，固定牢固，防止脱落。

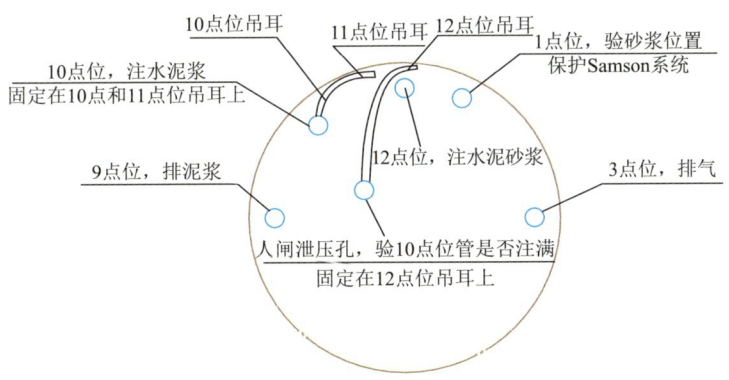

图 7-80　注浆接管示意图

（5）注水溶性聚氨酯，防止浆液裹住盾体。

①在前盾（4 个）和中盾（8 个）径向孔处使用气动泵注入水溶性聚氨酯；

②注入前和注入后都要使用丙酮清洗管路；

③当管路中充满聚氨酯后再打开径向孔的球阀；

④调整好注入量（4～5 桶/点位），尽量保证聚氨酯不要流到土仓内。

2. 填仓过程

（1）使用同步注浆机，将水泥砂浆（配合比：水泥：砂：水 =400kg ∶ 300kg ∶ 470kg）从 12 点位的球阀向土仓内加注，同时打开 3 点和 9 点位的球阀缓慢释放空气和泥浆，直至排出砂浆，再用 1 点位的球阀缓慢释放空气，排出砂浆前及时关闭 Samson 系统。用水泥砂浆置换空气时，将仓压保持在 0.6～0.7bar，注约 30m³ 浆填满土仓后，停止注砂浆。

（2）待砂浆初凝后（12～24h，通过泄压孔使用钢钎探查），使用二次注浆机（气动泵），将水泥浆（水泥：水 =1 ∶ 1 或 1 ∶ 0.8）从 10 点位的球阀向土仓加注，打开人闸位置的球阀缓慢释放土仓内空气。直至 2 点位球阀流出浆液后,继续注水泥浆,并实行分级加压,直至将仓压维持在 2.0bar 左右,停止注水泥浆(中途如果地面冒浆,可间隔一段时间后继续注,直至仓压满足要求)。

(3)土仓回填完成,从 24h 后开始,每隔 2h 通过泄压孔判断浆液凝固强度,待浆液凝固后(约 72h),开始常压换刀。

(4)注意事项:

①先行估算每一步骤的大概注浆量,当达到计算量时需注意土仓压力以及排气口是否已排出浆液,从而决定下一步是否要进行补浆;

②根据地面沉降情况进行补浆或停止注浆;

③填仓过程中保持仓压的稳定,球阀放气量大于浆液回填土仓速度,因此必须加上气压平衡系统进行空气补充,以保证仓内压力平衡;

④注意土仓压力及螺旋输送机压力的变化,并注意地面巡查和沉降监测;

⑤填浆过程中要每隔 20min 反转 1 级螺旋输送机,防止螺旋输送机卡死;

⑥填仓过程中要注意保护泡沫口和 Samson 系统加气口不要被堵塞;

⑦砂浆回填完成后,往螺旋输送机中注入膨润土。

3. 清理土仓换刀

回填土仓完成后,常压条件下进入清仓,由于掌子面上部为流沙,因此在土仓清理干净后需注意不凿刀盘开口及切口环,并用厚度 30mm 的木板挡住开口位置,木板用槽钢等卡住。保证刀盘面的砂浆完整性,然后从下往上进行刀具更换。

注意事项:

(1)刀具从下往上进行清理。如果清理过程中有漏水,则应及时用棉絮和堵漏灵进行封堵。

(2)及时在换好新刀的位置用棉絮封塞。

(3)换刀完成后,从下往上,将下半部切口与刀盘间的空隙凿除。

(4)提前准备好堵漏灵、1 英寸胶管,将渗漏引流到人闸外。

(5)在土仓内水位较高时,使用小污水泵抽水到人闸外。

(6)清仓换刀过程中要注意掌子面的稳定,如果填仓失败,则重新进行上述步骤。

(7)在第三方气体检测合格的情况下人员才能进仓。

4. 换刀完成恢复掘进

(1)换刀完成后,试转刀盘,刀盘转不动时,可以使用风镐从下往上对阻碍部位进行破除。

(2)脱困时,可以从径向孔注入膨润土浆液,减少盾体的摩擦力;

(3)恢复掘进后,针对上软下硬地层,控制贯入度 5 ~ 10mm/r。

三、化学注浆开仓换刀技术

九号线花果山公园站—花都广场站盾构区间掘进至 516 环时需开仓换刀,前后尝试 4 次才开仓成功(最后一次采用化学注浆措施)。

1. 工程概况

该盾构区间线路全长1.6km,采用2台海瑞克泥水盾构施工。隧道主要穿越黏土、残积土层及上软下硬层(上层为砂层、残积土层,下层为微风化石灰岩)。整个区间岩溶发育,共有131个钻孔揭露189个溶洞、13个土洞,见洞率接近50%。

2. 开仓险情

该区间右线掘进至516环时,由于盾构姿态趋势向上,无法向下调整,分析为边缘滚刀磨损严重,需开仓更换。此时,盾构处于上部砂层、下部灰岩的地层中,埋深5.62m。施工单位采取先施工泥膜再带压开仓换刀的方案,但在泥膜完成后的进仓过程中,均发生地面漏气及塌陷现象,人员紧急撤离并关闭仓门。此种情况下无法继续制作泥膜,只能采取地层加固措施后再进行常压开仓。

3. 处理过程

1)第一次处理及开仓

采用土仓内填充水泥浆+地面加固的形式,稳定刀盘前后方土体并起到一定的止水作用,实现常压状态下开仓作业。地面加固方式为U型钢板桩+旋喷桩,钢板桩前方位于刀头前30cm,两侧位于刀头侧10cm,施工尺寸4.55m×6.48m,如图7-81所示。但加固效果不佳,清理土仓的过程中发现辐条部位有水涌出,并在下部流失,流水为环形通道,最终因流水过大关闭仓门,未能成功开仓。

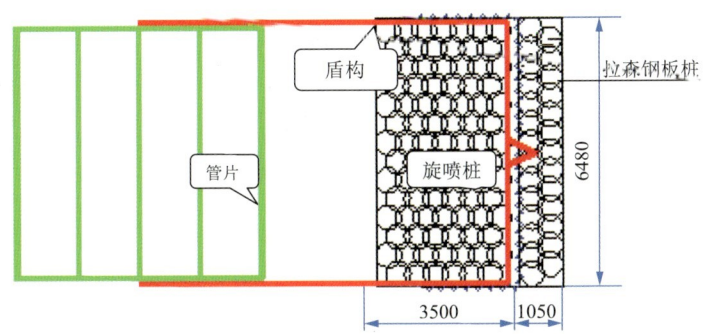

图7-81 第一次加固处理示意图(尺寸单位:mm)

2)第二次处理及开仓

经技术人员判断为后方来水,决定先进行填仓作业,从土仓内注水泥浆封堵后方流水通道。填充过程中盾体后塌陷区域出现了冒浆现象,说明后方存在空隙,与此前的判断一致,最终累计注浆24m³。填充完成后,为提高封堵效果,保证开仓安全,在钢板桩外圈及内侧进行袖阀管注浆,以进一步封堵前后方来水通道,如图7-82所示。注浆完成后,再次开仓清理至原漏水位置,又发生涌水现象,施工人员立即关闭仓门。经分析认为,此次开仓失败的原因为该地段砂层较厚,地下水丰富,渗透系数较大,水泥浆或双液浆加固难以达到效果,建议采取降水措施。

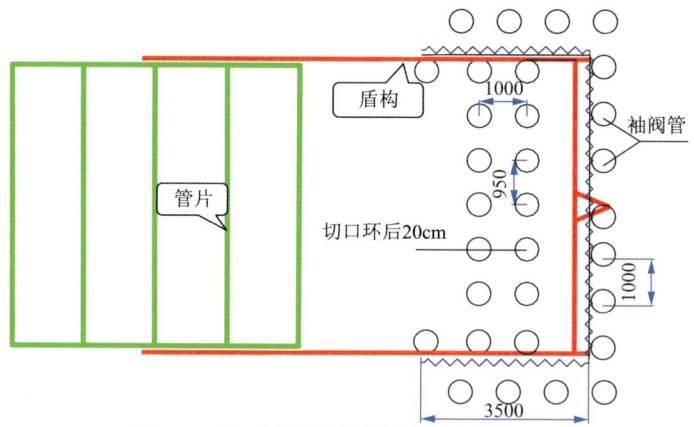

图 7-82 第二次加固处理示意图(尺寸单位:mm)

3) 第三次处理及开仓

增加了 7 口降水井,如图 7-83 所示。降水井穿过粗砂层,进入盾构隧道底面以下 1~2m。降水井施工完成后,采用 5.5kW 水泵抽水,但降水井内水位降低缓慢,加固体外水位观测孔也无明显变化。项目部打开仓门清理局部区域,观测实际降水效果,但在清理过程中发现渗水比较严重,仍不能满足安全开仓要求。

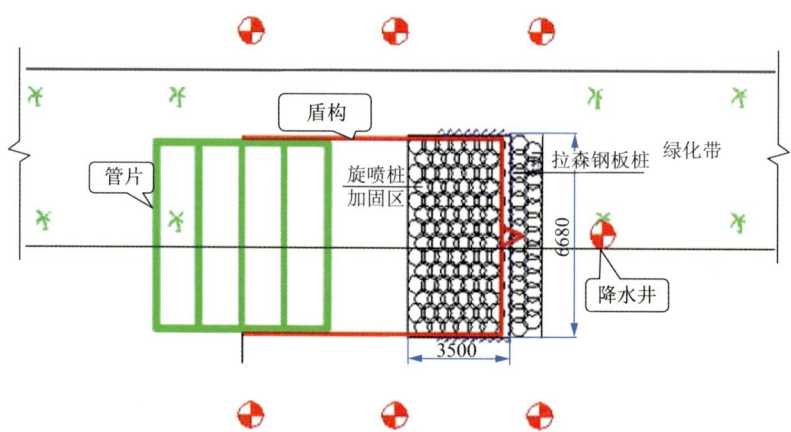

图 7-83 第三次处理增加降水井示意图(尺寸单位:mm)

分析原因认为,因钢板桩距盾体较近,无法在加固体内施工降水井,只能在盾体外侧进行降水,但地下水流量太大,难以达到降水效果,故仍未满足开仓要求。

4) 第四次处理及开仓

随后决定增加化学注浆措施,在盾体与钢板桩之间注化学浆,此类浆液渗透性好,水下凝结速度可控,为密实弹性体,可很好地封堵砂层空隙,起到止水效果。化学注浆布孔如图 7-84 所示。经过注化学浆后,开仓顺利完成,共换刀 12 把。

本次开仓前后尝试 4 次才成功,共耗时 98d。岩溶发育区开仓风险极大,在开仓过程中需加强研判、强化安全管理。若无法带压开仓,则需选择合理的加固措施,达到加固效果后才能开仓,以确保开仓安全。

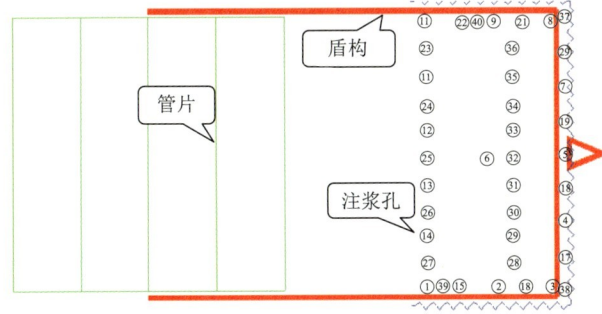

图 7-84 化学注浆布孔示意图

第七节 钢套筒接收技术

九号线全线共 7 次成功应用钢套筒接收技术,有效防控了盾构到达过程中的涌水涌砂风险。下面以莲塘村站—清布站盾构区间,在到达清布站时使用该技术为例,进行阐述。

一、工程概况

清布站右线到达端隧道上半部为〈4N-2〉粉质黏土,顶部有 0.5m 的隔水层,再往上为砾砂层。隧道中下部约 4m 范围为〈3-1〉粉细砂、〈3-3〉砾砂层,底部为〈7Y〉炭质泥(页)岩。如图 7-85 所示。

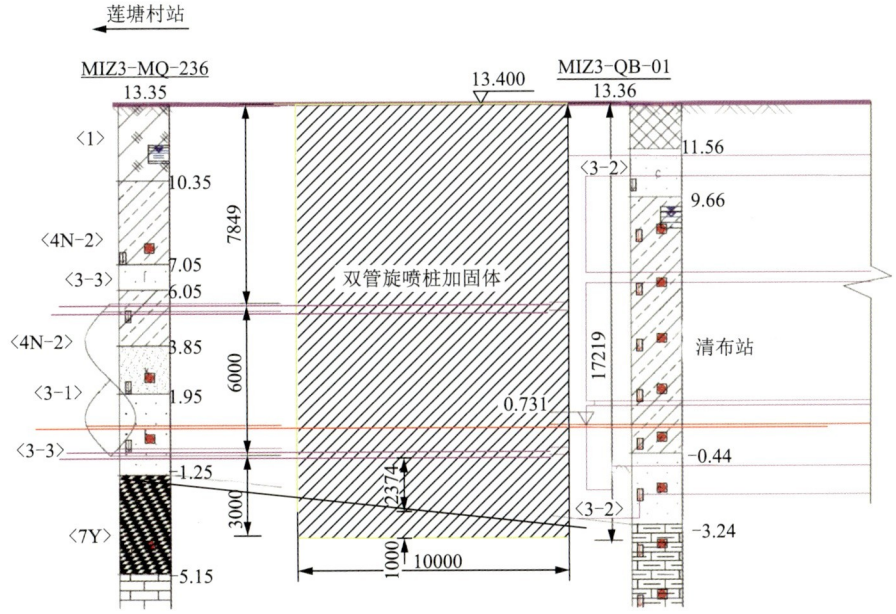

图 7-85 到达端地质情况(尺寸单位:mm)

地下水位埋深 0.50 ~ 6.50m。

清布站端头地层采用 φ600@450 双管旋喷桩加固,平面加固范围为:纵向长度 10m,横向为左右线结构边线外 3m。旋喷桩穿过砂层后嵌入不透水层的深度不小于 1m,且满足嵌入管片底以下的深度不小于 3m 的要求。旋喷桩用 42.5R 硅酸盐水泥,水灰比 1:1,注浆压力 20MPa。

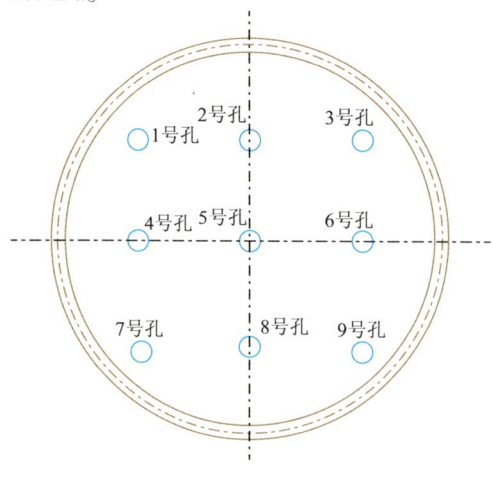

图 7-86 钻孔位置

2015 年 3 月加固体施工,2015 年 11 月 3 日采用水平探孔检测加固体效果,如图 7-86 所示,1 号、3 号孔效果不好,漏水漏砂。于是对检测效果差的部位进行袖阀管注浆处理,但再次打孔,仍有漏水现象。因此,为保障接收安全,清布站到达端的接收施工工艺变更为钢套筒接收施工。

二、钢套筒平衡到达技术

1. 概述

采用特制钢套筒与洞门预埋环板连接,钢套筒长 9.9m,内径 6.5m,在远离洞门一端设置一圆形端盖,用反力架和钢支撑撑在车站结构上,确保钢套筒不会在盾构推力作用下发生位移等事故,如图 7-87 所示。盾构直接到达在钢套筒内。

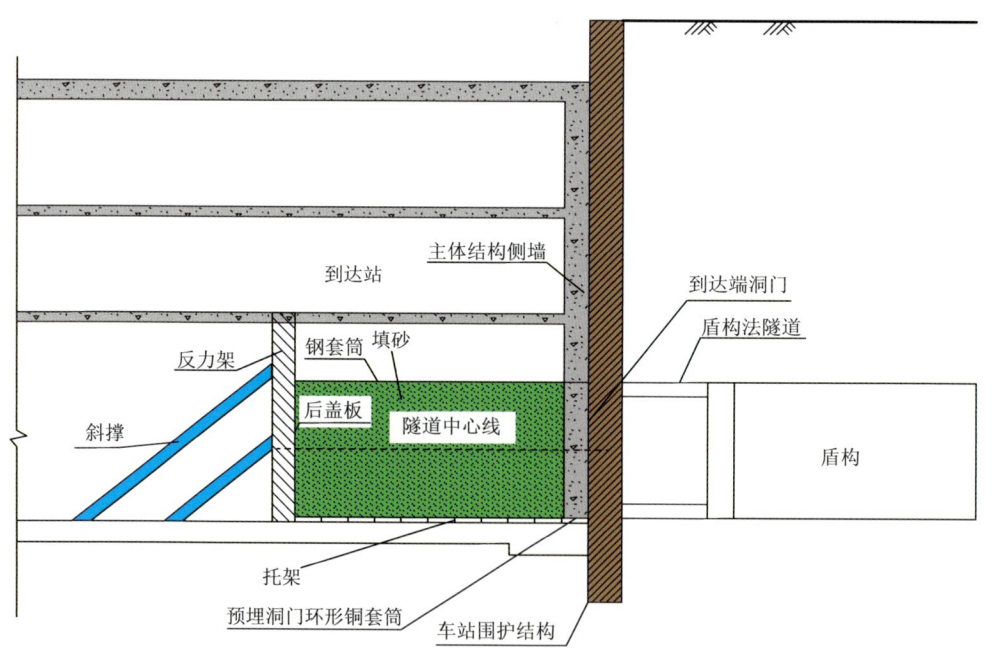

图 7-87 钢套筒安装

钢套筒安装时,应确保其整体的密封性和耐压性。钢套筒安装之前,无需凿除洞门车站围护结构,洞门范围采用玻璃纤维筋材料;在钢套筒内回填砂土压实,然后盾构直接掘进到钢套筒内,在盾尾补充注浆,待浆液凝固后,依次拆解钢套筒和盾构并吊出,完成到达施工。

2. 钢套筒组成

钢套筒主要由筒体、后端盖、反力架组成。

1)筒体

筒体部分长9900mm,直径(内径)6500mm,每段筒体的端头和上下两半圆接合面均焊接圆法兰,上下两半圆以及两段筒体之间均采用螺栓连接,中间加橡胶垫,以保证密封效果。

此外,在筒体底部制作托架,托架分三块制作,之间用螺栓连接,每段又分为三件。托架承力,底部用工字钢按相应的尺寸焊接成为整体。托架与下部筒体焊接连成一体,焊接时托架板先与筒体焊接,再焊接横向筋板,之后焊接底板和工字钢。托架组装完后,工字钢底边与车站底板预埋件焊接,托架须用型钢与车站侧墙顶紧。筒体具体形状如图7-88所示。

图7-88 筒体形状

2)后端盖

后端盖由冠球盖和平面环板组成,冠球盖和平面环板均用厚30mm钢板制作。后盖边缘法兰与钢套筒端头法兰采用螺栓连接,后盖平面环板与冠球盖外缘内外焊接成整体。后端盖形状如图7-89所示。

图7-89 后端盖

3)反力架

采用盾构到达反力架紧贴后盖平面板安装,冠球部分不与反力架接触。反力架上下位均布4根10英寸钢管与车站墙体顶紧,两侧中的一侧均布3根10英寸钢管与车站墙体顶紧,另一侧用2根直径500mm钢管斜支撑(没有墙体承力)。反力架定好位置后,先用400t千斤顶顶住后盖板平面和反力架,消除洞门到后盖板的安装间隙,承力钢管(10英寸钢管)两端用楔形块垫实并焊接。

4)筒体与洞门的连接

在原洞门环板预埋板的基础上,钢套筒与洞门环板之间设一过渡连接板(厚24mm),洞门环板与过渡连接板采用烧焊连接,钢套筒的法兰端与过渡连接板采用螺栓连接。

5)进料口和注排浆管

每段筒体中部右上角设置进料口,在每段钢套筒底部预留3个3英寸带球阀注排浆管,等间距布置,共9个,一旦盾构有"栽头"趋势,即可在下部注浆回顶。

3. 钢套筒的检查

安装前必须对钢套筒进行检查,检查内容如下:

1)钢套筒圆度

使用前对整体钢套筒的圆度进行检查,确保其圆度,避免盾构进入钢套筒时与钢套筒间距不均,导致盾体与钢套筒碰撞,使钢套筒发生位移变形等意外情况。

2)钢套筒密封性

钢套筒分多块组成,各组成块之间均须加垫橡胶垫。对橡胶垫必须严格控制其质量,防止损坏,或有漏洞,避免出现漏浆泄压。

3)钢套筒焊缝

使用前必须全面检查钢套筒各个部位的焊缝,保证整个钢套筒的整体性。

4. 安装过程

1)洞门检查

钢套筒安装前需对洞门预埋环板进行检查。对侵入洞门范围的钢筋进行割除,确保盾构到达的安全、顺利。

2)主体部分连接

(1)确定钢套筒的安装位置。

(2)先安装下半部分(见图7-90),将下半部连接好以后,再将第一节上半部分(见图7-91)吊下井并连接,然后再将过渡连板与第一节钢套筒对接。依次将第二、三节上半部分吊下并连接。并将各个连接螺栓紧固。

图 7-90 下半部分

图 7-91 上半部分

3)后端盖连接

安装后端盖时应先在地面将冠球盖与后盖板两部分连接好再吊下井,与钢套筒连接。

4）钢套筒顶升及平移

将已经连接好的钢套筒沿隧道中心线向洞门方向平移,直至过渡连接板与洞门环板相接。经测量组对中心线复测,确认无误后,再将洞门环板与过渡连接板焊接。

5）钢套筒的过渡连接板与洞门环板的连接

确定洞门环板与过渡板全部密贴后将过渡板满焊在洞门环板上,如图 7-92 所示。

6）反力架及支撑安装

反力架的安装采用类似盾构始发反力架安装方式,反力架紧贴钢套筒后盖,冠球部分不与反力架接触。应先在基坑中定好位,然后根据井口面与洞门中心的标高安装。

支撑斜撑与底板预埋件焊接要牢固,焊缝位置要检查,确保无夹渣、虚焊等隐患。

完成后,检查各部连接处确保其连接的完好性,若有隐患要及时处理。

7）填料

检查完毕后,向钢套筒内填料,主要是填砂,必要时增加一部分黏土。向钢套筒内填充泥沙的过程中适当加水,以保证砂的密实。从三个填料孔分别进行填料（见图 7-93）,直至填满,然后加水至完全充满钢套筒。

图 7-92 钢套筒与洞门环板连接

图 7-93 三个填料孔

（1）填料过程

为了将砂料输送至钢套筒内,需要从地面引一条输送管道至钢套筒上。工程中,采用一条 8 英寸的管路连接,地面设置一个漏斗,将砂料直接从漏斗输送至钢套筒内。填料过程中,如果出现砂料输送不够顺畅的情况,则可以采用冲水方式,将砂冲下去,水进入钢套筒内与砂混合后,还可以起到将砂密实的作用。

（2）填料密实

为了将钢套筒内的填料密实均匀,填料过程中要在三个填料孔分别填充,保证分配均匀,填充过程分阶段进行,派人在填料孔处观察,填至一定高度时需要进行平整密实,平整后再继续填料直至完全充满整个钢套筒。

5. 钢套筒验收测试

1) 渗漏检测

从加水孔向钢套筒内加水,至加满水后,检查压力,如果压力能够达到3bar,则停止加水,并维持压力稳定,然后检查各个连接部分,包括洞门连接板、钢套筒环向与纵向连接位置、钢套筒与反力架的连接处有无漏水。

每级加压过程及停留保压时间说明:

0.0 ~ 1.0bar 加压时间控制在 10min 左右,停留检测时间 10min;

1.0 ~ 2.0bar 加压时间控制在 15min 左右,停留检测时间 25min;

2.0 ~ 2.5bar 加压时间控制在 25min 左右,停留检测时间 45min;

2.5 ~ 3.0bar 加压时间控制在 45min 左右,停留检测时间 120min。

加压检测过程中一旦发现有漏水或焊缝脱焊情况,必须马上进行卸压,并及时处理,上紧螺栓或重新焊接。完成后再进行加压,直至压力稳定在 3bar 并未发现有漏点时方可确认钢套筒的密封性。

2) 钢套筒位移检测

在盾构组装过程中要安装各种测量用具,主要是测试钢套筒有无变形,以及钢套筒环向和纵向连接位置的位移等。

在试水、加压测试前,于钢套筒与洞门环板连接的部位分区域安装应变片,在钢套筒表面安装百分表,量程在 3 ~ 5mm,可控制变形量或位移量精度在 0.5mm 左右。在加压过程中,一旦发现应变超标或位移过大,则必须立即进行卸压、分析原因并采取解决措施。

6. 盾构到达掘进

(1) 盾构到达前,通过实际测量计算出盾构刀盘碰端头加固连续墙的里程。盾构若到达此里程即进入到达掘进状态,则要安排专人值班,以 2 次/d 的频率监测地面的沉降情况,并根据监测数据,采取补浆等措施。在到达前 30 环对盾构姿态进行复核,并确保盾构沿设计轴线推进至钢套筒。

(2) 碰壁前推进设置:在盾构碰壁以前,必须注意盾构掘进参数的选择,防止纠偏过急以及通过正确的管片选型,保证盾构碰壁时良好的盾构姿态。在即将碰壁之前,速度提前 5m 减小到 15mm/min,推力小于 8000kN;到碰壁前 50mm 时,速度减小到 5mm/min,推力减小到 8000kN 以下。

(3) 过素连续墙掘进参数设置:速度控制在 5mm/min,推力小于 8000kN,刀盘转速 0.8r/min。推进时加泡沫推进,以控制刀盘扭矩为主,避免过度磨损刀盘。

(4) 进钢套筒掘进参数设置与姿态控制。

①参数设置:速度控制在 5mm/min;推力小于 8000kN,视实际推力大小,以不超过此值为原则;在钢套筒内以管片拼装模式掘进,必要时可采用掘进模式,刀盘转速控制在 0.3r/min,刀盘转动前,要与钢套筒外部进行联系,确认人员及设备安全,测量监测人员就位,才能开始掘进模式。

盾构在钢套筒内掘进过程中,要确保与外界联系,密切观察钢套筒的情况,一旦发现变形超标或有渗漏时,必须立即停止掘进,及时采取补救措施。

②进套筒时姿态控制:必须以实际测量的钢套筒安装中心线为准来控制盾构姿态,要求中心线偏差控制在 ±20mm 之内。

(5)盾构到达围护结构连续墙时,停机并通过盾体内预留的注脂孔往外注入聚氨酯。聚氨酯与盾体外的地下水反应形成聚合物,填充盾体与连续墙之间的空隙,防止加固体外的地下水进入前方。

(6)注浆封堵:在盾体到达,盾尾通过洞口的过程中,每环均补充双液浆,在盾尾通过洞门后,要在盾尾部位的管片注双液浆,注浆量为管片与洞门和隧道间隙的180%以上。时时检查钢套筒是否有漏浆、形变等情况。如有漏浆或者形变过大等情况发生,则可以采取调低气压、减小推进速度等处理措施。

(7)盾构筒体推到位置并完成盾尾密封后,在刀盘不转的情况下,出空仓内回填物。

(8)打开钢套筒底部的排浆管,排出剩余的浆液,并检查筒体的漏浆情况。

(9)测量与监测:盾构到达前在端头连续墙、地面及周围建筑物处布置沉降观测点;在围护结构及钢套筒、洞门周围布置形变监测点,并测量初始值。盾构到达掘进时加大测量频率,并复核控制点,确保盾构到达的姿态正确。盾构到达过程中每天测量2次,若变形较大,则提高测量频率并及时采取处理措施。进钢套筒过程中,设专人观测钢套筒的稳定、变形情况,发现异常情况立即停机处理。

7. 钢套筒拆解、吊出

盾构完全进入钢套筒,注浆凝固后,检查并在确保安全的条件下,分别拆解接收钢套筒和盾构,并吊出转场。

特别提醒,因钢套筒尺寸较盾构尺寸大,盾构刀盘与钢套筒端盖之间将积聚大量砂土(见图7-94),故端盖拆解时应注意筒内土压力,防止端盖崩脱及筒内残余淤泥流出过快,伤及人员。

图 7-94 端盖后积聚大量砂土

第八章 联络通道施工技术

九号线主要位于岩溶发育地区,尤其有部分联络通道地层位于富水砂层中,全线区间联络通道施工风险较大。在联络通道施工时先后采用了冻结和化学注浆等方法对地层进行加固,加固效果理想。本章对九号线联络通道地面加固技术、冻结加固技术、开挖异常处理技术等进行总结。

第一节 冻结法加固联络通道施工技术

九号线施工2标花都汽车城站—广州北站区间2号联络通道位于广清高速公路扩建区域,与广清高速公路扩建工程存在交叉作业。2号联络通道原设计加固方式为外侧设600mm厚素混凝土地下连续墙,在连续墙中间设置双管旋喷桩进行土体加固;然后通过地面竖井开挖完成联络通道施工。该设计方案的实施要求地面有一定的施工场地,且占用时间较长。后因与广清高速公路扩建工程场地协调困难,2号联络通道的施工方案改为冷冻法加固后洞内施工方案。本节主要总结冻结法加固联络通道施工技术。

一、工程概述

1. 工程内容

2号联络通道的衬砌为双层复合衬砌:初期支护为钢拱架和C25/P6喷射混凝土结构,厚度

250mm；二次衬砌为 C35/P10 钢筋防水混凝土结构。在初期支护和二次衬砌之间设一道防水层。2 号联络通道结构平剖面图如图 8-1、图 8-2 所示。

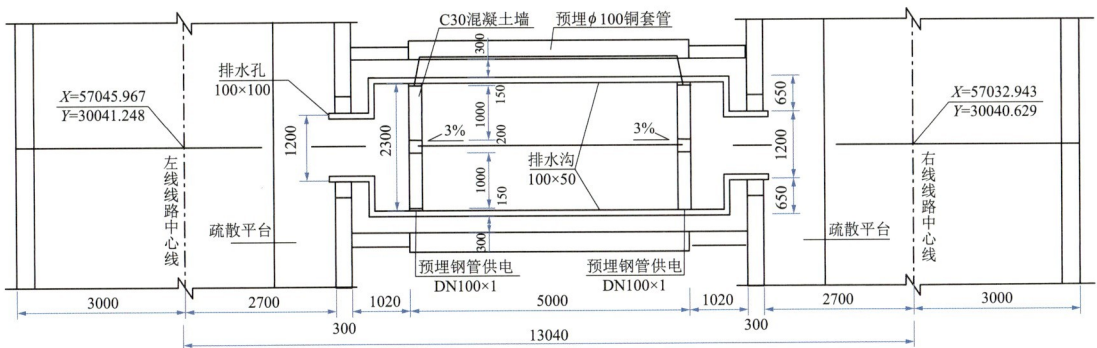

图 8-1　2 号联络通道结构平面示意图（尺寸单位：mm）

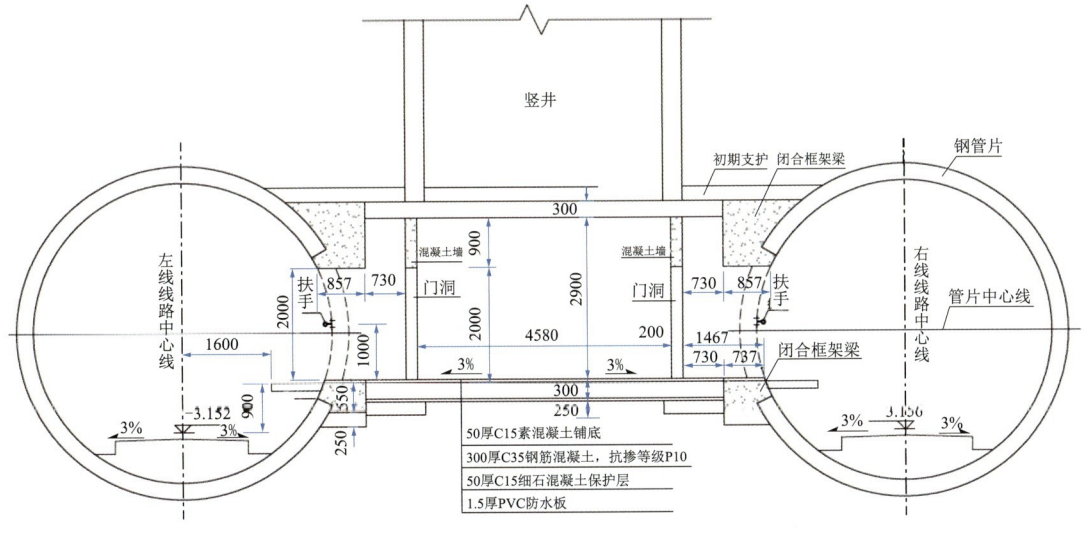

图 8-2　2 号联络通道结构断面示意图（尺寸单位：mm）

2. 工程条件

1）地面环境

2 号联络通道位于广清高速公路东侧绿化地中，紧邻新华收费站出口，临时用地面积约 2441.8m^2。

2）地质条件

2 号联络通道所处地质条件较差，洞身上半部和拱部主要为〈3-2〉地层，底部为〈3-2〉、〈5C-2〉地层，地层软弱、自稳性差，且裂隙发育，地下水量较为丰富，具有承压性。地质剖面图如图 8-3 所示。

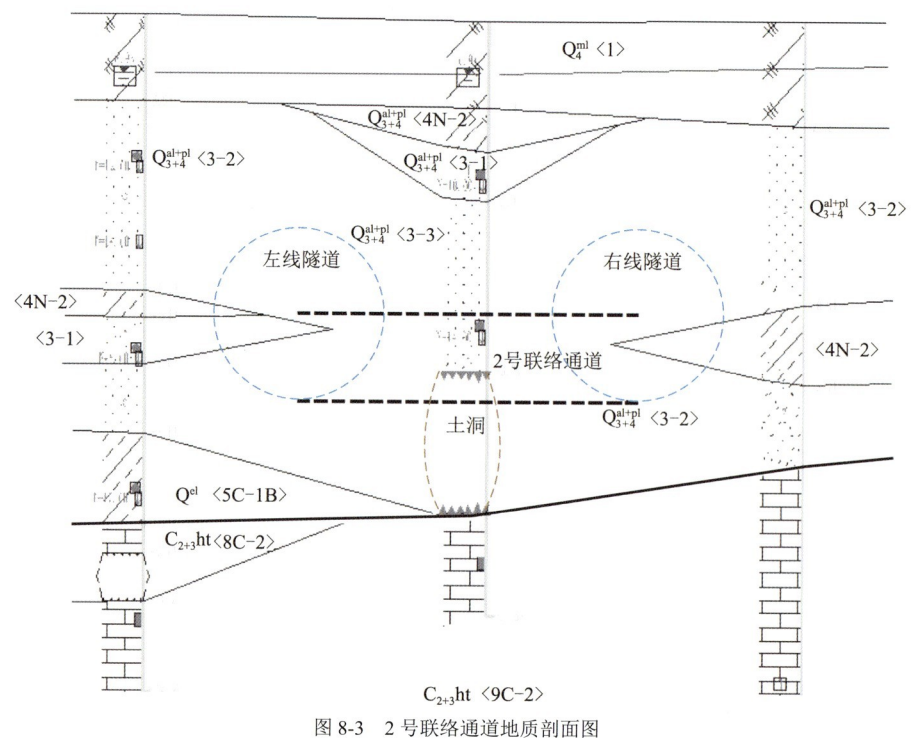

图 8-3 2 号联络通道地质剖面图

3. 主要风险点及控制措施

1）主要风险点

（1）因地层含水丰富，渗透系数较大，地下水流速大于冻结法正常适应的流速（不大于 5m/d），对冻结效果有较大的影响，易造成冻结不交圈、冻结帷幕不均匀，存在薄弱带，冻结时间超长等问题。

（2）施工位置临近广清高速公路正线及扩建的匝道，对施工过程中的地面沉降控制较严格。施工过程中需控制好地下水流失、冻胀和融沉。

（3）冻结钻孔管片开孔处如密封不牢，则会造成地层沉降。开挖期间，若土体坍塌，则会对隧道结构及周边环境造成较大影响。

（4）一旦发生停电、停水及冻结设备故障，冻结站将不能正常运行，会造成冻结帷幕的融化、有效厚度减小、温度上升而强度降低，甚至发生薄弱环节漏水等危险。

2）风险控制措施

（1）为控制地下水流速过大对冻结的影响，主要采取以下措施：

①在钻孔安装冻结管时，先从每个钻孔内向地层进行预注水泥浆，有针对性地改良冻结范围内的土体，降低土体渗透系数，以达到控制地下水流速过大的目的，同时还可以达到控制冻胀和融沉的效果。

②在冻结帷幕处布置多个温度测点，冻结过程中密切监测土体温度变化，当判断有水流影响

情况时,再针对性地局部加强冻结或外围注浆阻水控制。

（2）对路面和管线、隧道结构的保护措施：

①在施工影响范围内的建筑物、路面、管线部位和隧道内设置隆沉和收敛监测点,定时进行监测和汇报。

②采取预注浆对地层进行改良,控制冻结帷幕范围,减少冻结体积,控制地层冻胀量。冻结期在土体内设置压力监测点和泄压孔,及时释放过高的地层压力。

③在隧道内安装钢支架,控制隧道变形。

④冻结停止后,结合冻结体的融化,及时对地层进行补注浆,防止融沉过大。

（3）防止涌水涌砂及坍塌的控制措施：

①钻孔施工时,先在管片上安装孔口密封装置,再正式钻孔。

②通道开挖前必须通过冻结效果及开挖条件验收,方可打开管片。

③开挖过程中,及时施工初期支护结构,对开挖面进行测温和变形测量。当发生变形过大时,停止施工并加强支护。

④联络通道开挖前安装应急门,应急门具备控制泥水涌出的强度和密封性能。当开挖面发生不可控制的危险时,可以及时关闭应急门,并向门内压浆、注水,控制洞内开挖面稳定。

（4）防止冻结不连续的保障措施：

①主要冻结设备全部留有备用设备,并联安装,当发生设备故障时可及时启动备用设备。

②开挖期在现场备发电机组,防止意外长时间停电。

③在现场采用大蓄水池,以满足停水后不少于2d的水量需求。

二、冻结加固设计

1.设计要求

冻结加固设计主要包括冻结帷幕、冻结孔、测温孔、管片保温、盐水温度、积极冻结时间、隧道钢支架、应急门及冻胀与融沉控制等内容。

2.冻结帷幕

（1）冻结帷幕厚度设计为2.0m。

（2）设计冻结壁平均温度不高于$-10℃$。取上部的粉质黏土为控制地层,则$-10℃$冻土强度的设计指标取参考值为：单轴抗压强度不小于3.6MPa,抗弯折强度不小于2.0MPa,抗剪强度不小于1.5MPa。

（3）在与管片结合处冻结帷幕平均温度为$-5℃$。

3.冻结孔、测温孔、泄压孔布置

1）冻结孔布置

采取从上、下行线隧道两侧布冻结孔。布置冻结孔总数73个,钻孔总长度612.323m;在通道中部设置 4 个穿透孔,供对侧隧道冻结孔和冷冻排管需冷用。另在冻结站对侧隧道上沿冻结壁敷设 5 排冷冻排管,以加强对管片处的保温效果。冻结孔的布置平剖面示意图如图 8-4、图 8-5 所示。

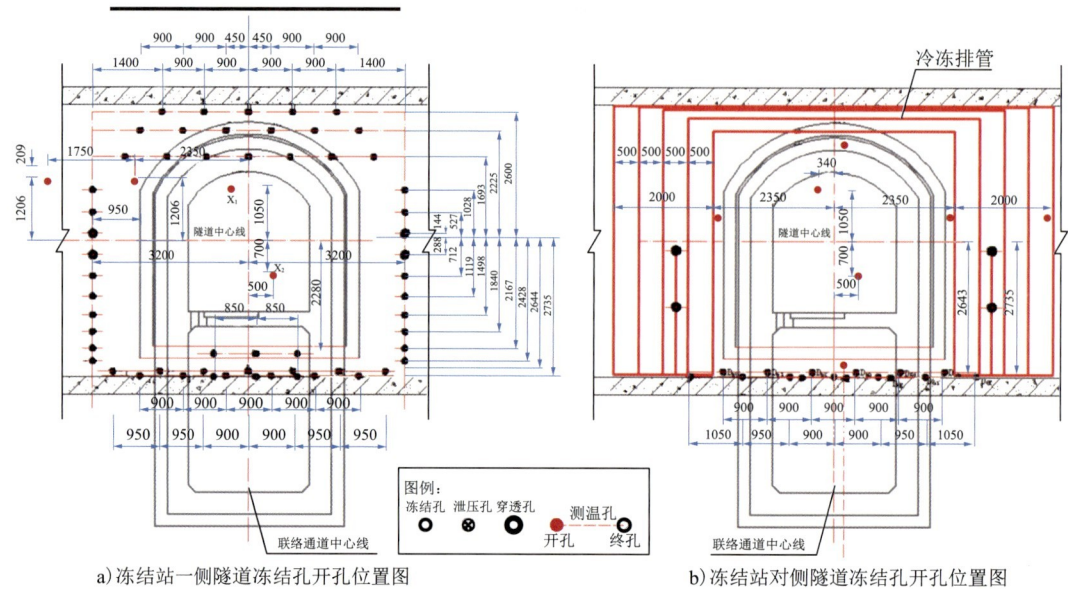

图 8-4　冻结孔、测温孔、泄压孔及管片排管布置图(尺寸单位:mm)

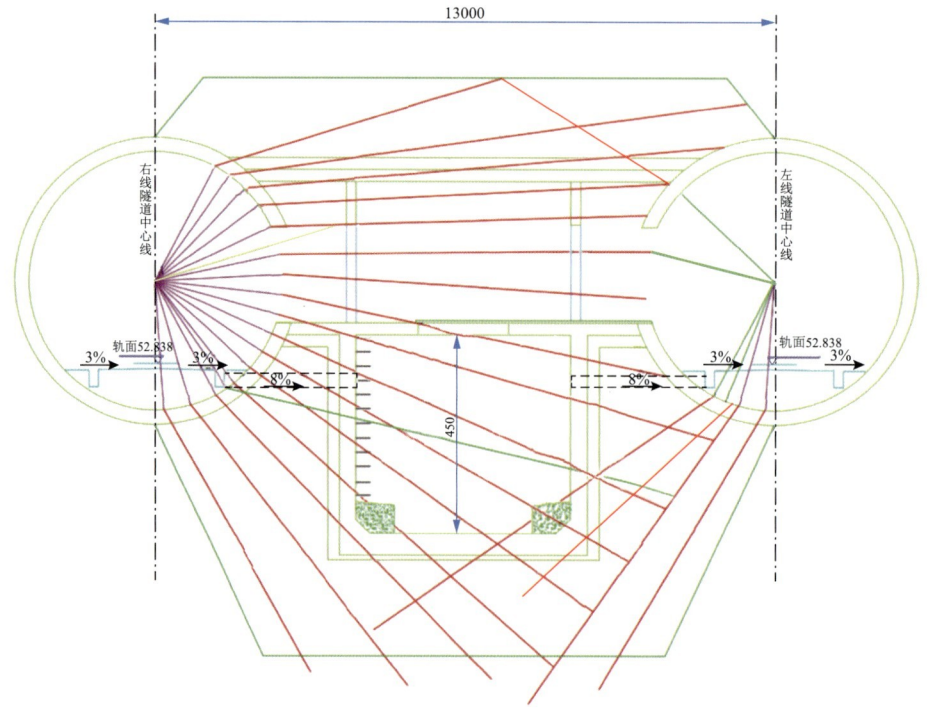

图 8-5　冻结孔布置剖面示意图(尺寸单位:mm)

技术参数：

（1）冻结孔的开孔位置误差不大于100mm，应避开管片接缝、螺栓、主筋和钢管片肋板。冻结孔最大允许偏斜不大于150mm。

（2）冻结管接头采用螺纹加焊接，抗拉强度不低于母管的80%。

（3）冻结管用$\phi 89 \times 8$、20号低碳钢无缝钢管，冻结管耐压不低于0.8MPa，并且不低于冻结工作面盐水压力的1.5倍。

（4）冻结孔有效深度不小于冻结孔设计深度。

（5）冷冻排管采用$\phi 45 \times 3$无缝钢管。

2）测温孔布置

联络通道均布8个测孔，目的主要是测量冻结帷幕范围不同部位的温度发展状况，以便综合采用相应控制措施，确保施工的安全，测温孔布置如图8-4所示。

技术参数：

（1）测温管浅孔选用$\phi 32 \times 3$钢管、深孔选用$\phi 89 \times 8$（4m以上的测温孔用）钢管；

（2）测温管长度2～6m不等；

（3）管前端焊接密封，确保管内不渗水。

3）泄压孔布置

在冻结帷幕封闭区域内布置4个泄压孔，上、下行线各2个，泄压孔布置如图8-4所示。

技术参数：

（1）泄压管管材同冻结管。规格选用$\phi 89 \times 8$钢管，长度2m。

（2）在泄压孔上安装压力表，可以很直观地监测冻结帷幕内的压力变化情况，通过每日观测，及时判断冻结帷幕的形成，并可直接释放冻胀压力。

（3）泄压管管前端开口，进入土体段管壁上钻若干孔，呈梅花形分布，以确保冻结帷幕内的压力有效传递。

4）其他冻结施工设计参数

区间联络通道主要设计技术参数见表8-1。

联络通道冻结技术参数表　　　　表8-1

序　号	参　数　名　称	单　位	数　量	备　注
1	冻结帷幕设计厚度	m	2	
2	冻结帷幕平均温度	℃	≤-10	
3	冻结孔数	个	73	
4	测温孔数	个	8	
5	泄压孔数	个	4	

续上表

序　号	参数名称	单　位	数　量	备　注
6	冻结管总长度	m	612.323	
7	冷冻排管长度	m	145.782	
8	冻结孔最大允许间距	m	1.4	
9	冻结孔单孔流量	m³/h	5～7	
10	冻结管规格	mm	$\phi 89\times 8$	20号低碳钢无缝管
11	测温管规格	mm	浅孔 $\phi 32\times 3$ 深孔 $\phi 89\times 8$	
12	泄压管规格	mm	$\phi 89\times 8$	
13	设计盐水温度	℃	-28～-30	积极冻结期
14	设计盐水温度	℃	<-28	维护冻结期
15	安全门1型	扇	1	通道口处用
16	隧道钢支架	榀	4	每侧隧道2榀

三、冻结法联络通道施工

1. 冻结孔施工

1）冻结孔施工顺序

先施工穿透孔，根据穿透孔的偏差，进一步调整有关钻进参数。然后根据设计的孔位，采用由下向上的顺序进行施工，这样可防止因下层冻结孔的施工引起上部地层扰动，减小钻孔施工时的事故发生率。

2）冻结孔的定位

依据施工基准点，按冻结孔施工图进行冻结孔孔位放线。孔位布置首先要依据管片配筋图和钢管片加强筋的位置，在避开主筋、管缝、螺栓及钢管片肋板的前提下可适当调整，但不得大于100mm。

3）冻结孔开孔及孔口密封装置

开孔选用J-200型钻机，配 $\phi 130$ 金刚石取芯钻头进行钻孔，开孔深度约300mm，注意不得钻穿管片。取出岩芯后打入加工好的孔口管，并至少用4个固定点将孔口管固定在管片上，然后安装孔口密封装置，如图8-6所示。每个钻孔完成后，还应将孔口法兰与冻结管之间的间隙用钢板焊接密封。

4）冻结孔钻进

（1）钻孔设备使用MD-80A钻机1台，配用BW250型泥浆泵。

（2）钻具选用 $\phi 89$ 地质钻杆。

（3）在钻头部位安装一个特制单向阀门，采用水循环钻进。

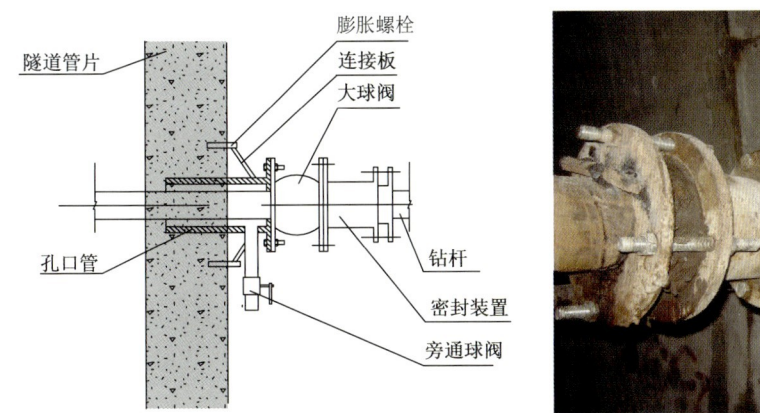

图 8-6 冻结孔开孔及钻孔

（4）钻进过程中严格监测孔斜情况，发现偏斜要及时纠偏，钻孔的偏斜应控制在 150mm 以内。

（5）穿透孔施工：钻进前，先将取芯合金钻头、取芯管和锥塞管与钻杆相连，按正常方法钻进；当碰到对侧管片时，低速慢进，直至钻穿，钻穿后，及时快速推进，将锥体挤入管片开孔处，形成止水密封，如图 8-7 所示。

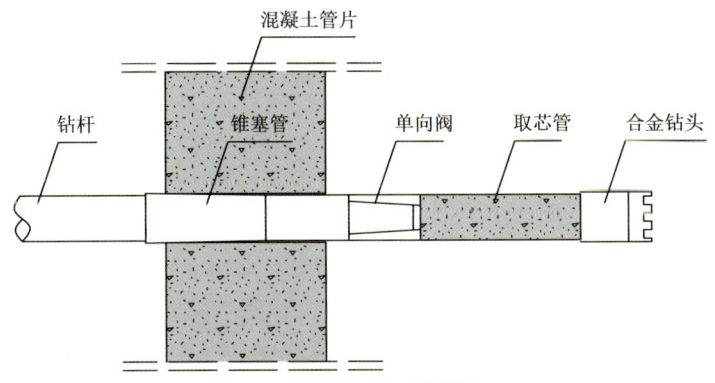

图 8-7 穿透孔施工止水密封图

（6）冻结孔钻进深度应不小于设计深度。

（7）施工冻结孔时的土体流失量不得大于冻结孔体积，否则应及时注浆控制地层沉降。

5）冻结孔成孔质量保证措施

（1）设立专门的测量放线小组，测量仪器及工具事先检查、定期校正。

（2）根据实际开孔误差调整冻结孔施工方位，以减小冻结孔的最大偏斜值。

（3）间隔施工冻结孔，必要时调整中间冻结孔的施工轨迹，减小冻结孔最大成孔间距，使冻结孔间隔均匀。

（4）准确定位开孔孔位、方向，并在隧道两帮布点，采用拉线方式校验、控制冻结孔方向。

（5）先施工联络通道两侧隧道的穿透孔，验证隧道管片上预留洞门的相对位置。

(6)在施工第一个冻结孔时,检查地质、水文情况,根据施工情况优化冻结孔的施工工艺参数。

(7)确保冻结管加工质量,先确认冻结管连接顺直后再用于施工。

(8)在开始钻进或下入冻结管时,应反复检查钻杆或冻结管的方位与倾角,确保孔口段冻结管方位满足设计要求。

(9)对于深度较大的冻结孔,开孔段预设 0.5°~1° 的上仰角。

(10)冻结孔成孔后采用经纬仪灯光测斜,测斜前应检查实际开孔位置与后视点是否一致。

2. 注浆改良土体

(1)当钻孔达到设计深度后,则进行后退式注浆,钻杆按 0.5m 逐段抽出。

(2)注浆材料:采用水泥—水玻璃双液浆,水灰比(0.8~1):1,胶凝时间控制在 20~30min。

(3)注浆压力:0.3~0.5MPa,压力过大时,暂停注浆,待压力下降后再继续注浆。

(4)注浆量:扩散半径按 1m 计,注浆按土体的 30% 计为 $0.47m^3$。

3. 冻结管安装

(1)冻结管之间采用丝扣连接,接头螺纹紧固后再用手工电弧焊焊接,确保其同心度和焊接强度。

(2)冻结管长度不得小于设计长度,或冻结管碰到隧道管片为止,但不参与制冷循环的长度不大于 150mm。

(3)下好冻结管后,进行冻结管长度的复测,然后再用灯光测斜仪进行测斜并绘制钻孔偏斜图。冻结孔终孔最大允许间距为 1300mm,集水井处冻结孔终孔最大允许间距为 1400mm;超出最大允许间距的,可进行补孔或延长冻结时间。

(4)待冻结管长度和偏斜合格后再进行加压试漏,压力控制在 0.8MPa,前 15min 压力损失小于 0.05MPa,后 30min 压力稳定无变化者为试压合格。试压不合格的,可拔出冻结管重新钻孔,或下套管处置。

(5)在冻结管内下供液管,然后焊接冻结管端盖和去、回路羊角。

4. 冻结制冷系统设计

1)冻结站设备选型

(1)冻结站选用 JYSLGF300III 型螺杆机组 1 台套,备用 1 台套。单台机组设计工况制冷量为 8.6×10^4 kcal/h,满足联络通道的制冷需求;

(2)冻结站盐水循环泵选用 IS150-125-400C 型 2 台,盐水循环泵的流量为 160m^3/h,功率 22kW/h;

(3)冷却水循环选用 IS125-100-250J 型 2 台,每台泵的额定流量 100m^3/h,功率 11kW/h;

(4)冷却塔选用 KST-80 型 2 台。

2）管路选择

（1）供液管选用 $\phi 48 \times 3.5$ 钢管，采用焊接连接。

（2）盐水干管和集、配液圈选用 $\phi 127 \times 4.5$ 无缝钢管。

（3）冷却水管选用 $\phi 127 \times 4.5$ 无缝钢管。

3）其他

（1）制冷剂选用氟立昂 R22；

（2）冷媒剂选用氯化钙溶液。

5.冻结制冷系统安装

1）冻结站布置

冻结站安装在区间隧道内，靠近联络通道的位置，站内设备主要包括冷冻机组、盐水箱、盐水泵、清水泵、冷却塔及配电控制柜等。

2）设备安装

设备安装包括冷冻机组的安装，清水泵、盐水泵的安装，冷却塔的安装，管路的安装等。

3）保温施工

（1）盐水管路经试漏、清洗后用保温板或棉絮保温，保温厚度为 20mm，保温层的外面用塑料薄膜包扎。

（2）冷冻机组的蒸发器及低温管路用棉絮保温，盐水箱和盐水干管用 20mm 厚的保温板或棉絮保温。

（3）联络通道两侧管片保温：由于混凝土和管片相对于土层更易散热，为加强冻结帷幕与管片的胶结，将管片格栅内用素混凝土填充密实，然后采用保温板对冻结帷幕发展区域的管片进行隔热保温。

（4）在冻结站对侧隧道的冻结管的端部区域范围内布置冷冻排管，同样将钢管片格栅内用素混凝土填充密实，然后采用保温板对冻结帷幕发展区域的管片进行隔热保温。

6.积极冻结与维护冻结

1）积极冻结

设备安装完毕后进行调试和试运转。冻结系统运转正常后进入积极冻结。

联络通道设计冻结时间为 50d，要求冻结孔单孔流量不小于 $7m^3/h$；积极冻结 7d 盐水温度降至 -18℃以下，积极冻结 15d 盐水温度降至 -24℃以下，去、回路温差不大于 2℃；开挖前盐水温度降至 -28℃以下。如盐水温度和盐水流量达不到设计要求，则应延长积极冻结时间。

2）维护冻结

在积极冻结过程中，要根据实测温度资料判断冻结帷幕是否交圈、是否达到设计厚度，同时要监测冻结帷幕与隧道的胶结情况。测温判断冻结帷幕交圈并达到设计厚度且与隧道完全胶结后，可进入维护冻结阶段。

维护冻结期温度为不低于-28℃,冻结时间贯穿联络通道开挖和主体结构施工始终。

3)冻结过程质量保证措施

(1)冻结器由冻结管,供液管,去、回路羊角组成。在冻结管内下入供液管时,供液管端部应下放到距离冻结管管底100～150mm位置。

(2)冻结管端盖和去、回路羊角的连接应牢固、严密,不得渗漏。

(3)冻结器宜采用串、并联方式分组与配、集液圈连接,每组串联冻结器长度宜适中并基本一致,以保证各冻结器盐水流量均匀并满足设计要求。冻结器与配、集液圈之间宜用软管连接,软管在工况温度下耐压不应低于1MPa。在冻结器与配、集液圈之间的连接管路上应安装控制阀门和温度测点,管路连接应便于安装流量计检测单孔盐水流量。

(4)冻结器安装完成后,要先用清水对系统进行试压检漏,试压值与正常盐水系统的压力相当。若发现渗漏,则要重新补焊。

(5)盐水管路系统必须进行压力试验,试验压力不得小于冻结工作面盐水压力的1.5倍,并持续15min压力不下降为合格。

(6)冷冻站机充制冷剂前,制冷系统各部位必须进行试漏检验,并应符合设备说明书的要求。

(7)冻结站管路密封性试验合格后,对制冷系统的低压和中压容器、管路及盐水箱、盐水干管、配集液管等必须按设计要求铺设保温层和防潮层,并对制冷系统按统一规定的颜色刷漆。

(8)冻结过程中,及时对冻结孔、测温孔、泄压孔进行监测,所有测点温度应每隔12～24h观测一次以上,必要时需加强监测。

7. 联络通道开挖及结构施工

1)开挖条件

确定打开管片进行开挖之前需结合测温孔资料、泄压孔压力、探孔情况等综合考虑,具备和满足设计要求后(见表8-2),方可开挖联络通道。

联络通道开挖条件　　　　表8-2

项　目	数　值	备　注
冻结帷幕厚度	2.0m 1.5m(喇叭口段)	作图分析
冻结帷幕平均温度	≤-10℃	用成冰公式法计算
盐水温度	≤-28℃	用测温仪监测
盐水去、回路温差	2.0℃以内	冻结至设计温度时
泄压孔压力	增长0.15～0.3MPa	通过压力表观测
开挖人员、设备和材料	全部并充分准备到位	
应急物资	充分准备到位	
探孔	无压力泥水流出	
安全门	安装验收合格	
隧道内预应力支架	安装验收合格	

续上表

项 目	数 值	备 注
应急演练	组织开挖应急演练	
远程监控	视频监控器和电话通信正常	
关键节点验收	通过冻结效果和开挖条件验收	

2）支架与安全应急门安装

开挖施工之前，在通道开口处、隧道管片开口环中不开口部位均匀设置支架，以减轻联络通道开挖施工对隧道管片产生的影响。单个钢支架由 6 个千斤顶、2 个固定支撑及支撑保护板等部分组成（见图 8-8）。在区间隧道上、下行线联络通道开口两侧各架 2 榀，共 4 榀，并在联络通道两端沿隧道方向对称布置，每榀支架有 8 个支点。

a）预应力支架　　　　　　　　b）安全应急门

图 8-8　预应力支架和安全应急门

安全应急门（见图 8-8）安装在开挖侧隧道预留的洞口上，并配备风量不小于 $6m^3/min$ 的空压机为其供气。安全门在开管片前安装，安装后进行水密性实验，先向防护门内注满水，再用空压机加压，要求在不停止空压机时，压力能保持在设计允许值为合格。

3）联络通道正式开挖和结构施工

联络通道经条件验收后可以进行正式开挖，先打开管片，然后采用矿山法进行暗挖施工。由于土体采用冻结法加固，冻土强度较高，冻结帷幕承载能力大，因而开挖时可以采用全断面一次开挖，通道、泵房开挖步距为 0.55m，最大不大于 0.8m。开挖断面超挖不大于 30mm，开挖中心线偏差不大于 20mm。在掘进施工中应根据加固效果及监控监测信息，及时调整开挖步距和支护强度，确保安全施工。同时，要对暴露的冻结帷幕做好保温。其余初期支护、防水、二次衬砌结构施工与常规暗挖工法类似，本书不再详述。

8. 注浆施工

1）解冻原则

因周围地表环境要求不高，故采取自然解冻方法，并利用信息化监测系统监测土体温度、沉降变化，利用浅部注浆管和深部注浆管进行跟踪注浆。

2）信息化监测

控制地面和隧道的沉降变形是注浆的目的。因此，解冻过程中，要加强对地面和隧道变形监测、冻土融化温度监测。另外，注浆施工过程中，浆液的压力可以通过在相邻注浆孔安装压力表来反映。监测数据是注浆参数调整的依据。

3）浅部注浆孔注浆工艺

（1）注浆材料及参数

浆液为惰性浆液，质量配比为水泥∶粉煤灰∶膨润土∶水 =0.1∶0.4∶0.5∶1。注浆压力不超过 2 倍的静水压力，可根据隧道变形和地面变形监测情况做适当调整。

（2）注浆原则及方法

注浆以少量多次为原则。单孔一次注浆量控制在 $0.5m^3$ 左右。注浆前，将待注浆的注浆管与其相邻的注浆管阀门全部打开。注浆过程中，当相邻孔连续出浆时可关闭邻孔阀门，定量压入惰性浆后即可停止本孔注浆并关闭阀门，然后接着对邻孔进行注浆。遇到注浆管内窜浆固结而引起堵管时，需用加长冲击钻头通管。如此反复注浆，直至地面变形稳定。

4）深部注浆孔注浆工艺

（1）注浆材料及参数

浆液为双液浆，材料为水泥与水玻璃双组分混合料。配合比为水泥浆∶水玻璃溶液 =1∶1，水泥浆的配比为水∶水泥 =1∶1。水玻璃溶液采用 35 ～ 40°Bé 水玻璃加 1 ～ 2 倍体积的水稀释。单孔注浆量为 $1m^3$，注浆压力不大于 0.5MPa。

（2）注浆管设置

利用结构施工时预埋的注浆孔，在孔内插入直径为 32mm 的芯管作为注浆管，芯管分 4 节，每节 1m 长，丝扣连接。注浆芯管前端 200mm 为均匀花管。一次将注浆芯管下到设定的注浆深度。

（3）注浆方法

先注深层，后注浅层，由下而上。具体做法是：注浆芯管下到设定的注浆深度后，开泵注 5min，注浆量为 40L 后将注浆管向上提 200mm。注浆管每提高 1m，注浆量为 200L。

第二节　地面加固联络通道施工技术

花果山公园—花都广场区间 2 号联络通道原采用素混凝土墙 + 旋喷桩加固，但在开挖至拱顶处时，出现涌水涌砂，后采用化学注浆加固施作联络通道。

一、工程概况

花果山公园站—花都广场站区间隧道共设置 2 个联络通道。其中 2 号联络通道右线中心里程为YDK9+049.787。2号联络通道拱顶以及拱身的上部分多处于〈3-1〉冲洪积粉细砂层、〈3-2〉冲洪积粗砂层、〈3-3〉冲洪积砾砂层、〈5N-2〉残积土层，开挖风险较大。

联络通道结构采用复合式衬砌。根据地质条件，初期支护采用C25格栅钢架联合支护、P6网喷混凝土。二次衬砌采用模筑C35/P8防水钢筋混凝土衬砌，厚度300mm。在初期支护与二次衬砌之间设置PVC板防水层。

联络通道范围地层采用0.6m素混凝土地下连续墙+ϕ600@450双管旋喷桩相结合的形式加固地层（见图8-9、图8-10）。然后采用地面竖井开挖，竖井内净空为4.3m×3.1m，格栅锚喷支护，挂ϕ8@200×200钢筋网，井壁厚度为350mm，深度为11.0m。

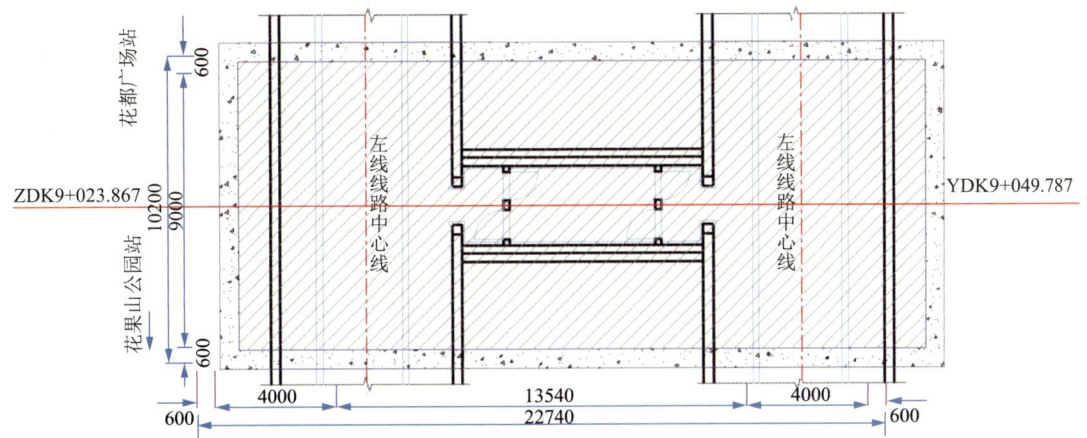

图8-9　2号联络通道加固平面图（尺寸单位:mm）

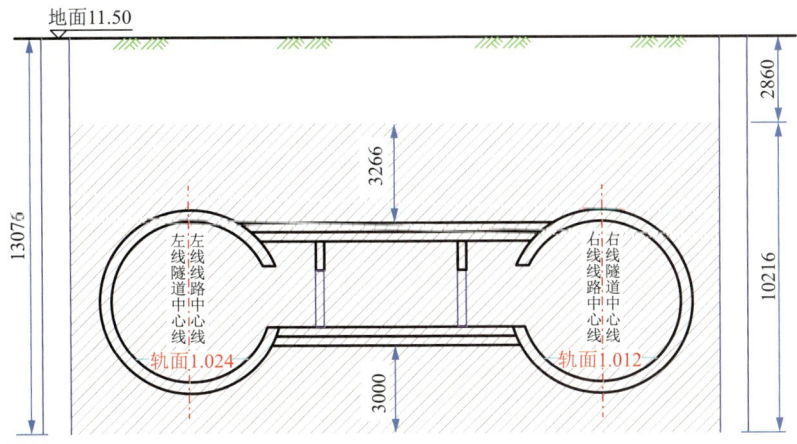

图8-10　2号联络通道加固剖面图（尺寸单位:mm）

二、施工过程异常情况及处理措施

竖井施工由边到中，每次开挖深度不大于0.5m。在开挖至2号联络通道拱顶处（见图8-11），开始进行横向开挖时，开挖面有大量地下水涌出，并伴随着涌砂。为此采取了以下措施：

(1)立即对竖井进行回填,并采用钢花管注浆。

注浆管采用长 2.0m 的钢管(见图 8-12),从开挖面向联络通道四周斜向下 45°~60°方向,同时用 1.0MPa 的压力灌注水泥—水玻璃双液浆,以期在联络通道四周形成止水帷幕,共灌注双液浆约 57m³。待浆液凝固后继续开挖,仍然涌水涌砂,无法继续施工。

图 8-11　2 号联络通道竖井

图 8-12　注浆用钢管

(2)继续回填并加密注浆。第二次注浆约 40m³,此时联络通道四周已密集插满注浆钢管。随后再进行开挖,但还是存在涌水涌砂现象。

(3)改进施工工艺,选取止水效果更好的磷酸—水玻璃化学浆进行地层加固。具体改进措施如下:

①钻孔:用 YT-28 钻机钻孔。在竖井中间注浆管长 4.0m,间距 60cm,共计 24 个孔;沿竖井侧面轮廓线外插 30°,孔深 3.0m,间距 60cm,共计 20 个孔。

②安设注浆管:将注浆用钢管改为无缝钢管,取消钢管开孔,直接在管口端开口,确保管口端浆液注入量。将经过加工的注浆管置入孔内,并对孔口做止浆处理。

③浆液配置:按施工配合比磷酸—水玻璃 1∶1 的比例进行配置,在搅拌桶内搅拌。

④注浆:将注浆管按要求接好,开动注浆机,先进行注水试验,检查管路是否堵塞或漏浆,然后正式注化学浆。注浆机采用 KBY50-70 型注浆机,注浆压力为 1.0MPa。

采用上述化学注浆措施后,顺利完成竖井的后续开挖。

第三节　联络通道开挖遇溶洞处理技术

九号线花果山公园站—花城路站区间联络通道施工时遇到溶洞,本节主要对联络通道渗涌水风险处理技术进行介绍。

一、工程概况

该区间长 1014m,共设 1 座联络通道,与泵房合建。联络通道平面图和剖面图如图 8-13 和

图 8-14 所示。根据地质详细勘察报告,洞身和泵房范围为全断面炭质灰岩,未发现溶(土)洞发育。

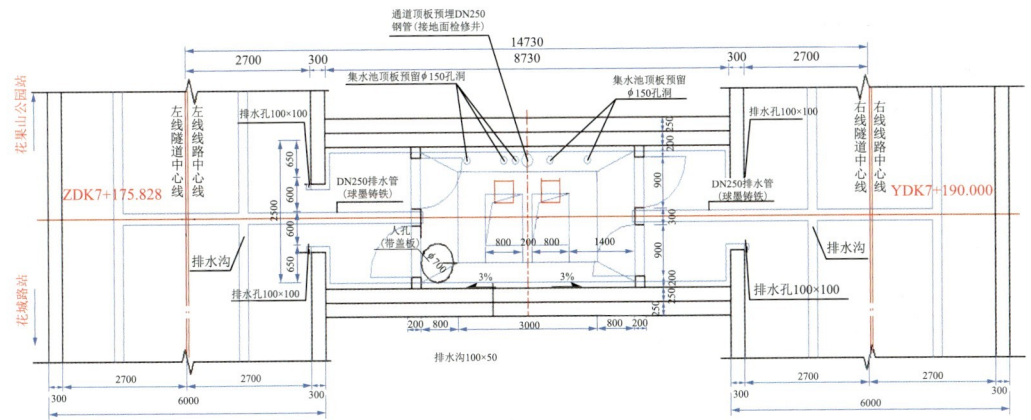

图 8-13 联络通道及泵房平面图(尺寸单位:mm)

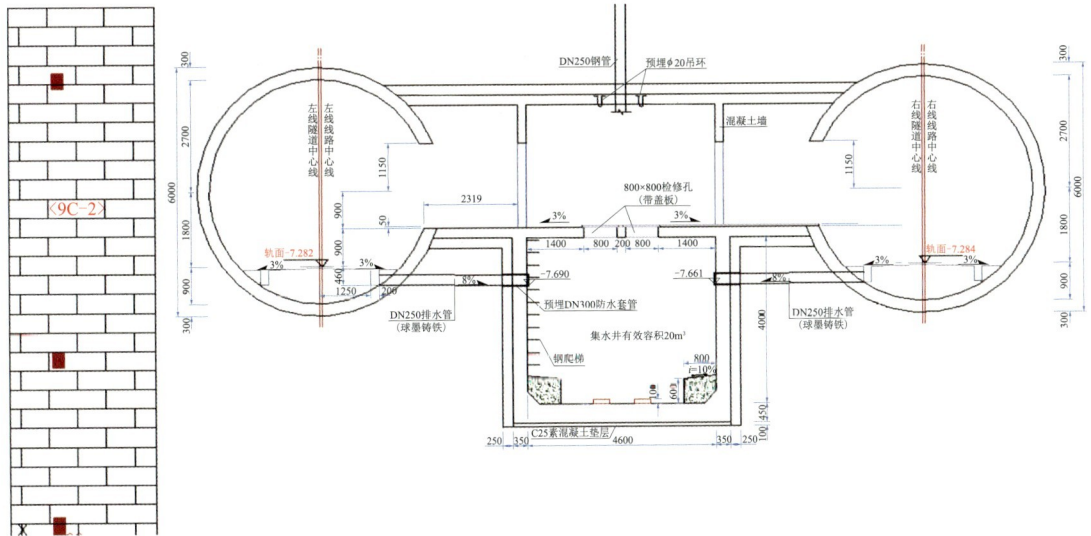

图 8-14 联络通道及泵房剖面图(尺寸单位:mm)

二、联络通道渗涌水情况

横通道开挖过程中发现了有填充的溶洞,存在少量渗水,施工过程基本正常。但在泵房开挖过程中发现溶洞,开挖至第 6 榀(泵房设计深度 4.55m,共 9 榀)时渗水量逐渐增大,对此采用了埋管导流的措施;开挖至第 7 榀时,发现溶洞的范围变大,且涌水量增大、水质变浑浊。具体如图 8-15 ~ 图 8-17 所示。

经统计,泵房涌水量最大约 13m³/h,折合每天涌水量高达 312m³。渗水量最大处旁边存在溶洞填充物,工人使用钢筋直接插下去 1.2m 仍不见底。

图 8-15 联络通道泵房开挖

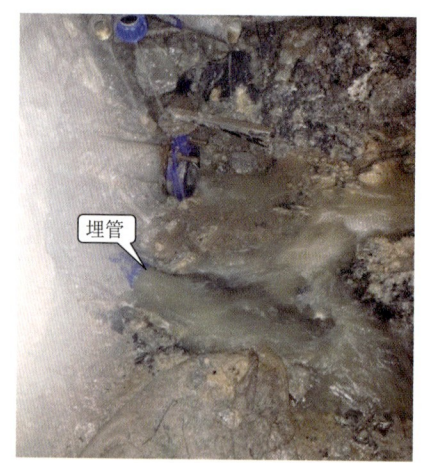
图 8-16 埋管引流

图 8-17 联络通道泵房开挖渗水

三、原因分析

盾构掘进过程中,在右线联络通道处开仓检查,发现掌子面存在较大裂隙且有涌水现象,左线与右线距离约 30m,但右线掌子面裂隙与左线连通,发生掌子面喷浆的现象。结合联络通道及泵房开挖遇到溶洞的情况,判断渗涌水原因为该处存在不可预见的溶洞与伴生的裂隙发育。同时,由于详细勘察地质报告显示为全断面微风化灰岩且未发现溶洞,因此设计阶段未考虑对岩溶进行处理。

四、处理措施

设计人员对泵房有效容积进行核实后,现场分析围岩稳定、周边路面、房屋沉降无异常,涌水暂时可以抽排,认为风险可控,决定自泵房再往下开挖 0.5m,挖至第 8 榀的位置终止开挖,然后施作二次衬砌结构,以满足规范的最低要求。采取上述措施后顺利完成该联络通道及泵房施工。

第四篇 明挖工程技术

- 第九章 明挖法车站围护结构施工技术
- 第十章 明挖法车站基坑施工技术
- 第十一章 既有盾构区间新增车站施工技术

第九章 明挖法车站围护结构施工技术

九号线共有 11 个车站,均采用明挖法施工。由于地质条件复杂,早在建设之初,广州地铁反复论证车站围护结构设计方案,决定对岩溶发育区的车站围护结构全部采用地下连续墙、第一道及第二道支撑均采用混凝土支撑,以防范基坑开挖风险。由于大部分车站基坑范围为微风化岩石上直接覆盖为砂层,基岩主要是微风化炭质灰岩,未溶蚀部分岩体整体性好、硬度大,岩面有明显的无规律沟槽或突起,导致围护结构连续墙施工困难。为此,清布站采用了槽底异标高地下连续墙施工技术、花城路站采用了地下连续墙双轮铣成槽施工技术、马鞍山公园站采用了地下连续墙硬岩预爆破施工技术。本章主要对以上技术进行总结。

第一节 槽底异标高地下连续墙施工技术

一、工程概况

清布站位于广州市花都区镜湖大道与迎宾大道交叉路口的东南侧,为地下两层岛式站台车站,车站主体结构采用双层双跨矩形框架结构。车站覆土厚度 2.0～2.3m,车站全长 476.2m,标准段宽 18.7m,标准段基坑开挖深度约为 15.3m。

该站围护结构设计为 800mm 厚地下连续墙,连续墙标准段宽度为 5m,采用工字钢接头。根据设计要求,地下连续墙嵌固深度应入微风化岩 0.5m 或进入岩面以上连续不透水层 10m。

该站地质条件复杂,微风化岩石上直接覆盖为砂层,基岩为微风化炭质灰岩,未溶蚀部分岩体整体性好、硬度大,在此类地层中成槽容易导致设备损坏(见图9-1)。此外,岩面有明显的无规律沟槽或突起,溶洞发育强烈。针对这一地质特点,地下连续墙施工需考虑墙底如何完整嵌入微风化岩层、墙底如何调整并适应岩面起伏的情况,以达到既保证工程质量,又加快施工进度的目的。经反复论证,该站采用了槽底异标高地下连续墙施工技术。

图9-1　岩面坚硬导致冲锤损坏严重

二、槽底异标高地下连续墙设计技术

1. 连续墙终孔原则

(1)当连续墙导向孔揭示的槽段最低微风化岩面位于基底线以下5m内时,连续墙按进入最低微风化岩面以下2m终槽,钢筋笼通长配置。

(2)当槽段最低微风化岩面位于基底线以下5~10m之间时,连续墙按进入最低微风化岩面以下1m终槽,钢筋笼通长配置。

(3)当槽段最低微风化岩面超过基底线以下10m时,连续墙按下述原则终槽:

①当岩面覆盖为砂层等透水层时,连续墙按进入施工揭示岩面0.5m终槽,且终槽深度不小于基底线以下10m,钢筋笼按伸至基底线下10m配置,钢筋笼底至槽底间浇筑素混凝土;

②当岩面覆盖为残积土层等不透水层时,连续墙按进入不透水层不小于2m(若不透水层小于2m,则按进入施工揭示岩面0.5m)终槽,且终槽深度不小于基底线以下10m,钢筋笼按伸至基底线以下10m配置,钢筋笼底至槽底间浇筑素混凝土;

③当岩面同时覆盖有透水层和不透水层或覆盖层不易判别时,按岩面覆盖为透水层的终槽原则处理。

2. 槽底异标高地下连续墙分类

按照抓—冲结合的成槽工艺,每槽段幅宽范围内连续墙施工导向孔(左、右、中三个)。对三个导向孔所揭露的岩面进行划分归类,可大致分为山峰状、单边倾斜变坡状、山谷状、平底状,前三种情况如图9-2所示。

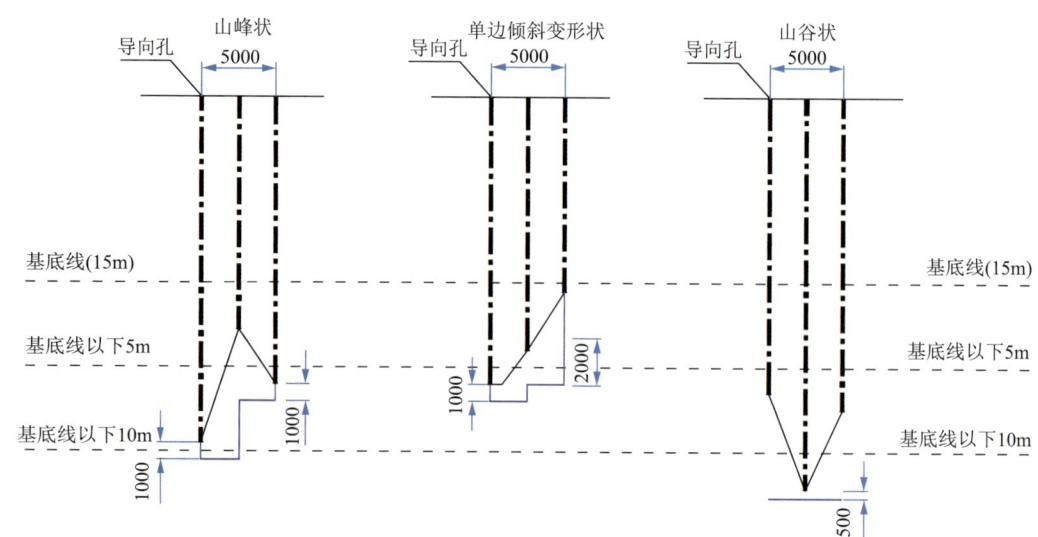

图 9-2 连续墙槽底导线孔所揭露岩面及分类示意图（尺寸单位：mm）

平底状为常规地下连续墙施工，此处不做过多讨论。山峰状、单边倾斜变坡状、山谷状这三种我们将其定义为槽底异标高地下连续墙施工（见表9-1）。

槽底异标高地下连续墙施工分类情况　　　　表 9-1

岩面分类	槽底分类	槽底情况
山峰状	台阶状	按照2.5m半幅墙的两个导向孔岩面标高，取低者为标准进行嵌岩控制；两个半幅墙（2.5m+2.5m）从整体上合并为一个槽段，其槽底两个标高则形成为一个台阶。每级台阶的终孔原则根据对应的两个导向孔中最低岩面进行终孔，以减少冲岩的时间及其带来的不良影响
单边倾斜变坡状		
山谷状	平底状	因岩面最深孔在中间，对其两侧的成槽均取控制作用，遵照上述原则，按此最深岩面满足嵌固要求控制，最终形成平底状槽段

三、槽底异标高地下连续墙施工技术

1. 连续墙成槽施工技术

1）成槽过程预防偏斜措施

（1）在导向孔成孔、抓斗成槽过程中多巡查，早发现早纠偏；根据偏孔的地层确定回填材料，紧锤密击修孔修槽。

（2）通过垂吊桩锤或抓斗的钢丝绳与导墙之间的位置变动关系量观测偏移情况，发现异常及时处理。

（3）成槽机作业位置场地要硬化、坚固，避免沉降变化带来偏差。

（4）遇到硬岩应及时进行处理、纠偏，防止倾斜加剧。

（5）采用带有自动纠偏装置的液压抓斗。

（6）严格全过程监测控制，经常复核钢丝绳偏位情况。

（7）成槽后采用专用探笼进行槽段垂直度检测，观察探笼下放情况。若探笼能自由上下连续墙高度范围，则垂直度满足要求；若探笼下放困难，则需将探笼吊出，重新下放方锤进行修孔作业，直至探笼能自由下放。

2）终孔判断标准

通过导向孔对岩面高低进行判定，按每槽段三个导向孔，在该槽段内左、中、右布置。导向孔采用冲击成孔至岩面后，对岩面进行取样及确定成孔深度，进而确定连续墙的终孔深度、连续墙钢筋笼加工长度。

3）清孔技术措施

在槽段按前述标高要求终孔后，进行清孔工作。对分台阶的两个槽底标高，先从槽底较高的半幅开始清孔，再往较低的半幅推进。清孔时，采用空气吸泥反循环清槽，确保清槽后槽底沉渣厚度满足要求。在清槽后及灌注混凝土前，槽底沉渣厚度不大于100mm。清槽后，槽底以上0.2~1m处的泥浆相对密度应小于1.15，含砂率不大于5%，黏度22~28s；含砂量高的场区，泥浆的相对浓度可适当调大。

2. 连续墙钢筋笼加工及吊装技术

（1）对形成台阶状的槽段，钢筋笼长度要按2个台阶标高分别确定2个长度，并按图纸配筋要求加工制作，如图9-3所示。

图9-3 分台阶槽段的钢筋笼

（2）对两侧异长度的槽段钢筋笼，须根据其重心位置的变化，另行布置吊点的定位与加固。

（3）对差异较大的槽段台阶（长度差异在5m以上），在台阶转角位置桁架筋上下排各焊

接 $\phi 28$ 钢筋作为辅助加强连接件,确保钢筋笼起吊时不变形;辅助加强连接件根据情况可在钢筋笼竖起后下槽孔前割除(见图 9-4)。同时在副吊的两个吊点之间焊接两道 $\phi 28$ 圆钢(见图 9-5)。

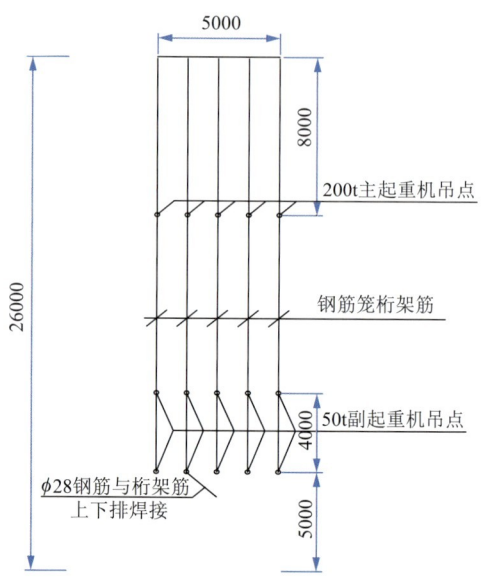

图 9-4 异长度钢筋笼加工及吊点立面图(尺寸单位:mm)

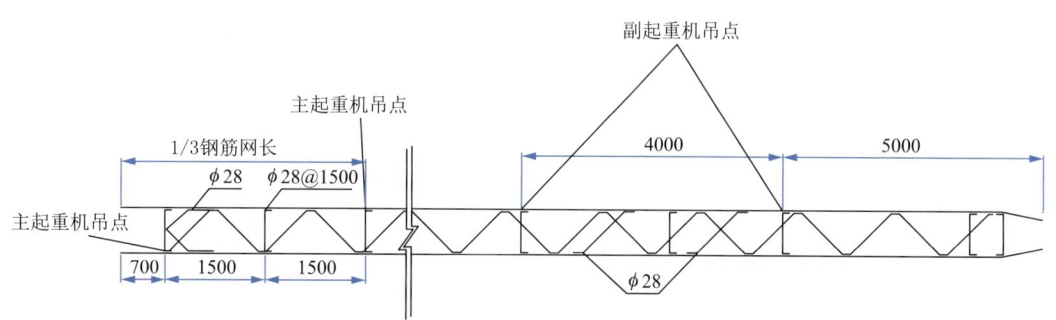

图 9-5 异长度钢筋笼桁架钢筋加强图(尺寸单位:mm)

(4)对底部异标高的槽段钢筋笼,必须保证在竖起时钢筋网不变形,起吊时不得使钢筋笼下端在地面上拖引,以免造成下端钢筋弯曲变形。因此,禁止采用单台起重机退吊,必须采用两台起重机抬吊(200t 履带式起重机与 50t 汽车式起重机共同作业),即要求在钢筋网离开地面后进行平躺向竖起状态的转换。

(5)插入钢筋笼时,最重要的是使钢筋笼垂直对准槽段中心、准确地插入槽内。钢筋笼进入槽内时,吊点中心必须对准槽段中心,然后徐徐下降,此时必须注意不要因起重臂摆动或其他影响而使钢筋笼发生横向摆动,造成槽壁坍塌。

3.连续墙水下混凝土浇筑技术

(1)下半台阶采用分序异步开塞浇灌,根据槽段底的异标高情况,计算浇筑水下混凝土两根导管的长度,分别下到其各自半幅槽孔的底部。

(2)计算先开塞部分的混凝土体积 V(见图9-6),并在浇筑混凝土的过程中由施工员做好记录,当先开塞部分浇筑的混凝土累计体积达到 V 并实测混凝土面深度后,再对另一根竖管开塞,之后两根竖管同时浇筑混凝土。

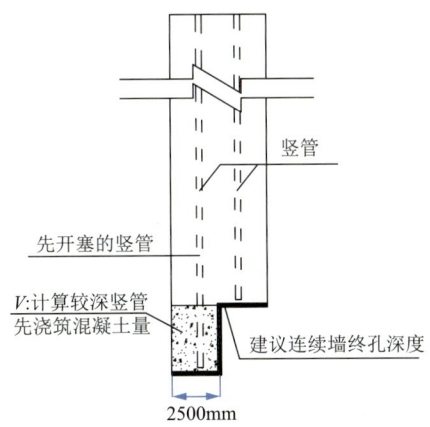

图9-6　混凝土先开塞部分计算图

四、槽底平底地下连续墙与异标高地下连续墙对比

从工期、施工难度、施工安全度、质量、造价等方面总结槽底平底地下连续墙与异标高地下连续墙技术差异,见表9-2。

槽底平底地下连续墙与异标高地下连续墙对比表　表9-2

项　目	平底地下连续墙	槽底异标高地下连续墙
工期	每个冲孔入岩平均每天(24h)0.6m,如一个槽段导向孔深度相差5m,则按最低导向孔终孔,即半个槽段入岩5m才能终孔,共3个冲孔,则需时 3×5/0.6=25d	由于减少了一个台阶的微风化岩,减少了入岩的时间,估计每个槽段平均入岩1m,1×5/0.6=9d,每个槽段减少 25-9=16d
施工难度	岩溶区入岩量过多会造成偏孔、卡锤等施工风险,进一步影响工期	减少入岩量,避免了重复多次修孔、卡锤等风险
施工安全度	岩层上部的连续墙槽壁长时间空置,并受反复冲击振动的影响,容易导致槽壁的塌陷,影响迎宾人道的安全;岩溶区入岩过多,容易侵入溶洞,造成不可预知的危险	减少因施工周期过长造成周边场地安全问题;减少入岩,避免了不必要的侵入溶洞的风险;减少长时间冲岩对岩面以上砂层振动的影响
质量	槽段滞留时间过长,护壁泥浆失水,导致槽壁形成"泥皮",基坑开挖后,会产生露筋情况;入岩过大会导致埋锤,无法捞出或清除时,本槽段无法继续成槽	减少成槽时间,能避免积聚"泥皮",避免露筋,嵌固、止水质量有保障
造价	围护结构单价包干,比平底地下连续墙每幅减少成槽的方量,对应的钢筋和混凝土也相应减少;在保证施工质量和安全的同时,减少入岩量意味着减少了成槽、钢筋、混凝土的工程量,以及减少了施工风险造成的经济损失	

第二节　地下连续墙双轮铣成槽施工技术

九号线花城路站采用双轮铣施作连续墙。铣槽机施工有以下几个特点:

1)可实现开挖过程中垂直度的监测与导正

液压双轮铣装备 DMS(配电管理系统)可时时监控液压双轮铣的工作参数及位置,专业器械装置可对垂直度的偏差进行及时修正。

2）适应高强度硬岩

液压双轮铣可适应强度达 50～100MPa 的各种岩层。

3）减轻对环境的影响

由于开挖过程中噪声及产生的振动很小，不会对周边环境造成影响。

4）清洁施工

切削渣通过反循环系统并经过泥浆处理系统的分离后，泥浆可重复利用，分离出来的砂可运送至现场指定的渣土存放区或直接运出工地。

一、工程概况

花城路站主体位于秀全大道与花城路的十字路口西侧，呈东西走向，围护结构采用地下连续墙+3道内支撑（2道混凝土支撑+1道钢支撑），基坑深度约 16.24m；连续墙深约 19m，大部分连续墙需入岩约 8.5m。出入口及风亭围护结构采用地下连续墙+1（或2）道内支撑，基坑深约 8.35m。基坑连续墙接口之间均采用 2 根 $\phi600@450$ 双管旋喷桩进行止水。花城路站大范围的下伏基岩为石炭系石磴子组灰岩，溶洞、土洞、溶沟、溶槽发育，溶洞和土洞多为无充填或半充填状态。

该站地质及工程特点如下：

（1）本车站施工区域狭小，大型设备、车辆周转施工难度大。

（2）车站施工范围紧邻城市主干道、商业区、住宅小区等，对控制泥浆排放和噪声污染要求高。

（3）站位岩面较高且起伏大，连续墙入岩多，成槽施工难度大。

二、铣槽机施工流程及工艺

铣槽机施工流程及工艺如图9-7、图9-8所示。

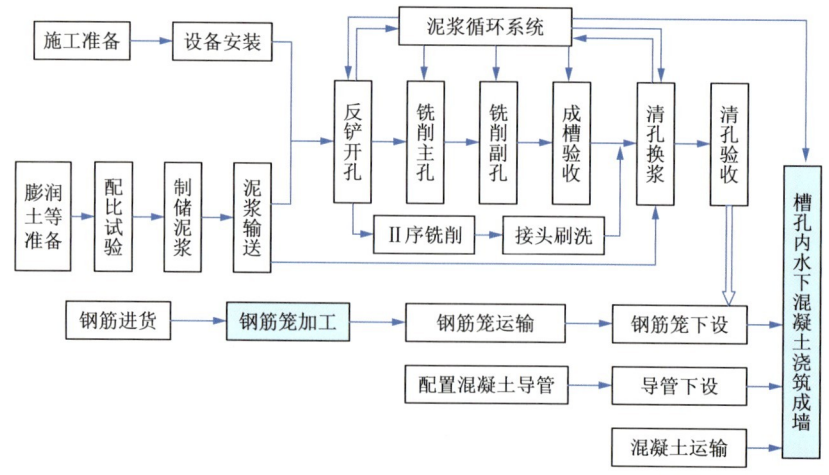

图9-7　铣槽机成槽施工流程图

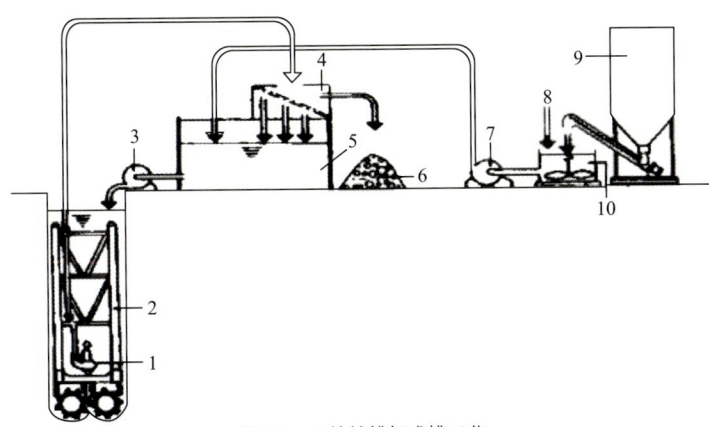

图 9-8 双轮铣槽机成槽工艺

1- 泥浆泵；2- 双轮铣槽机；3- 供浆泵；4- 除砂装置；5- 泥浆罐；6- 筛除的渣砾；7- 补浆泵；8- 水源；9- 膨润土储料桶；10- 泥浆搅拌机

三、泥浆制备及循环

1. 泥浆系统施工工艺

泥浆系统施工工艺如图 9-9 所示。

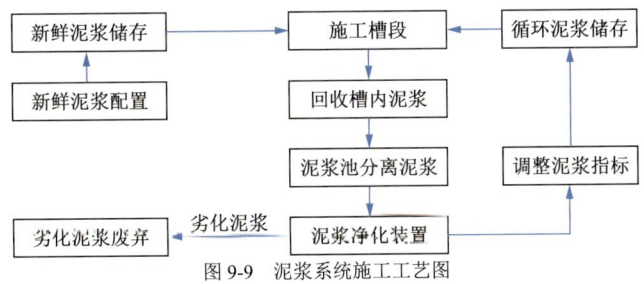

图 9-9 泥浆系统施工工艺图

2. 泥浆性能

根据本工程的地质情况，泥浆由膨润土和自来水搅拌而成，性能指标要求见表 9-3。

成槽护壁泥浆性能指标要求　　　　表 9-3

泥浆性能	新配置泥浆		循环泥浆		废弃泥浆		检测方法
	黏性土	砂性土	黏性土	砂性土	黏性土	砂性土	
相对密度	1.04～1.05	1.05～1.08	<1.10	<1.15	>1.25	>1.35	泥浆比重计
黏度(s)	20～24	25～30	<25	<35	>50	>60	500mL/700mL 漏斗法
含砂率(%)	<3	<4	<4	<7	>8	>11	洗砂瓶
pH 值	8～9	8～9	>8	>8	>14	>14	pH 试纸

护壁泥浆使用前，应先进行室内性能试验，施工过程中根据监控数据及时调整泥浆指标。如果不能满足槽壁土体稳定要求，则须对泥浆指标进行调整。

3. 泥浆循环

开挖完成一幅地下连续墙后，所用的膨润土泥浆将被加以循环，是部分更换或是完全用新鲜的膨润土泥浆应以所用的泥浆条件为准,以达到浇筑混凝土之前所需的性能标准。除砂作业可利用泥浆箱上面的滤砂机进行。

4. 泥浆施工管理

成槽作业过程中,槽内泥浆液面保持在不致泥浆外溢的最高液位,并且必须高出地下水位1m以上,成槽作业暂停施工时,泥浆面不应低于导墙顶面50cm。

四、铣槽机成槽及垂直度控制

铣槽机是一个带有液压和电气控制系统的钢制框架,底部安装3个液压马达,水平向排列,两边马达分别带动两个装有铣齿的滚筒,如图9-10所示。铣槽时,两个滚筒低速转动,方向相反,其铣齿将地层围岩铣削破碎,中间液压马达驱动泥浆泵,通过铣轮中间的吸砂口将钻掘出的岩渣与泥浆排到地面泥浆站进行集中处理后返回槽段内,如此往复循环,直至终孔成槽。

图9-10 铣槽机

铣槽机的垂直度应与槽段轴线一致,并由两个独立的测斜仪监测,其数据由驾驶室内的计算机处理并显示在液晶屏上,从而操作人员可随时监控并通过改变铣槽机的转速来实现对铣槽机垂直度的调整。操作人员通常采用以下几种方法调整铣架将其恢复垂直状态,纠偏的动作幅度逐渐减小直到纠偏完成,然后继续铣槽作业。纠偏过程中的各种方式均通过监控系统进行监控。被记录的参数及图示可作为文件显示开挖点、段的垂直度值。

1. X-X 轴纠偏

X-X 轴纠偏可通过以下两个途径进行(见图9-11):

(1)调整侧板的运动。

(2)调整切铣鼓转速。根据需要,两个轮的其中一个可以转换旋转方向,形成双鼓同向旋转,实现快速转位。通常情况下,切削轮的旋转方向保持不变,而是通过提高一个轮的转速来进行调整。

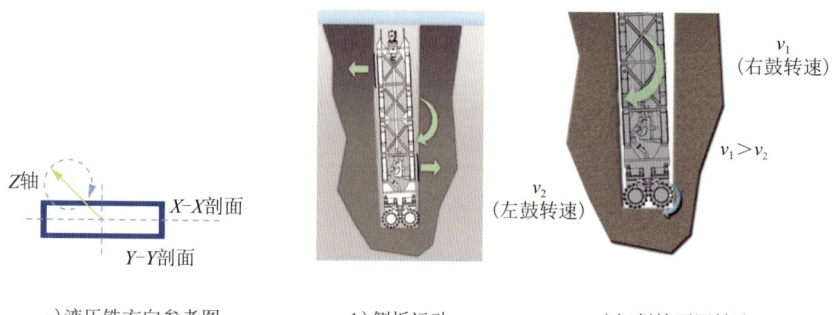

a)液压铣方向参考图   b)侧板运动   c)切削轮不同转速

图9-11 通过调整侧板的运动和切削轮的不同转速纠偏

2. Y-Y 轴纠偏

Y-Y 轴纠偏可通过以下两个途径进行（见图 9-12）：

（1）移动侧板；

（2）改变切削轮相对铣架的倾斜度。

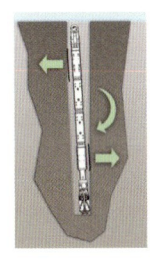 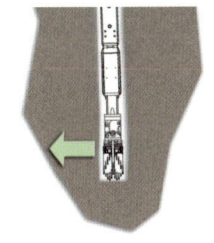

a）移动侧板　　b）改变切削轮相对铣架的倾斜度

图 9-12　通过移动侧板和改变切削轮相对铣架的倾斜度纠偏

3. Z 轴摆转纠偏

Z 轴摆转纠偏可通过以下两个途径进行（见图 9-13）：

（1）移动侧板；

（2）分别改变切削轮与铣架的角度。

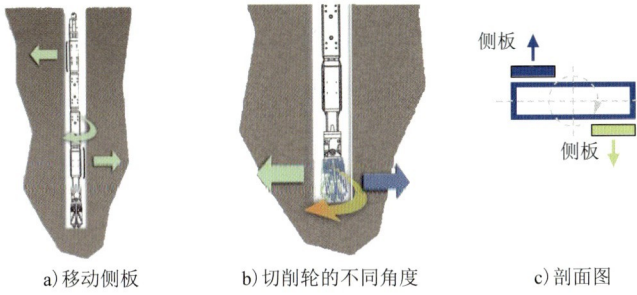

a）移动侧板　　b）切削轮的不同角度　　c）剖面图

图 9-13　通过移动侧板和分别改变切削轮与铣架的角度纠偏

五、铣槽机成槽常见事故及处理

1. 导墙变形及破坏

1）主要原因

（1）导墙的设计强度或刚度不足；

（2）导墙底部的地层不稳，发生坍塌或受到淘刷破坏；

（3）作用于导墙的荷载过大；

（4）导墙没有设置支撑或支撑遭受破坏。

2）预防措施

（1）根据地基土的性质及导墙的荷载大小、作用方式等，做好导墙的设计和施工，对导墙地基进行加固处理，达到必要的承载力；

（2）在布置铣槽机时，尽可能使作用在导墙上的荷载分散在较广的作业地面上；

（3）在作业过程中，避免铣削机架冲撞导墙，必要时对导墙设置支撑，并保证其具有足够的强度。

3）应急处理措施

当导墙变形不大且尚未断裂时，可采取加强顶撑、减少荷载、用钢梁加固、用塑性混凝土等低强度材料封堵导墙底部等措施处理。

当导墙变形过大或已断裂时，一般应回填槽孔，将已变形、破坏部位的导墙拆除，重新建造导墙。当槽孔深度较大且接近完成时发生局部导墙破坏，为减少工期和经济损失，也可不回填槽孔，不恢复破坏部位的导墙，而采用沿墙轴方向架设大型型钢的方法继续施工。

2. 槽壁坍塌

1）主要原因

（1）槽内泥浆漏失或泥浆循环时未能及时补充泥浆，槽内泥浆液面降至安全范围以下，导致泥浆静水压力过小；

（2）泥浆性能不适应地质情况或泥浆质量差，无法起到固壁作用；

（3）施工作业平台过低，地下水位过高或地下水流速过大；

（4）地层松散、软弱，而未进行有效处理；

（5）在处理地下障碍物时，所用方法不当；

（6）每次铣削的单元槽段划分过长；

（7）槽孔周围地表荷载过大或振动力过大；

（8）槽孔施工时间过长或成槽后得不到及时浇筑。

2）预防措施

（1）修筑施工平台前加密松散地基，提高其抗剪强度，特别是孔口以下 6m 以内的土体；

（2）导墙要牢固，能承受各种施工荷载，发生塌孔时导墙不会断裂；

（3）对槽孔划分要因地制宜具有针对性，在地层稳定性较差和渗漏量较大的部位采用较短的槽孔；

（4）采用适当的泥浆性能指标，保证泥浆的质量，防止废水流入槽内，储备足够的泥浆和堵漏材料，发生大量漏浆时，及时堵漏和补浆，避免槽内浆面下降过多；

（5）保证孔口至少高于地下水位 2m；

（6）未完成的槽孔长时间搁置时，应回填黏土。

3）应急处理措施

发生槽孔坍塌且导墙断裂，孔深较小时应回填槽孔，拆除原有导墙，加固孔口土体后重建新导墙。槽孔坍塌但导墙尚未断裂时，一般可采用下述方法处理：

（1）紧贴导墙外缘每隔断 20～30cm 向下斜插钢筋或钢管，并打入坍孔形成的斜坡体内，然后用袋装土封堵塌坑下部,用混凝土封堵塌坑上部。

（2）沿墙轴方向跨过塌坑铺设型钢支承造孔设备,减轻导墙的荷载。

（3）孔深较小时也可回填槽孔,下部用土料或砂砾料回填,上部用低强度等级的混凝土或固化灰浆回填,然后重新开孔。必要时重新划分槽孔,缩短槽孔长度。

3. 槽孔漏浆

1）主要原因

（1）地层较松散,在砂砾石、大漂石等地层中存在较大空隙；

（2）铣削地段的基岩中存在溶洞、溶槽、断层、裂隙等渗漏通道；

（3）地层中存在长期渗漏、管涌造成的集中渗漏通道；

（4）泥浆的防渗性能差,达不到必要的性能指标。

2）预防措施

（1）为防止槽孔漏浆,可对槽孔两侧一定深度内的土体进行振冲加密,在槽孔两侧预先进行高压喷射注浆或水泥灌浆,并使用防渗性能良好、黏度较大的固壁泥浆；

（2）在松散、漏失地层中钻进,应随时向孔内投入适量黏土并少抽砂,以增加孔底泥浆的稠度；

（3）漏失地层中单槽的主孔未打完时不得劈打副孔。

3）应急处理措施

发生大量漏浆时应立即提升铣槽机头,中断造铣孔,迅速向槽孔内补充泥浆,保持浆面高度不低于导墙底部,并在泥浆中掺加膨润土、粉煤灰、锯末、棉子壳、纸屑、麻屑、人造纤维等堵漏材料。同时向孔底投放黏土、水泥、砂、碎石、黏土球等堵漏材料。

4. 槽孔倾斜

1）主要原因

（1）铣槽机成槽前就位不正或安放不稳；

（2）铣槽过程中遇到地层极不均匀、强度差异极大或陡坡岩面；

（3）铣削混凝土接头孔时混凝土强度过高；

（4）铣削操作不当,开孔不正,放绳过多,进尺过快。

2）预防措施

（1）保证施工平台的修筑质量和铣槽机的安置就位准确平稳,槽孔铣削开始前要在槽口放置导向架,并根据地质情况调整好铣削进给速度,必要时使用X、Y两个方向的纠偏板进行方向纠偏；

（2）经常检查孔斜情况,发现问题及时处理。

3）应急处理措施

孔斜超标严重时,一般需回填孔斜段后重新铣孔。回填材料可用较坚硬的块石或低强度等级的混凝土。重新铣孔时,须向与孔斜相反的方向适当移动铣孔中心,并注意轻打慢放,随时检查修孔效果,直至满足垂直度要求；如有倾斜,可利用液压铣槽机的测斜纠偏装置进行纠偏。

5. 铣削机头槽内卡阻

1) 主要原因

（1）停止铣削时，铣削头没有按照规定要求及时提出槽孔，以致槽孔泥浆中的钻渣沉淀时将钻具卡住；

（2）地层中可能存在较多的漂石和块石；

（3）铣削头铣削过程中，上部孔壁可能掉落石块；

（4）铣削头的形状和结构存在较大变形或失衡。

2) 预防措施

（1）停止铣削时须将铣削机头提出孔外，至少提离孔底2m；

（2）及时处理孔内的漂石、块石或障碍物；

（3）铣削作业进给速度不要过快，保持孔形垂直和规则，检查铣刀架的形状和尺寸是否存在变形，必要时进行修整；

（4）当有塌孔迹象时，要尽快将铣削头提出孔口，以防卡阻或被掩埋。

3) 应急处理措施

查明铣削头卡阻的原因，确定适当的处理方法，避免处理不当损伤钢丝绳和铣刀架。如果机头卡阻是由于泥浆中钻渣沉淀造成的，则可采用高压射水装置和空气升压法清除铣削头四周的渣土。若由于铣孔弯曲造成卡阻，则可采用纠偏板交替伸缩摆动，使被卡铣头脱离孔壁。在承载力许可的范围内用滑轮组或千斤顶增力提拉铣削头。

六、双轮铣成槽效果

在九号线的车站中，仅花城路站采用双轮铣成槽机施工地下连续墙，其他车站均采用抓槽机结合冲击钻破岩成槽。经对比，花城路站连续墙采用双轮铣成槽的工效更高、连续墙垂直度控制更好，开挖后连续墙表面更平顺、连续墙接缝渗漏情况非常少，连续墙的施工质量总体更好，双轮铣成槽在灰岩地层中优势非常明显。广州地铁后续在"十三五"规划期的新线中全面推广采用双轮铣成槽机施工岩层中的地下连续墙。

第三节 地下连续墙辅助成槽技术

在岩溶区施作地下连续墙易发生冲孔偏孔严重的问题。本节对九号线马鞍山公园站岩溶发育区明挖法车站施工中地下连续墙成槽效率低及冲孔偏孔严重问题进行分析，并对采取的相关辅助成槽技术予以介绍。

一、工程概况

马鞍山公园站全长 259.7m,标准段宽 18.7m,主体结构为地下两层双跨结构,车站采用 10m 岛式站台,线间距为 13m,共设 4 个出入口,2 组风亭。本站主体围护结构采用 800mm 厚连续墙,接口采用 H 型钢板 +2 根 $\phi600$ 双管旋喷桩作为止水帷幕,主体围护结构地下连续墙共计 103 幅。

车站地质剖面图如图 9-14 所示。溶(土)洞发育,详细勘察阶段见洞率为 7%,地质补充勘察("一槽两钻")阶段见洞率为 37%。初见水位埋深约 2m,稳定水位埋深 1.90～4.30m。在每幅地下连续墙成槽施工前,按照设计图纸要求均施工了 2 个超前地质钻孔。经统计,入岩深度超过 6m 的有 46 幅,入岩深度超过 10m 的有 14 幅,地下连续墙入岩最大深度为 15.64m。

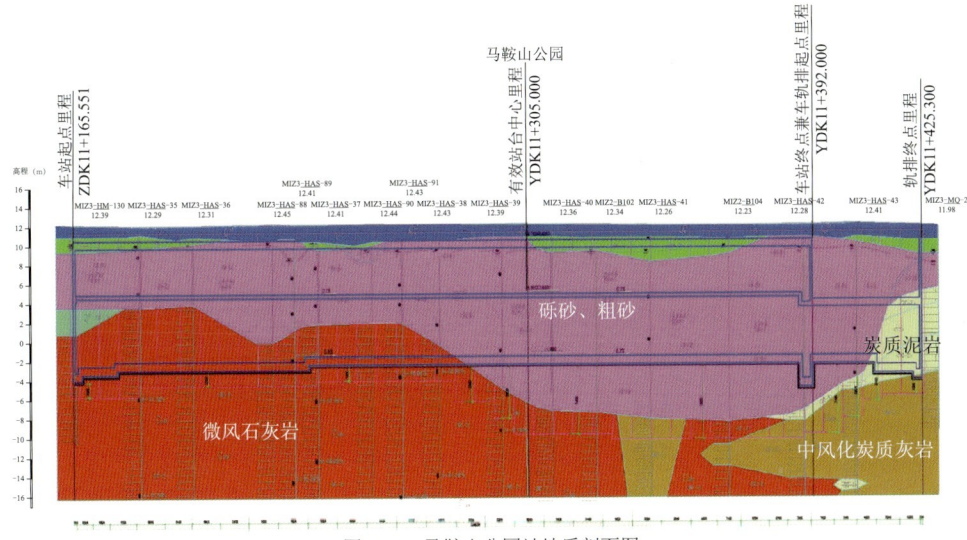

图 9-14 马鞍山公园站地质剖面图

二、地下连续墙施工情况

该站地下连续墙主要采用成槽机抓槽与冲桩机破岩相结合的方法。历时 292d 完成全部地下连续墙的施工,平均每幅墙的施工时间为 30d。地下连续墙成槽困难,冲孔偏孔严重,造成施工时间较长,最长的一幅槽段成槽耗时 89d;地下连续墙混凝土灌注充盈系数较高,均大于 1.1,最大的一幅地下连续墙充盈系数达 1.66,混凝土超方严重。

岩面起伏较大是导致地下连续墙施工过程中冲孔成槽困难与偏孔严重的主要原因。

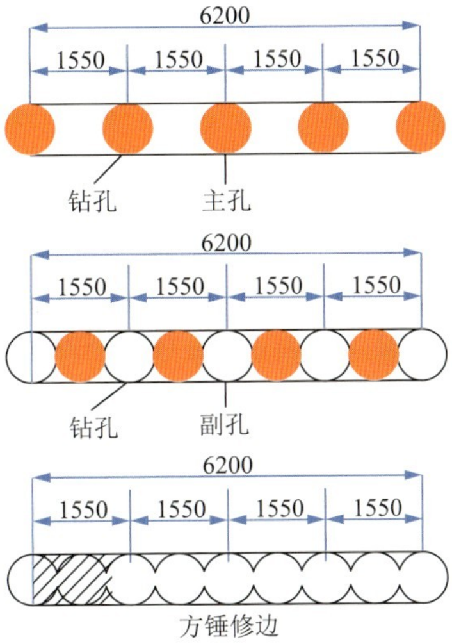

图 9-15 连续墙内梅花形钻孔布孔图(尺寸单位:mm)

三、辅助措施

针对成槽效率低及冲孔偏孔严重的问题,经研究决定在冲孔施工前对每幅槽段主孔进行梅花形钻孔,以增加临空面,提前将岩石破碎,起到有利于冲孔冲进的作用,如图9-15和图9-16所示。

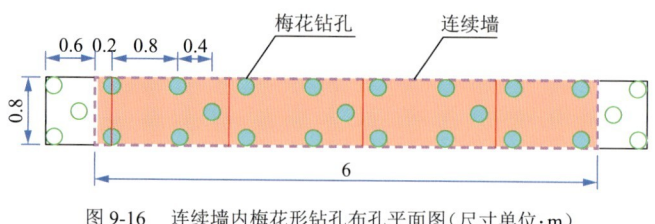

图9-16 连续墙内梅花形钻孔布孔平面图(尺寸单位:m)

四、效果

对马鞍山公园站的14幅地下连续墙采用了增加梅花形钻孔的辅助措施,通过对此部分地下连续墙施工效率的分析,每幅墙的施工工期约节约1/7的时间,经过现场调查,冲孔进尺效率无明显提高,但偏孔率明显降低,节约的时间主要是处理偏孔的时间。

第四节 地下连续墙施工期间岩溶塌陷处理技术

一、工程概况

莲塘村站位于广州花都区商业大道以南约200m,车站沿迎宾大道呈南北延伸。车站总长度218.2m。车站类型为明挖地下两层岛式车站,车站主体结构标准段宽度19.7m,顶板埋深约2.0m,底板埋深约16.1m。

车站主体围护结构采用800mm厚C30水下混凝土地下连续墙,幅宽一般为5m。连续墙接头采用ϕ600双重管旋喷桩做止水处理。车站标准段设2道C30混凝土对撑加1道钢支撑,端头部位采用3道C30混凝土斜撑。

本车站位于广花盆地隐伏岩溶区,基岩主要由灰岩组成,溶洞发育比较强烈。岩溶类型主要为埋藏型岩溶,发育特点复杂,与岩性、地形地貌、地质构造、岩层产状、地下水活动规律等诸多因素有关,其形态各异,可表现为溶沟、溶槽、溶隙、溶洞等。岩溶的分布在纵横向上变化较大,规律性差,呈单一或多层状,揭露的溶洞呈无填充或半填充状态,多充填黏性土及灰岩碎块,在钻探过程中经常出现掉钻、漏水等现象。施工单位进场后进行了超前钻补充勘察,钻孔为192个,共有128个钻孔揭露溶(土)洞,总见洞率66.7%。其中,揭露发育溶洞的钻孔为95个,溶洞见洞率为45.9%,有20个钻孔揭露两层溶洞,占揭露溶洞钻孔的21.5%,说明场地内溶洞发育强烈。揭露土洞的钻孔为51个,土洞见洞率26.6%,土洞大部分发育在岩石层面附近,呈无充填或半充填状态,充填物为流塑状粉质黏土。

二、岩溶塌陷及处置情况

2013年11月18日凌晨,车站工地东侧围墙外房地产项目基坑中部发生坍塌,2台正进行冲孔作业的桩机陷入坑内(见图9-17)。上午7:30,车站基坑西侧钢筋堆放场位置也发生地面塌陷,塌陷范围为直径约13.5m、深约5m的类椭圆形状深坑(见图9-18),距离B17连续墙约6m。塌陷发生时,本车站正在施工地下连续墙,尚未开挖基坑,塌陷发生后连续墙施工现场无异常。

图9-17 邻近房地产项目发生塌陷

图9-18 基坑西侧发生塌陷

塌陷发生后第一时间对附近人员进行了疏散,并对塌陷区域进行了警戒。由于塌陷区域位于临迁管线上方,涉及的管线有通信、煤气(DN500)及供水(DN1000)等,经各管线单位现场检查后确认正常,仅通信电缆的PVC外壳有不同程度的破碎,也得到了及时修复(见图9-19)。对危险性最大的煤气管采用30t起重机临时吊住并临时断气直至第二天凌晨回填完成(见图9-20),经与煤气管线单位沟通后在确保安全的情况下再撤除起重机。

图9-19 通信管线修复

图9-20 塌陷区管线位置回填

三、塌陷原因分析

1. 塌陷处岩溶发育强烈

根据详细勘察报告引用的原马鞍山公园站—清布站区间钻孔资料,结合莲塘村站补充勘察报告的钻孔资料,可以确定塌方处周边岩溶发育强烈。塌方区域外6m处B17槽段对应超前钻MIZ4-LTC-157钻孔显示,19m处有洞高3m的土洞;B15、B14、B13槽段下方均有溶洞;11月23～24日通过坍塌后补充勘察发现塌陷区域有一个4m高的土洞。原马鞍山公园站—清布站在塌方处附近的钻孔 311-4MQ091-119 剖面连线揭露,深度在 20～26m 处有溶(土)洞,最大洞高为 3.4m。

2. 连续墙施工、旱季地下水位下降及邻近房地产项目地基施工的影响

本项目在连续墙成槽施工中采用冲孔方法,在冲孔过程中由于振动较大,对周边地层有一定影响;另外,塌陷区域部分位于施工通道上,常有大型设备在其上行走,对地层附加压力较大。

水位下降对此次土洞塌陷也有一定影响。11 月份广州正处于旱季,地下水位较低;附近的房地产项目基坑从 9 月份开始大量抽取基坑内地下水以便桩基施工。经查验,其基坑水位与塌陷区域水位基本一致。

综上,可以判断是由于邻近房地产项目工程未提前处理岩溶风险,桩基施工打破溶(土)洞平衡引发坍塌。同时,两个工程项目场地紧邻,地下岩溶裂隙可能相互连通,进而触发了地铁车站连续墙外侧下伏土洞的塌陷。

第十章 明挖法车站基坑施工技术

岩溶发育千变万化，无规律可循。由于岩溶发育存在很大程度的不均匀性，其岩溶水的赋水性也是不均匀的，水文地质条件变得非常复杂。在岩溶发育区，水量非常丰富，岩溶水通过溶洞、溶蚀裂隙、构造破碎带等通道连通，影响范围非常广。施工过程中若遇到溶洞、土洞、断裂破碎带，其水量有时大到难以估算，容易发生突水。由于岩溶发育的复杂性，即使经过预注浆填充处理，仍有可能存在未完全探明或未处理到位的溶洞，在基坑开挖过程中依然会有突涌水的风险。九号线部分车站基坑开挖时也发生了基坑涌水现象，但由于在勘察设计阶段对岩溶风险有足够重视，采取了有效措施，同时在施工期间应对有方，才未酿成大的事故。本章主要对九号线车站基坑工程施工过程中出现的异常现象及其处理技术进行总结。

第一节 花都广场站基坑施工案例

一、工程概况

花都广场站呈"一"字形设置于迎宾大道与天贵路交叉口下方。车站为地下两层双跨矩形框架结构，外包长度为277.00m，标准段宽19.70m，围护结构设计采用800mm厚地下连续墙。

车站西侧紧邻田美河，场地处于冲洪积平原，下伏基岩为灰岩及炭质灰岩，局部夹炭质薄层，溶（土）洞发育。详细勘察阶段总钻孔162个（含利用钻孔），其中71个钻孔见有溶（土）洞，见洞率为43.8%。花都广场站地处田美河控制的冲洪积平原，田美河穿越车站西北部，砂层厚度大,透水性好,地下水丰富。

二、基底涌水情况

2014年7月20日在第八单元爆破过程中发现从基底涌出地下水(见图10-1的涌水点1),清理完表面碎石后发现一个直径110mm人工钻成的孔洞,推测此孔洞为地质勘察孔,经查阅地质补充勘察资料,确定此孔的编号为MIZ3-HDGC-085。现场对此涌水点采取了木楔棉被封堵的措施,即在涌水的孔口塞上棉胎,用挖机把100mm×100mm的方木塞进涌水孔洞内1.4m深度,此涌水点不再涌水。

2014年8月1日在第八单元爆破施工中,在距离地下连续墙WS25与WS26接缝1.8m处的基底发现涌水(见图10-1的涌水点2),现场实测涌水量为15m³/h。经勘查,此处水流是从岩石的缝隙中流出的。把上面的岩石清除后,发现岩石缝隙下有溶洞,并从溶洞内取出掺杂水泥浆和砂的掺合物(见图10-2)。随后在涌水处采取了木楔棉被封堵的措施,再用沙袋堆载反压来控制砂土流失、减小涌水量,经处理后涌水量控制在7m³/h左右。

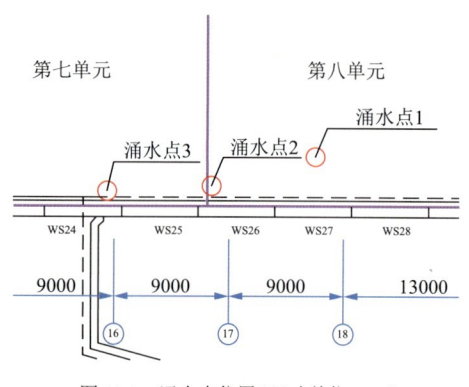 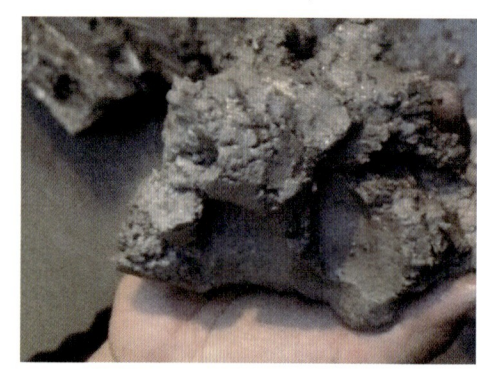

图10-1 涌水点位置(尺寸单位:mm)   图10-2 从溶洞内取出的掺合物

2014年8月17日进行了第七单元地下连续墙WS24附近的砂层开挖,8月18日凌晨6:50左右发现了距离地下连续墙WS24与WS25的接缝1.4m处有涌水涌砂现象(见图10-1的涌水点3),现场人员用钢筋探入涌水点2.4m仍未触及到岩面。对涌水点3也采取了木楔棉被封堵措施,再用沙袋堆载反压控制砂土流失、减少涌水量,随后仅有少量清水从反压的沙袋缝隙中流出。

三处涌水点当时均已开挖到基底,涌水点1已完全封堵住,涌水点2、3仍有清水流出但并无掺杂砂,涌水总量约为9m³/h。

三、原因分析

结合溶洞处理过程中的探孔情况,涌水点2和涌水点3相对于溶洞及地下连续墙的位置如图10-3所示。

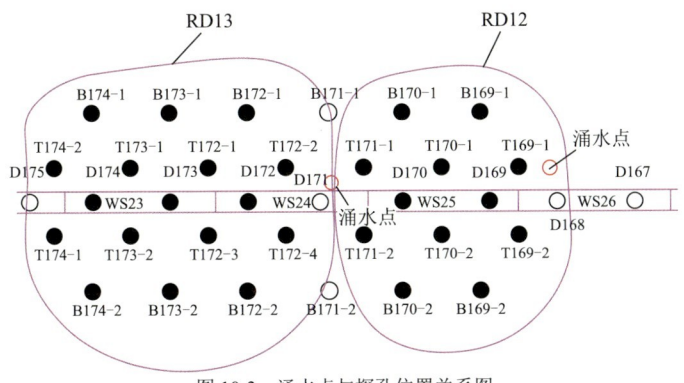

图 10-3 涌水点与探孔位置关系图

根据现场实际情况,在爆破施工过程中可能破坏了溶洞所在位置的岩层,产生了涌水点 2;当发现涌水点 3(见图 10-4)开始涌水后可以明显地看到涌水点 2 的水流减小了,涌水点 2 和 3 所处的溶洞应该是串通的,当未开挖涌水点 3 周边的砂层时,其覆土压力可以抵抗溶洞内的水头,故未发生基底涌水现象。当涌水点 3 周边的砂层被开挖掉后,其覆土压力不足以抵抗溶洞内的水头,进而产生了基底突涌的险情(见图 10-5)。

图 10-4 涌水点 3 的涌水情况

图 10-5 基底涌水情况

因为设计要求仅对地下连续墙内外 3m 范围内的溶洞进行处理,故存在溶洞处理不彻底的可能性,而且花都广场站岩层较破碎、裂隙较多,在爆破施工过程中又难免对溶洞所在位置的岩层有所扰动,因此很容易产生渗水通道。

四、后续处理措施

发生基底涌水现象后,决定采取以下措施进行封堵:

(1)在地下连续墙 WS23 ~ WS26 范围内预埋注浆孔扫孔,扫到墙底后引孔至 28m,然后采用袖阀管进行注浆。共完成 8 个孔的注浆。

（2）在地下连续墙外侧 3m 范围内布置两排注浆孔,孔深至地下连续墙底 5m,下袖阀管进行注浆。经过基坑外注浆,涌水量逐步减少,最终渗涌水通道被彻底封堵。

第二节　广州北站基坑施工案例

一、工程概况

广州北站主体结构基坑长度 539.0m,标准段宽度 24.9m,基坑开挖深度 16.09～18.53m,设计采用 800mm 厚地下连续墙作为围护结构。

车站上覆第四系地层主要为砂层和黏性土层;下伏基岩为石炭系石磴子组地层,主要岩性为灰岩。广州北站基岩溶(土)洞及裂隙非常发育,根据详细勘察钻孔揭露见洞率为 64.3%;根据车站围护结构连续墙"一槽两钻"勘察成果,共完成钻孔 396 个。其中,揭露溶(土)洞的钻孔 282 个,见洞率为 71.2%;揭露双层以上溶(土)洞钻孔数 93 个,达总钻孔数的 23.5%。溶(土)洞内多为无填充状态,岩溶裂隙的连通性好,岩溶水具有一定的承压性。基坑开挖揭露的基岩发育情况如图 10-6 所示。

图 10-6　基坑开挖

二、基坑涌水情况

九号线广州北站基坑施工期间共发生两次较大的涌水:

（1）东端 ㉒～㉓ 轴之间岩层开挖时发生涌水,涌水点开挖深度为 15m,开挖面为全～强风化岩层。

（2）东端基底面岩层发现一处涌水点，涌水点开挖深度为18.8m，开挖面为微风化岩层。

三、基坑涌水原因分析

1）核查"一槽两钻"设计与施工

经检查，广州北站"一槽两钻"施工按设计要求实施。

2）核查溶（土）洞处理设计与施工

根据溶（土）洞处理原则检查广州北站溶（土）洞处理施工验收记录以及检测报告等相关资料，广州北站溶（土）洞处理施工按设计要求实施，如图10-7所示。

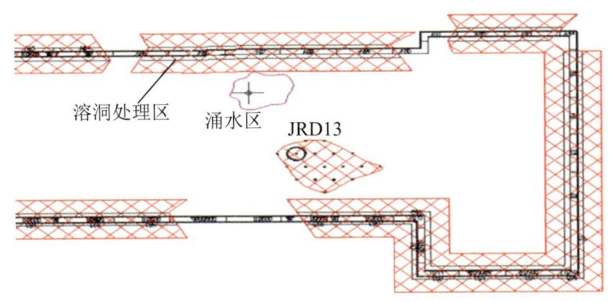

图10-7 溶（土）洞处理示意图

3）核查相关地下连续墙设计与施工

地下连续墙按照较深的插入深度控制，如图10-8所示。

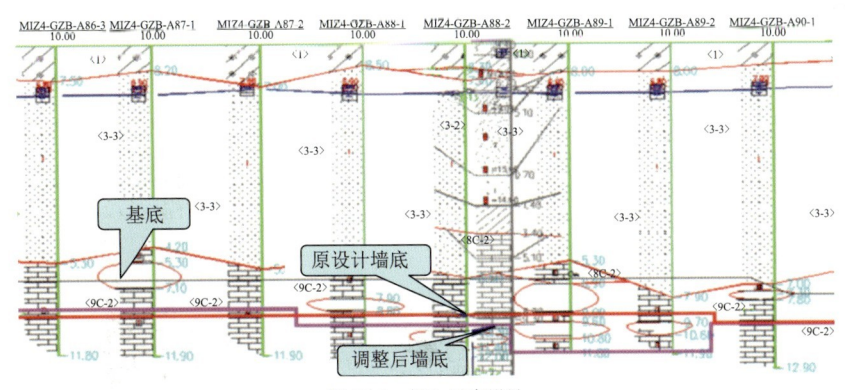

图10-8 插入深度设计

4）涌水通道探查及原因

设置探查孔如图10-9所示，内排距离连续墙边2.3m，外排距离连续墙边3.8m。经过对现场情况和技术资料调查分析得出：在A87～A89号地下连续墙底约12m宽度范围内，存在沿基岩裂隙、溶（土）洞等形成的过水通道，基坑外对应位置的两排探查孔揭示的通道深度在地面以下22.3～24.5m范围内（即连续墙底0.3～4.85m）。

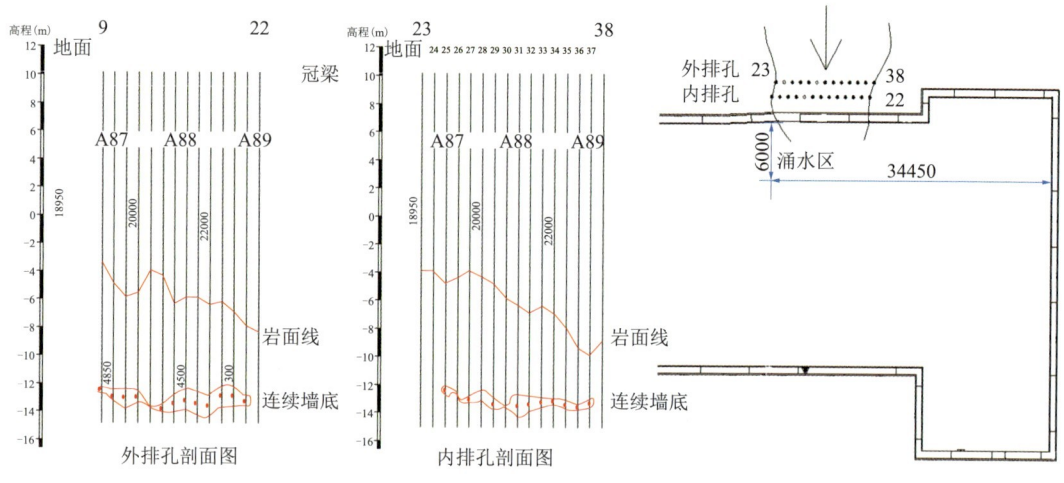

图 10-9 探查孔设置示意图（尺寸单位：mm）

四、基坑突涌水处理措施

1. 加密监测

对基坑及周边建（构）筑物均按 2 次 /d 的频率监测，其中水位监测项目均按 4 次 /d 的频率监测。

监测结果：涌水后第二天，除 A7 房的沉降观测点变化较大（下沉 3mm，累计 9.3mm，未报警）外，其他各项监测数据较涌水前无异常变化。

水位变化情况：涌水第二天上午监测地下水位，涌水点附近的水位最大下降 90cm，到地面以下 2.35m，之后各监测点变化平稳，未发生报警情况。

2. 涌水点处置

对涌水区的其他出水点楔入木桩进行封堵，控制砂土流失，且在涌水区的主出水点处安装 2m 深 ϕ1000 钢管降水井，周边换填碎石并浇筑 30cm 厚 C30 混凝土，控制砂土流失并抽排积水。

3. 涌水量测算

采用水表对抽出的水量进行精确计量，测得基坑涌水量为 85m³/h，平均每天的涌水量为 2040m³；停泵后基坑内水面上升至 3～7m 高，浸水面积约 2400m²，水量约 12000m³。后按照处理方案进行处理，间歇性开启 3 台泵抽水，每次排水 400～500m³，进行效果检验。

4. 沙袋、蓄水反压

沙袋或蓄水反压处理如图 10-10 和图 10-11 所示。

5. 素桩帷幕封堵

根据探明的涌水通道，在探明的 12m 宽度范围均匀布置 7 根 ϕ800 的 C30 素桩，桩间距 1500mm，桩深 25m，分两期实施，如图 10-12 所示，后实际施工 5 根。

第十章 明挖法车站基坑施工技术

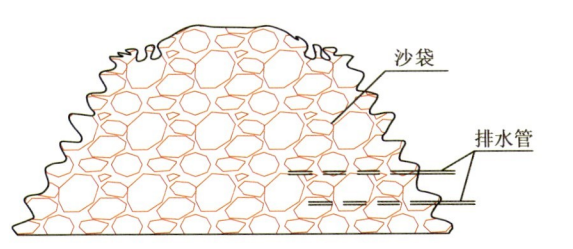
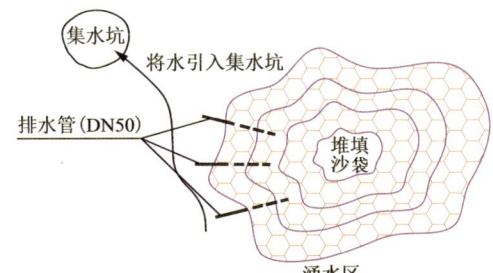

图 10-10 沙袋反压

图 10-11 蓄水反压

桩位	岩面深度(m)	终孔深(m)	护筒长度(m)	浇筑量(m³)	异 常 情 况
1号	13.2	19.5	13.5	20	22.5m深发生漏浆塌孔,回填后继续冲,到23m深发生严重漏浆塌孔,为控制塌孔,最后在19.5m深浇筑混凝土
2号	13.6	25	13.5	20	22.5m处发生漏浆塌孔,回填后冲到孔底
3号	13.1	25	13.5	20	
4号	13.5	25	13.5	26	
8号	13.3	25	17	20	冲到22.8m深时地面出现塌陷,冲到24m深时,地面严重塌方,回填40m³土,之后加长护筒深度冲至孔底

图 10-12 素桩封堵

6. 高压注浆封堵

在涌水点连续墙 A87～A89 槽段与已实施的素桩之间 1.1m（基坑宽度方向）×12m（基坑长度方向）范围实施钻孔注浆，钻孔按 1m×1m 间距梅花形布置，钻孔深度按 A89 槽段（槽底设计标高 -11.7m）以下 5m 的原则控制。现场实际完成 29 个钻孔，钻孔平面布置如图 10-13 所示。图中，注浆钻孔编号为 A、B、BK、NZK，编号 C 为地质补充勘察钻孔。

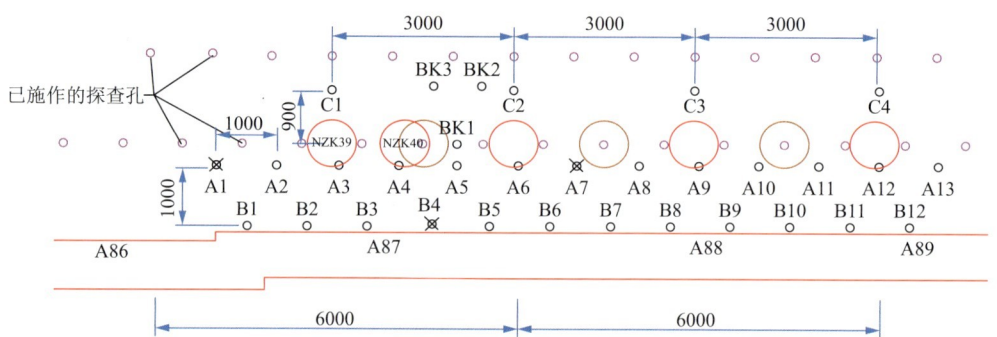

图 10-13　高压注浆位置图（尺寸单位：mm）

素桩完成 25d 后改为大压力高流量注浆，注浆压力 3MPa 以内，流量 110L/min 以内。7d 后涌水量得到明显控制，由初始 45m³/h 减少到 5m³/h 以内。后现场停止注双液浆，采用小功率注浆泵注单液浆，控制注浆压力在 0.8MPa 以内，最后涌水位置无明水流出。

五、效果

本次涌水治理时间较长，涌水之初采取的应对方法存在以下问题：

（1）发现涌水后，未详细分析实际情况，凭经验在涌水点上埋设降水井管，并投入 10 台泵进行抽排水，未取得预期效果，涌水量反而增大。

（2）探查孔采用潜孔锤施工，未能采取地质芯样，仅凭潜孔锤、涌水点的异动和潜孔钻机操作人员的经验判断地下溶（土）洞情况，结论精确度低，且无法判别地下基岩裂隙的发育情况。钻孔应采用地质钻机抽芯取样，进一步对涌水通道情况进行分析。

（3）初期涌水速度不大的情况下，未及时有效开展注浆控制涌水。

总结经验如下：

（1）深层溶（土）洞承压水发生涌水时，涌水量大，速度快，需及时回填沙袋或者回灌水进行反压，平衡水头差。

（2）涌水通道尺寸大、涌水量大时，直接灌注浆液无法取得良好效果，可通过素桩灌注混凝土对涌水通道进行初步封堵，减少通道尺寸，降低涌水量。

（3）注浆处理先利用双液浆快速凝固的特点封堵通道，再灌注单液浆，单液浆在固结后具备抵抗水头差压力的强度。

（4）双液浆灌注前要根据具体注浆方式调整好浆液配比，使浆液注入后能快速凝固，但不会在注浆管中凝固，确保注浆能够有效实施。

（5）涌水通道未彻底封堵前，注浆量要根据涌水通道的大小以及涌水速度的缓急程度进行估算，确保灌入的浆液量远大于涌出的流水量。

第三节　马鞍山公园站基坑施工案例

一、工程概况

马鞍山公园站呈"一"字形设置于迎宾大道下方，马鞍山公园北侧。车站外包总长为259.70m，标准段宽18.70m，采用800mm厚地下连续墙作为围护结构。

站址处自上而下依次为〈1〉素填土层、〈4-1〉粉质黏土、〈3-3〉含黏性土砾砂、〈9C-2〉石灰岩。车站主体绝大部分位于含黏性土砾砂中，底板持力层为砾砂或者石灰岩。

二、车站主体基坑地下连续墙接缝涌水涌砂处理

1. 涌水情况

2013年7月8日，地下连续墙WE32与WE33槽段接缝处发生涌水涌砂现象（见图10-14），即第三道钢支撑下约50cm处，当时水量较大。在30min内涌出砂量约120m³，造成地面塌陷面积约10m×10m，深度最深处约4m（见图10-15）。

2. 应急处置

1）地面回填

为防止险情进一步扩大，采用混凝土回填地面塌陷处，安排人员查勘周边地面及道路情况。

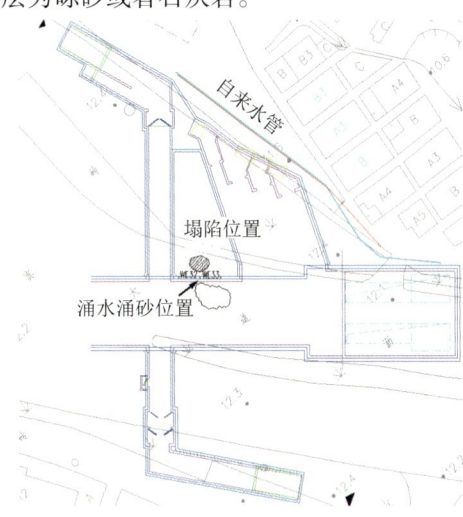

图10-14　漏水点位置图

图 10-15 地面塌陷情况

2）沙袋反压

沙袋的叠码以突涌点为中心，最底下一层直径约 8m 的半圆阶梯形错口叠码。当沙袋叠码到突涌处时，用钢管引流，钢管出水口位于沙袋外。然后继续叠沙袋，直至高于漏水口约 50cm（见图 10-16）。

在钢管出水口处和沙袋缝隙处基本无砂流出后，涌水涌砂险情得到初步控制。为了增加反压荷载，利用挖掘机将沙子堆到沙袋上，压住沙袋，再铺上彩条布（见图 10-17）。

图 10-16 坑内堆码沙袋　　　　　图 10-17 坑内反压后效果

3）加密监测

通过连续观测，基坑围护结构连续墙顶部位移及连续墙内部测斜、周边建筑物沉降变化值均不大，未超过报警值。其中，测斜最大变化量为 CX20 点 0.5m 处 2.58mm，顶部位移最大变化量为 S024 点 1.17mm，周边建筑物沉降最大变化量为 A005-3 点 1.54mm。基坑及周边建筑物均处于稳定状况。

图 10-18 注浆布孔图

3. 后续处理

1）袖阀管注浆

在涌水点连续墙外侧布置袖阀管注浆孔 6 个，如图 10-18 所示。

袖阀管钻孔深度至岩面，为 17～21.5m。现场注浆为水泥浆,注浆压力 0.2~0.5MPa,或出现孔外冒浆或导墙缝冒浆时停止注浆。

此次注浆共用水泥 30t。在注浆完成 5d 后开挖基坑漏水处,开挖一半时发现还是漏水,只是漏水量没有之前突涌时大,同时伴有水泥浆流出。在检查漏水点时发现连续墙钢板接头处夹泥,约有 20cm 宽的一个孔洞,决定再用高压双管旋喷桩进行止水封堵。

2)旋喷桩施工

共设计两排 11 孔高压旋喷桩,桩位布置如图 10-19 所示。旋喷桩穿过砂层,到达岩面。在基坑漏水点位置旋喷桩喷浆时上下多次重复进行,注浆压力不小于 20MPa,提升速度 6~12cm/min,旋转速度 8~12r/min。此次旋喷桩共用水泥 55t。旋喷桩施工完成 7d 后再次开挖,发现还是有漏水情况,决定在地面连续墙顶紧靠连续墙侧钻孔补充双液浆注浆。

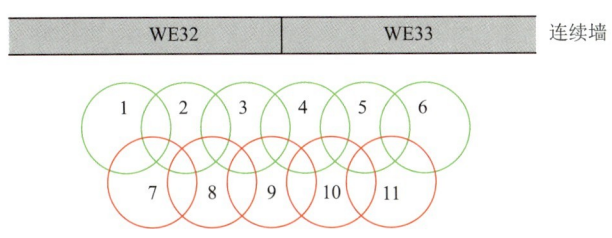

图 10-19 旋喷桩桩位布置图

3)补充注浆

此次补充注浆共施工两个孔,两孔位置为连续墙漏水接头处两侧,深度至岩面,然后在每个孔内下两条 DN40 的 PVC 管,一条注水泥浆,另一条注水玻璃,双液浆质量配比为水:水泥:水玻璃 =1:1:0.08。此次注双液浆共用水泥 30t,水玻璃 7t。注浆完成后,再次开挖时没有发生渗漏水现象。

4)钢板封堵

为防止水泥浆和旋喷桩水泥土混合物在侧压力作用下发生变形,确保不再发生突水,在漏水点加焊钢板(见图 10-20)。

图 10-20 钢板封堵施工

通过上述措施处理后,此次连续墙接缝处涌水涌砂险情得到了有效控制。

三、车站 B 端风亭基底涌水处理

1.涌水情况

马鞍山公园站 B 端风亭自上而下的地质为填土层、砂层、中风化灰岩层（局部夹杂强风化灰岩层），整个风亭基底处于〈3-3〉砾砂层中，基底下部至岩层存在 8～11m 厚的砂层。在 B 端风亭开挖过程中发现砂层渗水量较大，开挖极其困难，采用集中抽排配合长臂挖掘机才使第一单元勉强开挖见底，过程中发现基坑底部有多处渗水点，初步分析为砂层底部岩层裂隙的微承压水。开挖见底的第一单元基底砂层已全部液化，且此范围内有纵横交错的 7 根下翻梁需开挖，无法进行下一步施工。

B 端风亭停止抽水 10h 后水位上升了 1.4m（见图 10-21），根据面积计算总涌水 627m³，平均每小时约涌水 62m³。

图 10-21　马鞍山公园站 B 端风亭基坑涌水情况

2.处理措施

结合地质特点和抽排水试验，采取强降水措施，将水位降至底板以下，并优化底板结构，将反梁取消，快速封底完成结构施工。在基坑内增设 3 口降水井进行降水，降水井深度为基底下 2m，观测降水井抽水量并做详细记录，同时做好周边建（构）筑物、基坑测斜、地下水位的监测，监测数据稳定。

根据对 3 口降水井的抽排水量进行统计，1 号降水井每天的抽水时间约为 10h，排水量约为 320m³；2 号降水井每天的抽水时间约为 16h，排水量约为 500m³；3 号降水井 24h 不间断抽水，井内液面基本与开挖面持平，无明显下降，每天排水量约为 610m³。经计算，排水量为（320+500+610）÷24=60m³/h，与之前对涌水量的测算结果基本一致。

3.经验教训

分析原因认为，由于附属工程基坑较浅，设计时连续墙未嵌固入岩，亦未对附属工程范围内的岩溶进行预处理，故未能阻断岩溶裂隙承压水的渗流通道。后续施工的车站附属工程进一步加强了岩溶探查及岩溶预处理措施。

第四节 清布站基坑施工案例

一、工程概况

九号线清布站为地下两层岛式车站,覆土厚度 2.0～2.3m,标准段基坑开挖深度约为 15.3m。车站全长 476.2m,标准段宽 18.7m,车站主体结构采用双层双跨矩形框架结构。

清布站场区地层主要为二叠系下统栖霞组及石炭系上中统壶天群沉积岩层,第四系土层覆盖于基岩之上,地质纵断面如图 10-22 所示。地层岩性特征见表 10-1。

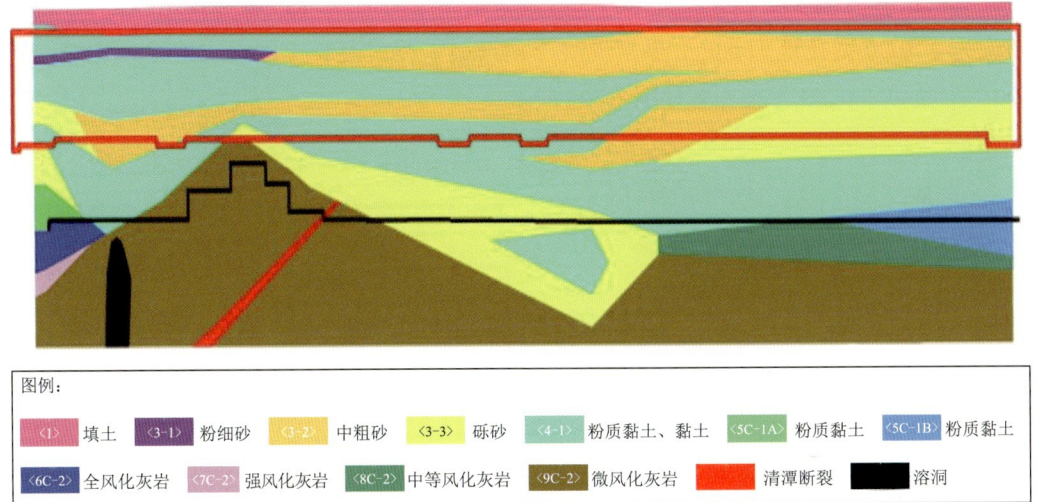

图 10-22 清布站地质纵断面图

地层岩性特征描述 表 10-1

序号	地 层	岩性特征
1	人工填土层（Q_4^{ml}）	主要由黏性土组成,局部为砂土或建筑垃圾等。层厚 1.10～4.30m,平均厚度 2.25m,顶部为沥青或混凝土路面。该层沿线有分布
2	粉细砂〈3-1〉	灰黄色、灰白等,饱和,呈稍密状态,局部呈松散状态,主要成分为石英质,不均匀混 10%～20% 黏性土。层厚 0.90～4.50m,平均厚度 2.09m
3	中粗砂〈3-2〉	灰白、灰黄、灰褐色,呈饱和、稍密状态,局部呈中密状态,主要成分为石英质,不均匀含 5%～15% 黏性土。层厚 0.60～13.10m,平均厚度 3.03m。该层分布较广泛
4	砾砂〈3-3〉	呈灰黄色、黄色、灰褐等,呈中密状,局部为稍密状,主要成分为石英质,不均匀含 5%～15% 黏性土,局部含有圆砾、卵石。层厚 0.50～20.60m,平均厚度 4.89m。该层沿线路分布广泛
5	粉质黏土〈4N-1〉	灰黄、灰白、褐黄等色,呈湿、硬塑状态,局部可塑状态,不均匀含少量砂。层厚 1.30～9.70m,平均厚度 5.81m。该仅局部地段分布
6	粉质黏土〈4N-3〉	呈褐红、灰白、褐黄等色。层厚 0.90～23.2m,平均厚度 4.99m。该层在场地内普遍分布
7	淤泥质黏土〈4-2B〉	呈深灰、灰黑色。层厚 1.50～5.4m,平均厚度 3.35m。该层呈零星分布
8	粉质黏土〈5C-1A〉	呈褐红、灰黑、褐黄色。层厚 1.1～19.9m,平均厚度 4.98m。该层主要分布在场地东南侧
9	粉质黏土〈5C-1B〉	呈褐红、灰黑、褐黄色。层厚 0.8～15.6m,平均厚度 4.6m。该层分布较为广泛

续上表

序号	地层	岩性特征
10	粉质黏土〈5C-2〉	呈灰褐、褐黄等色。层厚2.0～8.1m,平均厚度3.77m。该层主要分布在场地东侧及西侧
11	微风化灰岩〈9C-2〉	呈灰色、深灰色等,厚层状构造,坚硬。该层分布较为广泛
12	溶蚀充填物	呈褐黄、褐红、灰黑色等,由软塑局部为流塑的黏性土混15%～35%的粗砂组成或由松散～稍密状粗砂混少量软塑(局部为流塑)状态黏土组成,主要填充于土洞或溶洞中

车站围护结构为800mm厚连续墙+φ600旋喷桩止水(连续墙接头外侧采用2根φ600双管旋喷桩止水),连续墙标准段宽度为5m,接头采用工字钢。其中,受高压电线影响,局部围护结构为φ1000钻孔桩+600mm厚素混凝土连续墙。在素混凝土连续墙连接处外侧用2根φ600双管旋喷桩止水,平面布置如图10-23所示。

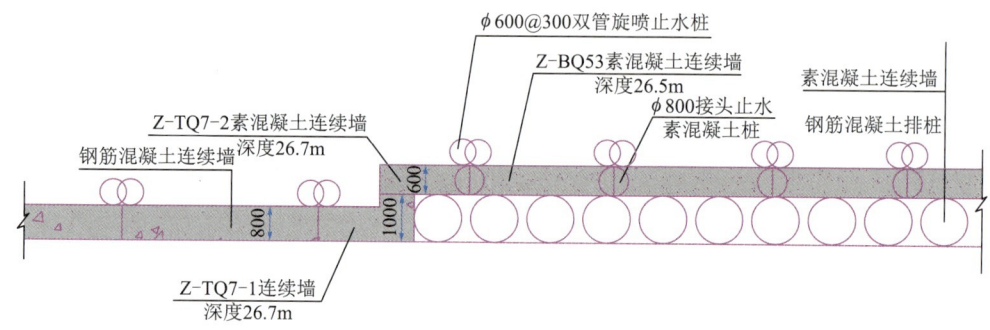

图10-23 素混凝土连续墙Z-TQ7-2与Z-BQ53位置图(尺寸单位:mm)

二、基坑开挖涌水情况及原因分析

2011年4月10日,清布站基坑开挖到高压线下第8～9号施工段之间,连续墙与冲孔桩连接处出现涌水,水质较清,含少量细砂。经在素混凝土连续墙外侧钻孔并投注颜料,发现有颜色的水从涌水口流出,从而确定了水的通道(见图10-24、图10-25)。

图10-24 涌水现场

图10-25 涌水封堵前

涌水原因分析为：

（1）素混凝土墙间清理不彻底，造成接头夹泥；

（2）素混凝土墙 Z-TQ7-2 与 Z-BQ53 接头间砂层较厚，2 根 ϕ600 双管旋喷桩止水未达到预期效果。

三、基坑涌水处理措施

1. 基坑内沙袋反压

（1）在涌水点埋设反滤层，防止泥沙流失；

（2）根据涌水量布置合适管径的引水管；

（3）用沙袋将涌水点反压封堵；

（4）往沙袋上喷射混凝土。

涌水处理如图 10-26 所示。

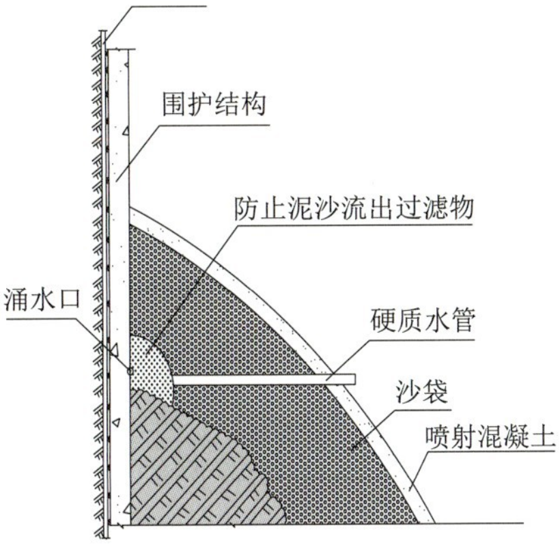

2. 基坑外地面注浆

图 10-26 涌水处理示意图

（1）注浆管深度进入不透水层 0.5m。当反压喷射混凝土达到强度后，在连续墙与素混凝土连续墙间的接缝处注双液浆（见图 10-27），引水管流出双液浆后停止注浆。

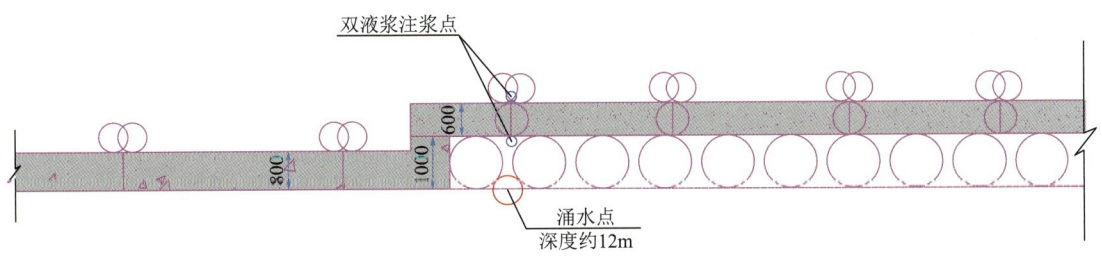

图 10-27 涌水处理平面图（尺寸单位：mm）

图 10-28 涌水封堵后

（2）待双液浆凝固后再进行第二次双液浆注入，注浆时控制注浆压力，当引水管流出双液浆后关闭引水管并停止注浆。根据情况进行反复注浆，引水管不流水即终止注浆。涌水封堵后情况如图 10-28 所示。

（3）双液浆凝固时间为 40 ~ 50s，注浆压力 1.2MPa，稳压 5min 后停止注浆。

3. 加强监测

基坑堵漏处理期间，对基坑水平位移、地下水位变化、周围建筑物、地表沉降增加监测频率，并进行巡视。

第五节 花都汽车城站基坑施工案例

一、工程概况

花都汽车城站站位处岩面较浅，岩面线沿线路方向坡度变化，埋深由西向东 14～24m，车站西侧部分底板已进入〈9C-2〉，其余部分则为〈4-1〉、〈5-1〉土层（局部进入〈3-2〉中粗砂层）。车站位于广花盆地，上部为第四系沉积物，下部基岩是石炭系灰岩，灰岩中溶洞发育强烈，见洞率达 87.5%。

车站主体围护结构采用 800mm 厚地下连续墙，基坑设置四道撑，第一道支撑为 800mm×1000mm 混凝土撑，第二道支撑为 1000mm×1000mm 混凝土撑，第三、四道支撑采用 $\phi 600\times 14$ 钢支撑。在每幅连续墙内预埋两个注浆管，注浆管采用钢管，伸出连续墙底部约 2.0m。

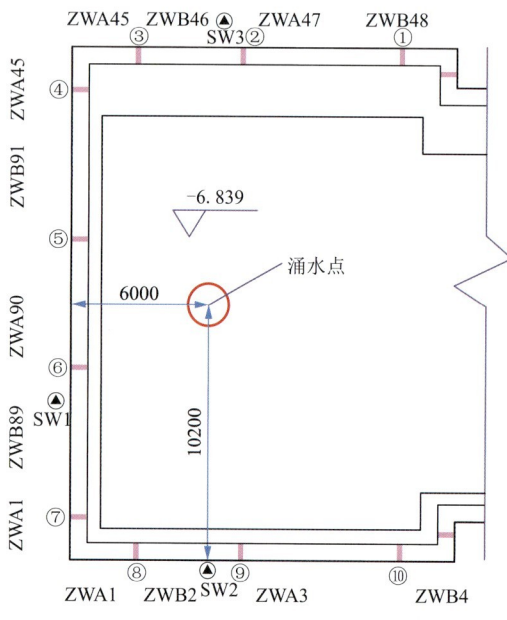

图 10-29 涌水点位置平面图（尺寸单位：mm）

二、基底涌水情况

1. 涌水情况

2013 年 6 月 6 日上午 9:50 发现花都汽车城站西端头开始涌水，为清水，水量较小；当天下午 18:30 开始涌砂，晚上 23:35 涌砂涌水停止；6 月 7 日，从凌晨 0:10 缓慢开始涌水，3:00 开始涌水量变大；8:00 发现带有草根的泥块涌出。涌水量约为 12m^3/h。

涌水点距南侧地下连续墙约 10.5m，距西端地下连续墙约 6m（见图 10-29）；此时土方挖至 15m，地面标高为 9.5m，基底垫层底标高为 -7.039m，涌水点距设计基底约 1.5m。

涌水点实况如图 10-30 所示。

图 10-30 涌水点实况

2. 水位监测情况

6月6日发现涌水时,监测孔 SW1 的水面在地面下 2.75m,下午 15:30,监测孔 SW1 水位下降 8.11m;6月7日早上 5:30,监测孔 SW1 的水位在地面下 3.2m;6月8日以后水位恢复正常。其余水位监测点水位均未发现明显变化。

三、原因分析

(1)地下连续墙槽段接缝处不密实,可能存在过水通道。

(2)地下连续墙内外溶洞发育,裂隙连通,虽然连续墙均已入岩,但基坑外侧地下承压水通过裂隙流入基底,造成涌水。

四、处理过程

基坑发生涌水后,在涌水点处理设竖向 ϕ108 钢管引流,周围用混凝土封堵,再回填沙袋,防止砂土涌出。同时,针对涌水原因制定注浆处理方案,处理流程为:地下连续墙接缝注浆→连续墙底注浆→基底注浆。

1. 地下连续墙接缝注浆

考虑到地下连续墙接缝不密实,可能存在过水通道,在接缝处紧贴地下连续墙钻孔,钻孔深为基底以下 6m,再下袖阀管。浆液选择水泥—水玻璃双液浆。对西端头 11 幅连续墙共计 10 个接缝进行了钻孔注浆。

注浆顺序为 5(6)→4(7)→3(8)→2(9)→1(10)。

2. 地下连续墙底部注浆

因车站连续墙接缝之前已经施工 3 根 ϕ600@500 旋喷桩,钻孔费时较长,且注浆压力较大,注浆效果明显不佳。与此同时,连续墙预埋注浆管开始注浆。

车站地下连续墙体每幅墙设计预留两根 ϕ108 注浆钢管,距连续墙底为 50cm。施工时利用地质钻机将此段混凝土钻穿,再钻至基底以下 3m,之后安设袖阀管,注水泥—水玻璃双液浆进行封堵,阻断基坑内外溶洞连通缝隙。钻孔共计 20 个(见图 10-31)。

3. 基底注浆

考虑到基底溶洞竖向裂隙发育强烈,需采用基底注浆方法封堵涌水通道。

在涌水点四周回填黏土反压,再浇筑混凝土,作为注浆平台,涌水点仍用钢管竖向引流。以涌水点为中心,在其四周以 2m×2m 梅花形布置钻孔,下管注浆。钻孔钻至基底以下 5m(-11.839m)。钻孔共计 50 个(见图 10-32)。

4. 墙外注浆

在涌水处理过程中,盾构区间溶(土)洞处理 R32-22 孔注浆时,浆液通过车站涌水点涌出。

第四篇 明挖工程技术

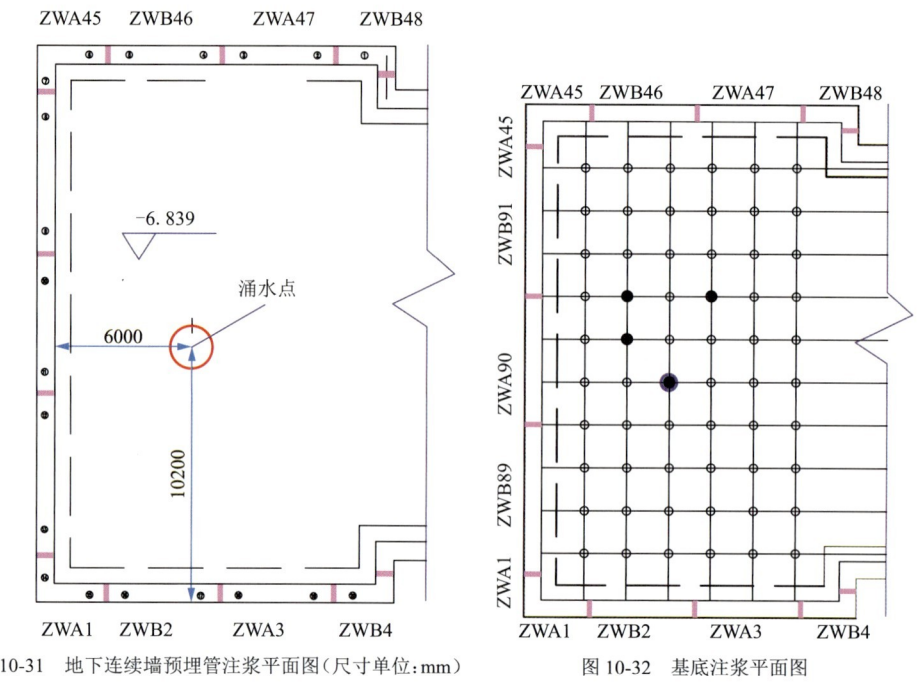

图 10-31 地下连续墙预埋管注浆平面图(尺寸单位:mm)　　图 10-32 基底注浆平面图

据此判断,区间溶(土)洞与车站基底存在裂隙通道,须将其截断方能封堵涌水通道。因此在连续墙外侧 1m 处,水平间距 2m 布置钻孔进行注浆,如图 10-33 所示。

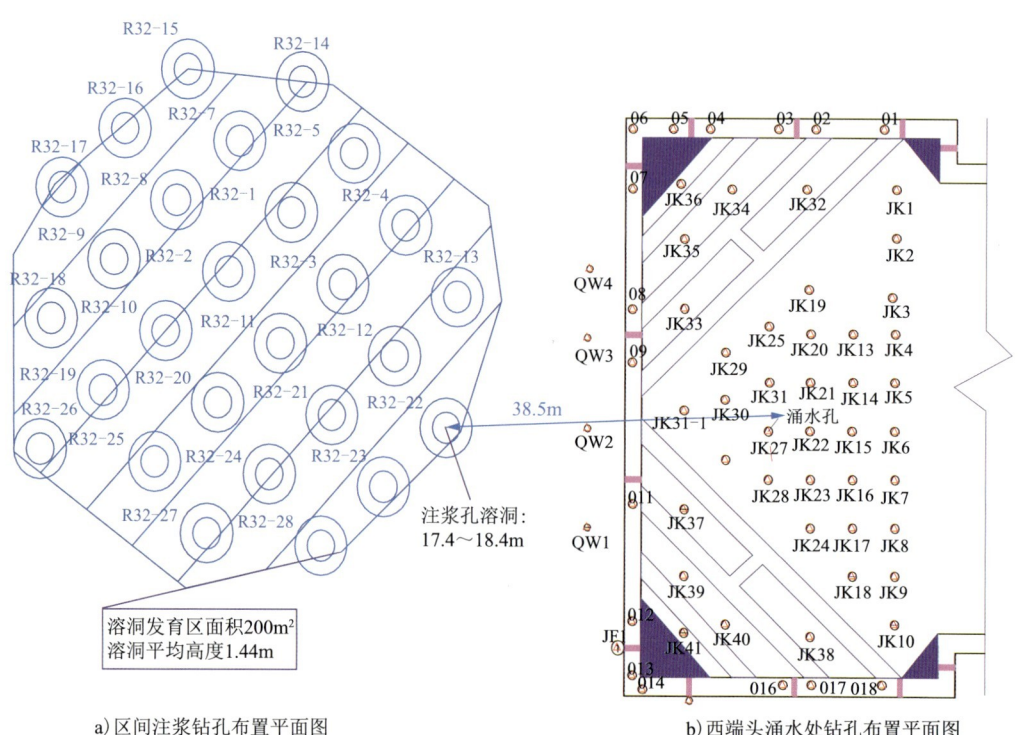

a) 区间注浆钻孔布置平面图　　b) 西端头涌水处钻孔布置平面图

图 10-33 车站与盾构区间注浆平面图

五、效果总结

根据西端头涌水处理情况,连续墙注浆孔 Q7 自 6 月 11 日开始注浆,12 日晚 11 点(共注双液浆 27.609m³,单液浆 20.343m³)基底开始返浆,判断此处为基坑内外水源连通点,如图 10-34 所示。

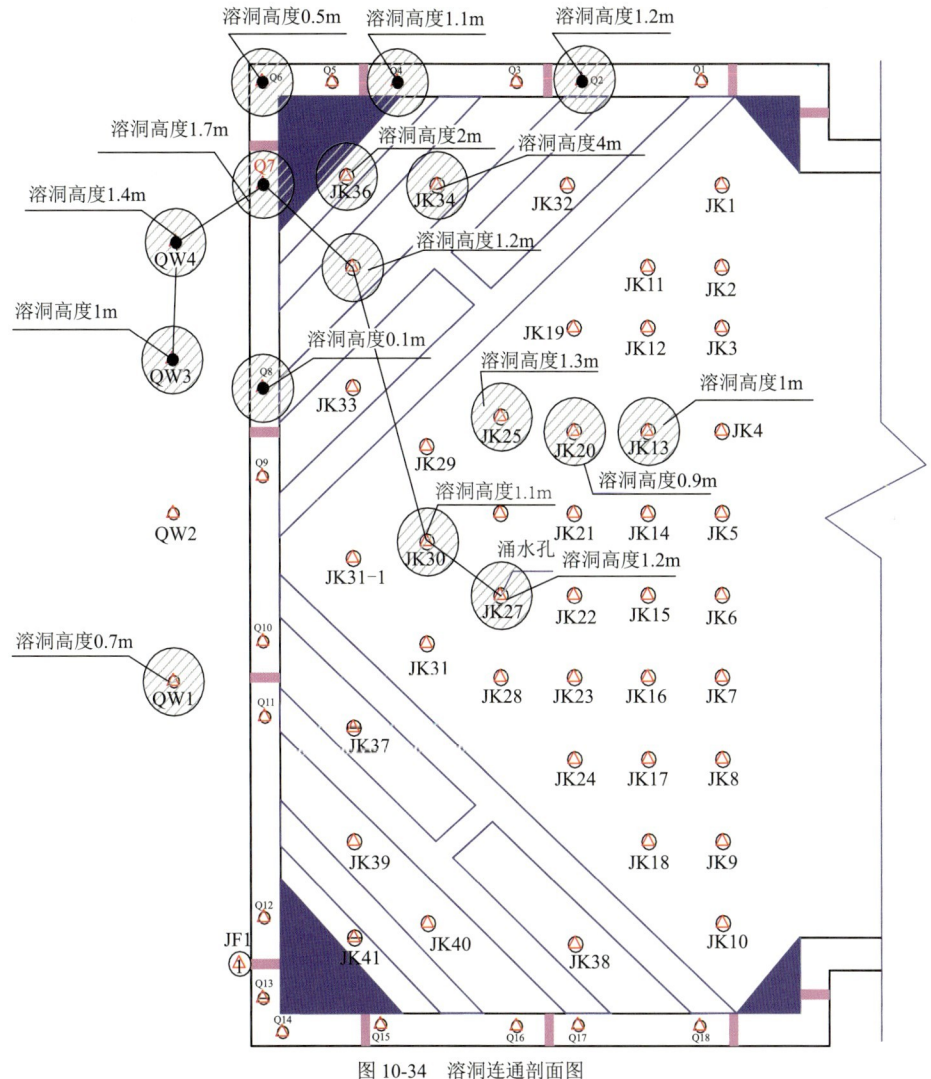

图 10-34 溶洞连通剖面图

6 月 13 日,注浆孔 Q7 停止注浆 21h 后继续注浆,至 14 日早上 6 点注双液浆 32.761m³,基底涌水由 10m³/h 减小为 8m³/h。14 日晚,注浆孔 Q7 继续注浆,注浆量达 3.303m³ 后,基底第二次返浆,注浆停止。同时,连续墙外注浆孔 QW2 开始注浆,基底未出现返浆,至 15 日早上共注双液浆 22.589m³,基底涌水由 8m³/h 减小为 5m³/h,封堵效果比较明显。截至 6 月 17 日,注浆孔 QW2 共注双液浆 72.787m³,注浆孔 QW3 共注双液浆 22.985m³,在连续墙外侧通过注浆截断了水源,形成止水帷幕,达到了较好的处理效果,涌水完全停止。

第十一章 既有盾构区间新增车站施工技术

根据规划要求,需在九号线高增站—清布站盾构区间增设清塘站。由于高增站—清布站区间隧道已先期施工,需要改造既有盾构区间为明挖车站,在富水岩溶发育区尚无先例,其接口洞门施工技术是最主要的风险点,该案例采用全回转钻机施作咬合桩将车站范围内的隧道隔断,施作完车站主体围护结构后,再采用冻结法加固洞门区周边土体,最后施作洞门结构。本章将重点总结该项技术。

第一节 既有盾构区间新增车站概况

一、车站结构

清塘站是九号线的第十座车站,东连高增站,西接清布站。本站位于迎宾大道与清塘路的交叉路口,总长160m,为全明挖地下两层岛式站台车站,基坑深约15m,标准段基坑宽度29.25m,扩大段基坑宽度39.5m。

车站南北段围护结构选用800mm厚地下连续墙。东西端头盾构洞门段采用桩径为1m的钻孔硬咬合桩,桩中心间距0.65m。其中,配筋桩跳孔布置,配筋桩中间为素混凝土桩,连续墙与桩无缝搭接。基坑开挖至底部后,在隧道洞门四周水平冷冻加固,加固范围为隧道外四周3m,沿隧道纵向长度4m。围护结构竖向设置三道支撑,第一道支撑采用700mm×1000mm钢筋混凝土支撑,第二道支撑采用800mm×1000mm钢筋混凝土支撑,第三道支撑标准段采用$\phi 600 \times 14$

钢支撑，如图 11-1 所示。

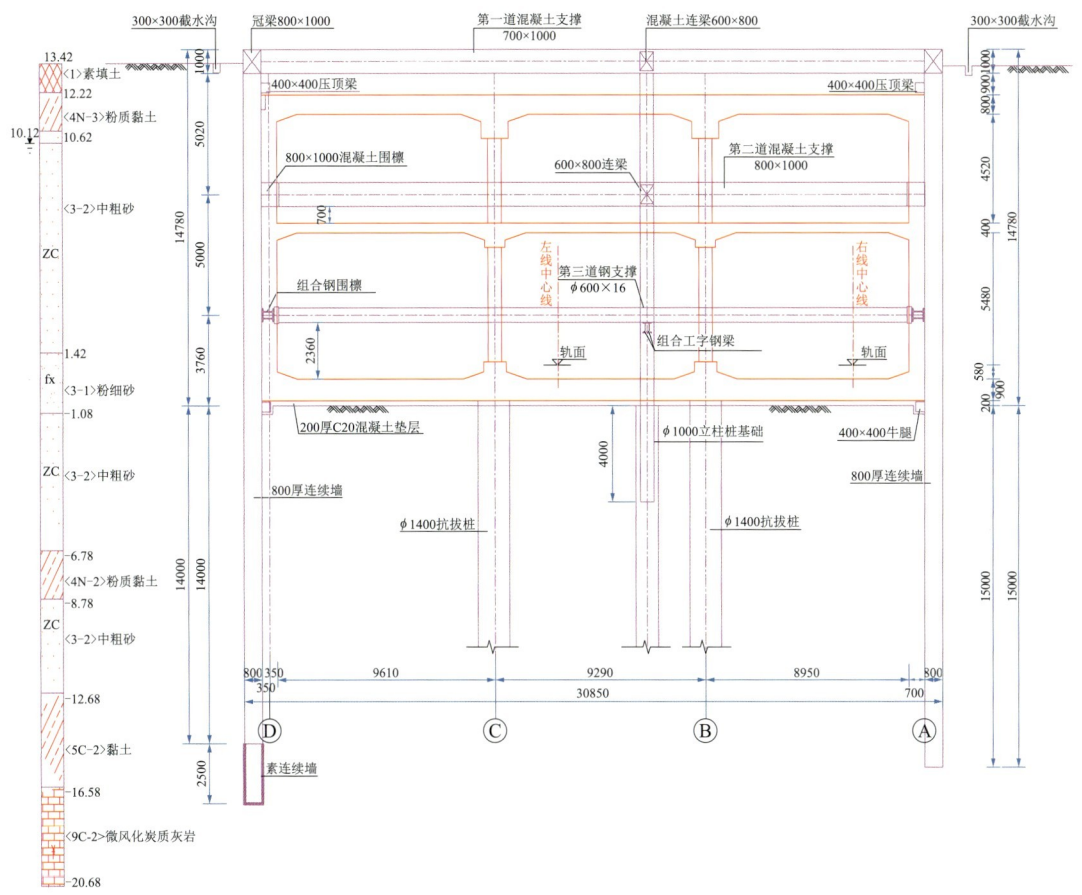

图 11-1　清塘站标准段围护结构横剖面图（尺寸单位：mm）

二、工程地质及水文地质

勘探结果表明，场地工程地质相对复杂，淤泥层及砂层均有多处揭示，存在土洞及岩溶现象。结构底板主要位于〈3-1〉粉细砂层、〈3-2〉中粗砂层，站址内的软土及溶（土）洞给车站施作带来较大风险。

1. 软土

站址范围零星分布有软土层。软土层为第四系河湖相沉积淤泥质土，厚度 0.50～8.00m，平均 2.77m，仅沿线路零星分布。淤泥质土具有含水率大、孔隙比大、压缩性高、抗剪强度低、灵敏度高的特点，在外力作用下易发生触变。其主要物理力学指标建议值为：含水率 46.3%、压缩系数 $0.94MPa^{-1}$、压缩模量 2.5MPa，为高压缩性土，直剪的黏聚力为 5.0kPa，内摩擦角为 4.0°。

2. 溶（土）洞

岩溶主要发育在石灰岩中，该站溶（土）洞见洞率高达 60.7%。其中，溶洞顶标高 -0.39～

−38.89m,埋藏深度在15.7～51.5m,洞高0.2～29.9m。土洞埋藏深度一般为14.5～35.1m,大部分呈全充填状态,填充物为流塑状粉质黏土,局部为松散砂土。

三、设计技术方案

招标设计阶段,车站围护结构采用南北侧连续墙+东西端头隧道上方吊脚连续墙+东西端头吊脚连续墙下方垂直冷冻及水平冷冻+竖向三道支撑的形式,即:对于隧道上方地下连续墙只做隧道上面半幅,此半幅通过第一、二道混凝土支撑及冠梁、围檩同其他连续墙一起固定,起到支护隧道上方水土的作用,隧道下方采用冷冻法加固后开挖,隧道端头采用地面垂直冷冻与洞内斜向冷冻相结合的方法做地层冷冻加固,冷冻范围为顶部隧道上方3m,两侧隧道外3m,隧道下方冷冻深度同连续墙,冷冻设计时间14个月,即从端头连续墙完工开始到主体中板施工完毕。

由于原设计方案存在以下风险:

(1)冷冻法埋管深度过长,端部无法保证搭接区域,可能存在冷冻盲区,导致基坑支护存在安全风险。

(2)冻结时破坏地层岩体结构,会导致岩体膨胀,形成新的裂隙水通道,可能引发基底涌水涌砂的风险。

(3)冷冻法施工隧道底部冷冻管施工影响既有成型隧道。

原招标设计采用顶部冷冻管+隧道内管片底部冷冻管分别加固管片顶部及底部的砂层,隧道内需要在既有管片隧道进行4排孔、14根、长18m、ϕ108冷冻管施工。由于隧道已经建成,施工机具和材料从距离此车站约900m位置的轨排井下料,施工周期较长、难度大;隧道内的冷冻管钻进施工的地层大部分为〈3-2〉中粗砂层,钻进施工时采用泥浆护壁,平均分为3～6次接管,长时间扰动管片底部的砂层会造成塌孔的风险,易导致成型隧道发生变形。

(4)冷冻法冻结施工周期较长,不确定因素多。

考虑大面积冷冻法安全风险高、工期难以保障等诸多不良因素的影响,经各方充分论证,施工图设计阶段变更为端头咬合桩+局部冷冻+竖向三道支撑的围护结构方案,即:东西端盾构隧道及附近位置采用ϕ1000@1300硬咬合桩作为支护结构,钢筋混凝土桩与素混凝土桩咬合350mm,连续墙与咬合桩相互咬合200mm无缝连接;咬合桩实施前在隧道相应位置填充C10细石混凝土,并对咬合桩外侧30m范围内既有隧道实施加固,防止咬合桩成孔过程中切割管片时,对既有盾构隧道管片造成破坏;桩、墙施工完成后,接缝处施作两排共6根止水旋喷桩,按照ϕ600@450布置,实桩为地下水位埋藏位置到基底以下3m范围。基坑竖向设置2道钢筋混凝土支撑+1道ϕ600钢管支撑联合支护。在清塘站东西端与隧道连接洞门处采用垂直冷冻法加固施工,对管片壁后2m范围内土体进行冷冻加固后,凿除咬合桩,施工洞门,完成隧道与车站的连接贯通。

第二节 既有盾构区间新增车站施工技术

既有盾构区间新增车站施工技术主要分为既有盾构隧道保护施工、端头咬合桩施工、隧站接口冷冻法加固及洞门施工三个方面关键施工技术,工艺流程如图11-2所示。

一、既有盾构隧道保护施工

1. 隔离填充墙施工

为最大限度地避免全套管回转钻机切割管片时对邻近管片造成破坏,在管片切割部位及管片切割孔边缘向两侧隧道管片方向不小于1.5m范围,浇筑C10细石混凝土隔离填充墙(见图11-3)。

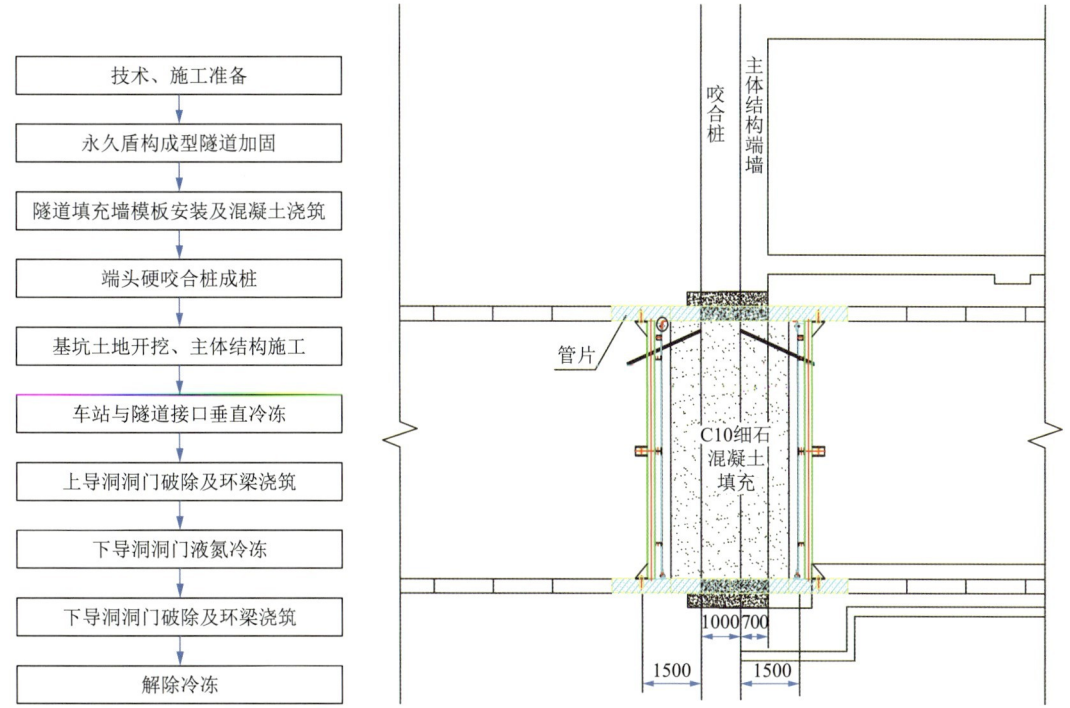

图11-2 既有成型盾构隧道新增车站施工工艺流程图

图11-3 清塘站两端头隧道内隔离填充墙纵剖面图(尺寸单位:mm)

2. 管片支撑加固

车站东西端头咬合桩施工前,在端头30m范围内管片内部设临时支架及钢箍(见图11-4～图11-6),防止管片变形开裂。

3. 隧道洞内管片监测

咬合桩及基坑主体结构施工完成前,对车站东西端头处端头30m范围内管片做好洞内拱顶下沉、管片衬砌净空收敛、隧道变形等各项监测,且对测量结果及时进行分析与反馈。监测技术要求见表 11-1。

图 11-4　隧道填充墙钢模板安装

图 11-5　模板和隧道内钢支撑

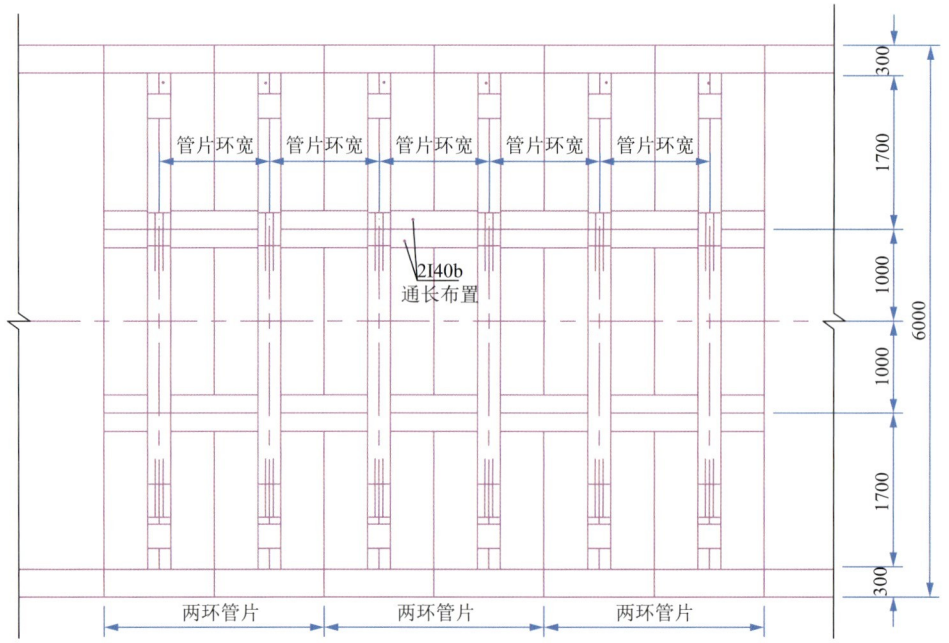

图 11-6　钢支撑纵向加固布置图(尺寸单位:mm)

管片监测技术要求　　　　　　　　　　　　　　　　表 11-1

序号	监测项目	量测仪器及工具	测点布置	量测频率及变形控制值
1	管片衬砌拱顶下沉	精密水准仪、钢尺	测点设在隧道顶部,沿隧道方向每 10m 设 1 个监测断面,接口处均设监测断面	开挖期间,2 次 /d;数据分析确定沉降基本稳定后,1 次 /d,施工到主体中板以后,1 次 /d,累计变形量小于 20mm,且变形速度 3mm/d
2	管片衬砌净空收敛	收敛仪	测点设在拱腰处,沿隧道方向每 10m 设 1 个监测断面,接口处均设监测断面	
3	隧道变形	精密水准仪、钢尺	每隔 5m 设一断面	

二、端头咬合桩施工

车站东西端头既有盾构隧道位置围护结构采用 φ1000@1300 硬咬合桩＋局部冷冻法支护形式,各端头单线隧道设置 7 根素桩+6 根荤桩,咬合 350mm,通过全回转全套管钻机直接破除咬合桩范围内既有隧道管片,最终进入到不透水层,咬合桩与地下连续墙接缝部位咬合 200mm,并布置 6 根 φ600@450 双管旋喷桩(见图 11-7)。

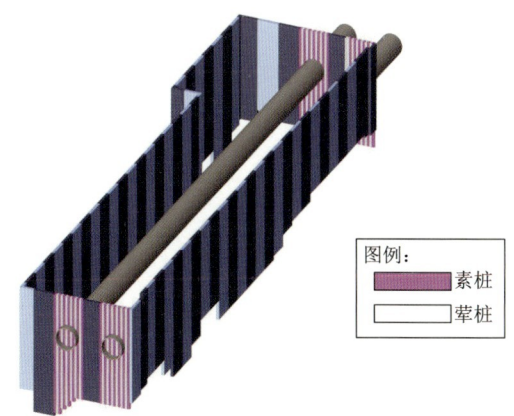

图 11-7 清塘站端头咬合桩模型

1. 施工流程

先施工素混凝土 A 序桩,再在相邻两 A 序桩间切割成孔施工钢筋混凝土 B 序桩,其施工顺序如 A1—A2—A3—A4—A5—A6—A7—B1—B2—B3—B4—B5—B6,如图 11-8、图 11-9 所示。

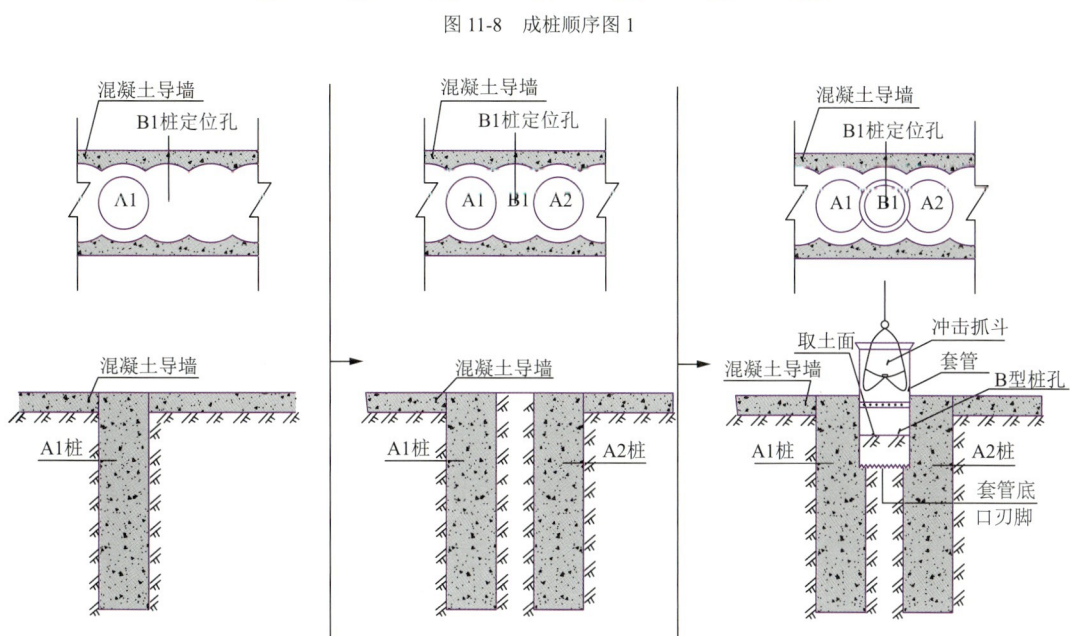

图 11-8 成桩顺序图 1

图 11-9 成桩顺序图 2

2. 施工要点

(1)先施工咬合桩导墙(见图 11-10)。

(2)钻机就位后,保证套管与桩中心偏差小于 2cm,压入第一节套管,然后用抓斗从套管内取土，一边抓土，一边继续下压套管。抓土过程中，随时监测和调整套管垂直度，若发生偏移则及时纠偏（见图 11-11）。

图 11-10　咬合桩导墙

图 11-11　咬合桩施工

（3）钻机套管钻进至距隧道管片顶部以上 50cm 时，钻进压入力改为靠钻机自重控制，即压入力液压调至"0"位，此时压入力理论上为 200kN，若套管无法压入则再通过微调，适当增加压入力液压，每次增加压入力控制在 10kN 以内。钻机回转速度调为 3min/r。

（4）当孔深达到设计要求后，及时清孔并检查沉渣厚度，若厚度大于 20cm，则继续清孔直至符合要求，可用抓斗轻轻放至孔底将沉渣清完。

（5）确定孔深后，及时向监理工程师报检，检测孔的沉渣和深度。

（6）浇筑混凝土期间，采用边浇筑边拔除套管的方法，确保套管底埋入混凝土不小于 2m，最大埋置深度为能够拔出套管即可。

3. 其他措施

（1）增加 1 台 28 型旋挖钻机并进行局部改造，配合取土，提高出渣效率；

（2）素桩采用 C20 混凝土，提高荤桩成孔效率。

三、隧站接口冷冻法加固及洞门施工

冷冻法施工主要用于洞门环梁施工及管片修复阶段，冻结区域位于咬合桩外侧，在洞门破除前，完成设计冻结位置冷冻，洞门环梁完成施工后，解除冻结。

1. 施工流程

隧站接口冻结加固施工流程如图 11-12 所示。

2. 盐水冻结

局部冷冻运用于清塘站东西端头隧道与车站结合位置，采用盐水垂直冻结方案，冻结区域位于咬合桩外侧，利用设置在东西端头外侧的两排竖向冷冻孔实施冻结，在洞门破除前，完成设计冻结位置冷冻，纵向冻结范围为远离车站方向 2m，标高

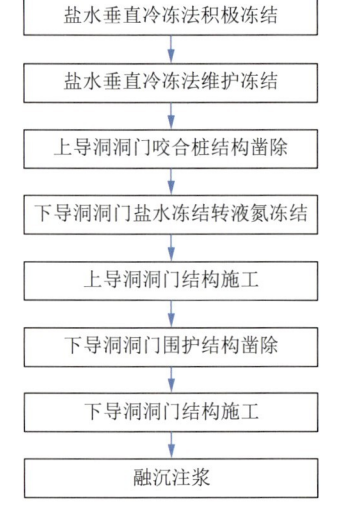

图 11-12　隧站接口冻结加固施工流程图

方向冻结范围为隧道以外2.5m。

（1）每个端头设计A、B共两排竖向冻结孔，A排冻结孔设置于咬合桩素桩内，共7个冻结孔，穿透隧道，间距为1300mm；B排冻结孔与A排冻结孔间距0.8m，B排冻结孔共11个，其中9个为垂直打设的冻结孔，2个为斜孔，在隧道边线以外4m位置设置，倾斜角度为70°。主要参数如下：

①冻结帷幕设计厚度2000mm，冻土平均温度-10℃。

②加固范围为隧道底、顶以外2.5m范围内（见图11-13）。

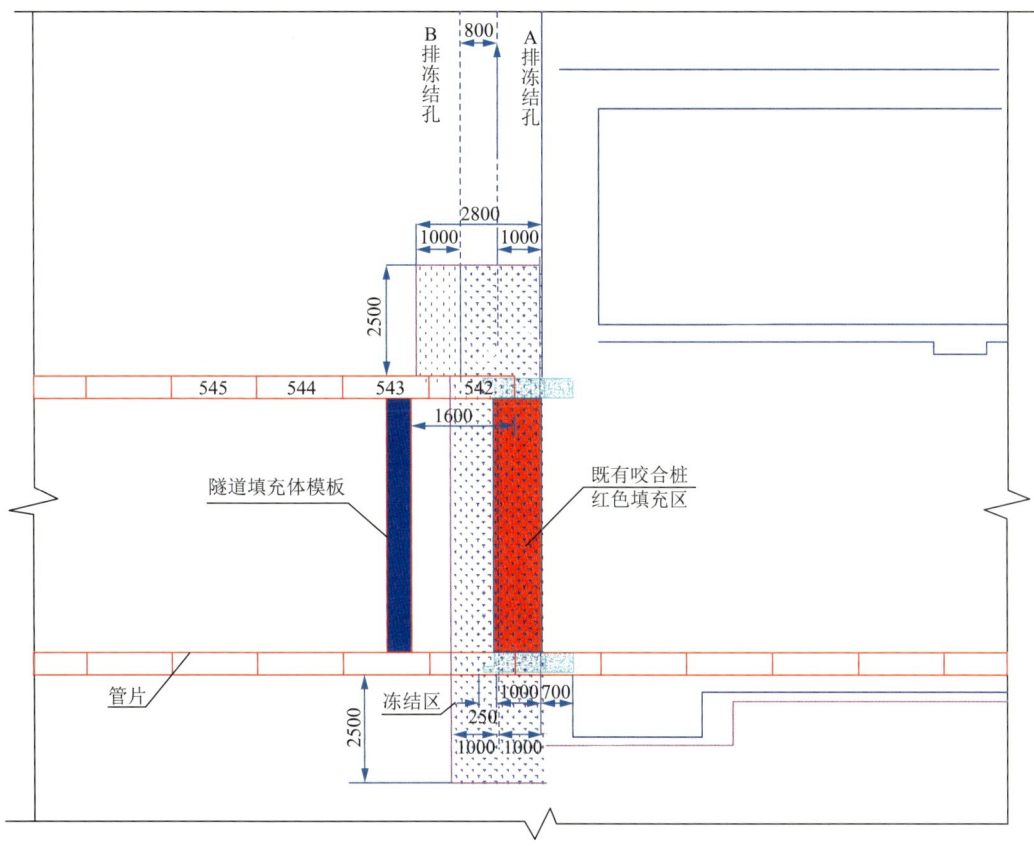

图11-13 车站端头盐水冻结孔布置纵断面图（尺寸单位：mm）

③冻结孔垂直于管片布置，设置A、B两排，共计18根（见图11-14、图11-15）。

④测温孔均匀设在A排，共计3个。位于隧道边线以外的，与A排冻结孔同深；位于隧道顶上方的，与B排冻结孔同深。

⑤积极冻结30d，维护冻结40d（凿除及结构施工）。

（2）盐水冻结孔成孔控制好垂直度，盐水冻结管采用电弧焊焊接，盐水管试运行前进行气密性检测。盐水管路经试漏、清洗后用阻燃橡塑材料保温，保温厚度不少于50mm，保温层的外面用塑料薄膜包扎。

（3）积极冻结时间约为40d。要求冻结孔单孔流量不小于$3m^3/h$；积极冻结7d盐水温度降至-18℃以下；积极冻结15d盐水温度降至-24℃以下，去、回路盐水温差不大于2℃；开挖时盐水温度降至-28℃。如盐水温度和盐水流量达不到设计要求，则应延长积极冻结时间。

（4）开挖条件验收。根据实测温度判断冻土帷幕是否交圈、是否达到设计厚度；垂直测温孔在开挖面对应深度范围温度下降到设计温度以下；经水平探孔，无流水流砂，且开挖面与管片交界面土体温度下降到设计温度以下。经过上述条件验收合格后再进行正式开挖。

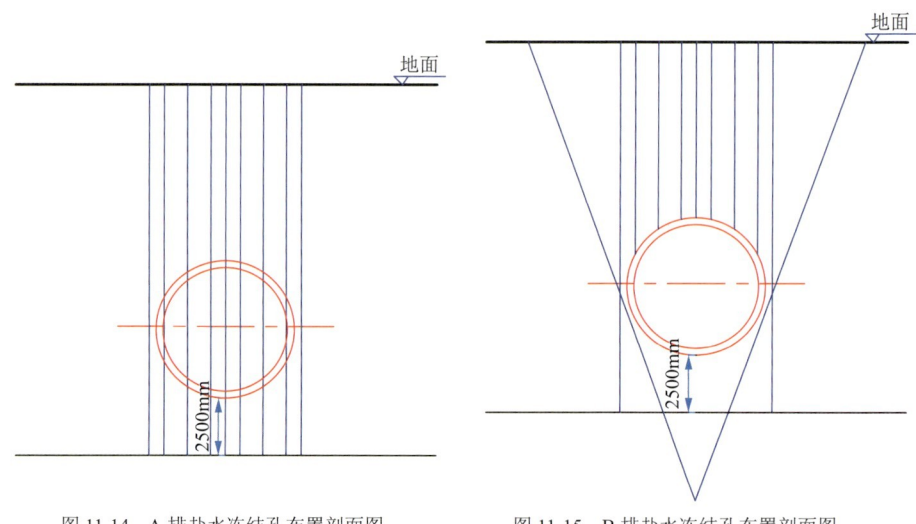

图 11-14　A 排盐水冻结孔布置剖面图　　　图 11-15　B 排盐水冻结孔布置剖面图

3.上导洞洞门破除及环梁施工

（1）盐水冷冻达到设计条件，且端头洞门相邻流水段中板结构施工完成后，开始进行洞门破除施工。

（2）自上而下凿除桩体及填充墙混凝土，凿除时，需要做好暴露冻结管的保护及保温。凿除到3、9点位后停止凿除，清理工作面。开始进行上导洞冷冻管割除及下导洞液氮冷冻管接驳。3、9点以上冷冻管割除完成后进行封底，继续盐水循环维护冷冻，3、9点以下冷冻管内下放液氮冷冻管，并继续维护冷冻。冷冻管割除及接驳控制在6h内完成，防止冷冻体解冻。

（3）环梁两端分别通过锚固筋与既有管片和侧墙连接，模板采用定制钢模板。模板上预埋2~3根注浆管。

4.液氮冷冻施工

根据当时盐水冻结及上导洞洞门施工情况，主要是测温孔情况及探孔测温情况分析，下导洞洞门破除存在较大安全隐患，且工期紧张，故对A排洞门范围内的冻结孔进行液氮冻结补强措施，A排洞门范围外的冻结孔（两侧）及B排冻结孔继续维持盐水冻结，加强冻结效果，以满足工期及安全需要。

（1）A排洞门范围内的冻结孔进行液氮冻结补强，每个冻结孔单独一组，用不锈钢软管连接。

（2）在原冻结管（$\phi 108 \times 8$ 低碳钢无缝钢管）内下放 $\phi 76 \times 3$、R304不锈钢管作为液氮冻结管。液氮冻结管比盐水冻结管高30cm左右，以便方便安装。

（3）下放 $\phi 32 \times 2$、R304不锈钢管作为液氮供液管，供液管下放至冻结管底部，在距离供液管管底位置30cm、60cm分别打一对透孔进行液氮输送，以保证下部冻结的均匀性，然后将每个冻结管的供液管连接液氮分配器。通过分配器把液氮从罐车分配给每一个冻结管。

（4）液氮冻结孔采用单孔单组并联方式。

（5）在下部冻结管割除前，预先将地面液氮冻结系统安装完毕，底部冻结管依次割除并用空压机吹干盐水，同步下放液氮冻结管、供液管并进行头部焊接、液氮管路连接。

（6）从冻结管割除到可以具备液氮冷冻条件，控制在6h以内，防止时间较长引起局部冻结壁融化。底部垂直冻结深度至管片底下2.5m。

（7）液氮冻结的关键环节为温度控制，需要在每个冻结循环的管口布置温度测点，以监测冻结管口温度。根据温度来调节不同冻结循环之间的液氮流量。

（8）液氮冻结需要检查各回路温度，调节阀门使各回路温度相近，保证各个液氮孔冻结发展速度均匀，厚度和强度均匀，过程中根据冻结需要进行重点冻结。

（9）液氮外部的供液管路需要使用多层塑料薄膜和保温棉进行保温，防止冷凝水进入保温层，保温层厚度不少于8cm。

（10）液氮冻结后的氮气通过集中排气管路排放到地面，排气口高于地面2m以上。车站内布置风管和风机，进行强制通风。2台通风量为50m³/h的抽风机，一台位于掌子面，一台位于材料吊装孔处，以保证24h连续作业。

5.下导洞洞门破除及环梁施工

（1）下导洞冷冻体经检测达到条件后，开始对桩体及填充墙体自上而下凿除。

（2）凿除（见图11-16）过程中，做好暴露液氮冷冻管的保护及保温。

（3）凿除到位后进行钢筋绑扎、模板安装、混凝土浇筑施工（见图11-17）。

6.解除冷冻

下导洞混凝土浇筑完成拆模后，开始停止冷冻，并通过预留的注浆管进行融沉注浆。浆液采用水灰比1∶1的水泥浆。注浆遵循"少量多次均匀"的原则。单孔一次注浆量为0.5m³，最大不超过1m³。

图 11-16 上导洞咬合桩凿除

图 11-17 下导洞环梁施工

四、施工异常情况及其处理

（1）在上导洞洞门破除及环梁施工过程中，由于洞门凿除，既有隧道与车站贯通，冻结加固体通过管片媒介与外界热交换速率增大，冷冻土体温度以 2～3℃/d 速率上升。后续采用沿管片内侧敷设冷冻管及双层 40mm 厚的聚苯乙烯泡沫塑胶保温板等措施，有效控制了冷冻土体温度上升的趋势。

（2）在进行下导洞加固土体监测时，发现冻结帷幕厚度远小于设计要求，无法满足洞门破除条件。对四个洞门盐水冻结土体温度监测数据分析知，对于间距为 1.3m 的冻结孔，中粗砂为主的地层，采用盐水冻结方式，在冻结 30d 左右才能够交圈且冻土帷幕厚度也较小。之后根据专家意见，采用液氮加强冻结方式，在第 5d 时已经交圈，基本形成冻土帷幕区，且冻土帷幕厚度较大，顺利完成下导洞洞门的破除及环梁施工。

最终车站顺利完成开挖及洞门施工，如图 11-18、图 11-19 所示。

图 11-18 咬合桩开挖后效果

图 11-19 管片拆除

附录

九号线土建工程建设基本情况汇总表

附表 1

序号	项目名称	招标时间	施工单位	设计单位	监理单位	实际开工时间	实际竣工时间	竣工验收日期	工程规模	工程起止里程
1	施工1标	2010/11	中铁三局集团有限公司	广东省建筑设计研究院有限公司、中国铁路设计集团有限公司、中铁第一勘察设计院集团有限公司	西安铁一院工程咨询监理有限责任公司	2012/4/11	2017/8/24	2017/8/24	出入段线、飞鹅岭站、汽车城站、飞鹅岭站—花都汽车城站区间	YDK0+000～YDK3+248.300
2	施工2标	2010/11	广东省基础工程集团有限公司	中铁工程设计咨询集团有限公司、中国铁路设计集团有限公司	华铁工程咨询有限责任公司	2013/5/30	2017/9/30	2017/10/27	花都汽车城站—广州北站区间、广州北站	YDK3+240.300～ZDK5+468.700
3	施工3标	2010/11	广东华隆建设集团股份有限公司	广州地铁设计研究院股份有限公司、中铁第一勘察设计院集团有限公司、中铁工程设计咨询集团有限公司	华南铁路建设监理公司	2011/12/15	2017/1/17	2017/9/22	花果山公园站、花城路站、广州北站—花城路站—花果山公园站—花都广场区间	ZDK5+468.700～ZDK9+587.900
4	施工4标	2010/11	中铁十六局集团有限公司	中铁第一勘察设计院集团有限公司、广东省建科建筑工程设计有限公司、广州地铁设计研究院股份有限公司	广州市城建工程监理有限公司	2012/3/10	2017/9/22	2017/9/22	花都广场、花都广场—马鞍山公园站区间、马鞍山公园站、马鞍山公园站—莲塘村站区间	YDK9+587.900～YDK14+007.056
5	施工5标	2009/7	广东华隆建设集团股份有限公司	广州地铁设计研究院股份有限公司、广州市市政工程设计研究总院有限公司	广州轨道交通建设监理有限公司	2009/9/29	2017/8/22	2017/8/22	高增站、清布站、清布站—高增站区间	高增站： YDK19+560.298～YDK20+119.248 清布站： YDK14+007.000～YDK14+483.200 清布站—高增站区间： YDK14+483.200～YDK19+345.000 ZDK14+483.200～ZDK19+341.400

附录

续上表

序号	项目名称	招标时间	施工单位	设计单位	监理单位	实际开工时间	实际竣工时间	竣工验收日期	工 程 规 模	工程起止里程
6	莲塘村站	2012/11	广东省基础工程集团有限公司	广州地铁设计研究院股份有限公司	广州市城市建设工程监理有限公司	2013/1/6	2017/6/30	2017/7/20	车站总长度218.2m，明挖地下两层岛式车站	YDK12+631.350～YDK12+849.550
7	清塘站	2016/3	北京建工集团有限责任公司	广州地铁设计研究院股份有限公司	广州轨道交通建设监理有限公司	2016/6/10	2018/2/5	2018/2/5	地下双层框架结构，建筑面积14861m^2	YCK15+410.000～YCK15+570.000

附录

附表 2

九号线各车站及明挖区间主要设计参数汇总

序号	工点名称	长度 (m)	里程范围	主体结构形式	地质特点	主体基坑规模 (m)（长度×宽度×深度）	基坑支护设计方案
1	出入段线明挖段	390.3	正线 ZBK0+000.000～ZBK0+390.300	四线箱体结构	主要为碎屑岩，岩面埋深 0～12m	390.3×20×(20.3～34)	ϕ1200@1350 钻孔桩+ϕ600 双管旋喷桩，4 道支撑
2	飞鹅岭站	381.5	YDK0+390.300～YDK3+029.800，中心里程 YDK0+576.000	两层单柱双跨结构	主要为碎屑岩，22 个钻孔见灰岩，底板以下 5m 及 5～10m 范围内的见洞率均为 4.5%，岩面埋深 12～21m	381.5×20×(13.5～20)	800mm 地下连续墙+3 道内支撑
3	花都汽车城站	218.5	YDK3+029.800～YDK3+248.300，中心里程 YDK3+170.000	两层单柱双跨结构	底板以下 5m、5～10m 及大于 10m 范围内的见洞率分别为 27.9%、45%、52.3%，岩面埋深 13.6～36m	218.5×18.7×15.06	800mm 地下连续墙+3 道内支撑
4	广州北站	539	YDK4+929.700～YDK5+648.703，中心里程 YDK5+390.000	两层单柱双跨结构	底板以下 5m、5～10m 及大于 10m 范围内的见洞率分别为 50.6%、23%、20.7%，岩面埋深 11～35m	539×24.9×(16.09～18.53)	800mm 地下连续墙+3 道内支撑
5	花城路站	213.8	YDK6+494.150～YDK6+707.950，中心里程 YDK6+628.000	两层单柱双跨结构	本站灰岩广泛分布，岩溶较发育。勘察钻孔 29 个，利用原区间详细勘查钻孔 50 个，揭露有溶洞或土洞的钻孔 52 个，总见洞率 65.8%	213.8×19.7×16.24	800mm 地下连续墙+3 道内支撑
6	花果山公园站	228.2	YDK7+721.950～YDK7+998.000	两层单柱双跨结构	岩体较破碎，29 个钻见灰岩，岩面较浅，未发现箱（土）洞	228.2×21.3×16.5	800mm 地下连续墙+3 道内支撑
7	花都广场站	276.4	车站起点里程 YCK9+587.900，有效站台中心里程 YCK9+669.000，终点里程 YCK9+864.900	两层单柱双跨结构	底板以下 5m、5～10m 及大于 10m 范围内的见洞率分别为 17.3%、13%、13.6%，岩面埋深 9.5～42m	277×21.3×16.1	800mm 地下连续墙+3 道内支撑
8	马鞍山公园站	259.47	车站有效站台中心里程 YCK11+305.000，车站终点盾构始发起点里程 YCK11+165.350，车站终点盾构始发起点里程 YCK11+392.000，轨排井终点里程 YCK11+425.300	两层单柱双跨结构	基坑范围主要为粉细砂、中粗砂、砾砂，可塑粉质黏土，硬塑粉质黏土，灰岩或炭质灰岩残积成因的流～软塑粉质黏土，可塑粉质黏土，硬塑粉质黏土。下伏基岩为石炭系石磴子组灰岩和测水组泥质粉砂岩、炭质灰岩等，岩溶发育强烈，车站共计钻孔 99 个，7 个钻孔中发现溶洞，见洞率 7%	259.7×24.5×16.01	800mm 地下连续墙+3 道内支撑

附录

续上表

序号	工点名称	长度(m)	里程范围	主体结构形式	地质特点	主体基坑规模(m)(长度×宽度×深度)	基坑支护设计方案
9	莲塘村站	218	YDK14+007.000～YDK14+483.200	两层单柱双跨结构	人工填土、淤泥或淤泥质黏土、冲洪积土、粉细砂、中粗砂、砾砂、残积黏性土	218×21.3×16.2	800mm地下连续墙+3道内支撑
10	清布站	476.2	YDK14+007.000～YDK14+483.200	两层双柱三跨结构+单柱双跨结构	基岩以上覆盖为砂层和粉质黏土，其中约有一半微风化岩面上直接覆盖砂层，砂层呈带状分布，部分砂层从岩面贯穿至基底，使地层中的黏土层不能形成隔水效果。溶洞见洞率为35.3%	476.2×18.7×15.5	800mm地下连续墙+3道内支撑
11	清塘站	160	YDK19+560.298～YDK20+119.248	两层双柱三跨结构	素填土、粉细黏土、粉细砂、中粗砂	160×29.3×13.6	800mm地下连续墙+3道内支撑
12	高增站	557.359	YDK12+581.000～YDK12+619.000	地面、地下各一层，单柱	场地砂层较厚，基底有两处地为淤质黏土，分布范围较大，承载能力较差，实测击数1～4击，平均2.6击	557.55×21.1×11	800mm地下连续墙+2道内支撑
13	马清中间风井	38	ZDK16+220.000～ZDK16+300.000		风井基坑范围内的见洞率为7.6%。风井线部分进入微风化岩层，岩石强度39～64MPa	38×22.8×20.4	1000mm地下连续墙，3道支撑
14	清高1号风井	80	ZDK17+877.000～ZDK17+914.400		1号风井基底地层以强风化岩层为主，东端头局部为可塑粉质黏土地层。风井中心以东北侧局部有中风化岩层。所有钻孔均未见有溶洞（土）洞。分布冲洪积砂层，且局部地段基岩之上即为砾砂覆盖，无相对隔水层	80×24.5×18.15	1000mm地下连续墙+3道支撑
15	清高2号风井	37.4	YDK17+881.300～YDK17+918.700		场地岩层较厚，岩面起伏大，溶洞见洞率27%，揭露两层溶洞以上，占揭露岩溶钻孔的7.6%	37×22.4×17.87	φ1200@1300围护桩加素混凝土墙及旋喷桩止水，3道支撑
16	清塘站—高增站区间岔口明挖	104.673	ZDK18+675.000～ZDK18+779.673	两跨（局部单跨）无柱	场地岩层较厚，主要为炭质灰岩，有3个钻孔揭露两层岩溶以上，占揭露钻孔27.9%，岩溶见溶钻孔25%，岩溶发育比较强烈。溶洞顶标高-9.29～-2.21m，埋深12.3～24.1m，洞顶0.5～7.1m	104×(9～21.1)×(18.2～19.6)	800mm地下连续墙，3道支撑
17	高增站前明挖	214.702	YDK19+345.00～YDK19+560.298	三跨（局部两跨）	揭露发育溶洞的钻孔有2个，见洞率为1.25%。洞高2.5%～1.10～1.50m。揭露洞顶高-15.75～15.37m，埋深30.70～31.20m，洞高1.10～1.50m。揭露土洞的钻孔有1个，见洞率1.25%，洞顶标高-7.31m，埋深22.50m	215×20×14.5	800mm地下连续墙，2道支撑

九号线各盾构区间设计及风险汇总

附表 3

序号	工点名称	长度(m)	设计参数	地质特点	沿线建(构)筑物	主要风险
1	出入段线盾构段	入段线：265.932；出段线：237.880	入段线设计起止里程为RBK0+381.635～RBK0+647.567，出段线设计起止里程为CBK0+411.120～CBK0+649.000	隧道主要穿越岩石强风化带，半岩半土状，局部夹杂中等风化岩		下穿废园垃圾填埋区风险，小半径、大坡度盾构线形控制和管片拼装
2	飞鹅岭站—花都汽车城站	左线：2258.690；右线：2258.000	设计起点里程为YDK0+771.800(ZDK0+771.800)，设计终点里程为YDK3+029.800(ZDK3+029.800)。线路在该区间采用3十4‰的坡度，最大坡长为1150m。线路基本敷设在灰岩岩面之上，顶板覆土最小为5.6m	隧道底以下5m、10m及大于10m范围内的见洞率分别为22.3%、9.9%、1.2%，岩面埋深5.7～33m。上软下硬段右线长418m，左线长401m。拱顶夹黏土、粉细砂和中粗砂层，下穿岩石强度25～79MPa	风神桥、A007桥、A013桥、高压电塔	泥水盾构穿越溶洞多发段，上软下硬段的安全掘进风险
3	花都汽车城站—广州北站	左线：1682.883；右线：1679.608	右线：YDK3+248.300～ZDK4+929.700C，短链1.792m。左线：ZDK3+248.300～ZDK4+929.700，长链1.483m。线路距13～19m。线路基本敷设在灰岩岩面之上，最大下坡度为7.294‰，最大上坡度为7‰，覆土厚度最大为15.5m，最小为6.6m	隧道底以下5m、10m及大于10m范围内的见洞率分别为14%、13.5%、3.1%，岩面埋深7.3～36m。上软下硬段右线长244m，左线长321m。拱顶为中粗砂层，下穿岩石强度32～86MPa。下穿广清高速公路段	线路两侧多为2～5层建筑物，多项天然基础，其中影响较大的建筑物为天马河和广清高速公路	盾构穿越溶洞，上软下硬地层和下穿天马河和广清高速，有发生地面塌陷、周边房屋沉降开裂、隧道突水等风险
4	广州北站—花城路站	左线：1016.767；右线：1025.450	左线：ZDK5+468.700～ZDK6+494.150，短链8.702m；右线：YDK5+468.700～YDK6+494.150。线路在该区间采用20‰、6‰的上坡和6.5‰的下坡，最大坡长为550m，线路基本敷设在灰岩岩面之上，顶板覆土6.0～11.5m	盾构隧道所穿越地层主要为砂层、黏土层、残积土层，隧道局部穿越基岩。灰岩中溶洞见洞率为54.1%，岩面埋深10.5～19.5m。区间拱顶软下硬段共533m，拱顶主要为填土、粉细砂、中粗砂层，穿越的灰岩段岩石强度20.9～97.4MPa，平均58.2 MPa	区间线路主要下穿运营中的武广客运专线、京广铁路，京广铁路东侧临街商铺、广州北站北站售票楼。沿线道路两侧建筑物密集，建筑物基本上是天然基础，房屋基础距离隧道边最近为5m	本区间采用地下线，盾构施工对溶(土)洞的扰动易产生地面沉降进而诱发地质灾害；盾构施工时，穿越溶洞或溶沟、溶槽时易引起盾构偏位等工程事故。岩溶发育地段岩面凹凸不平、石牙、石柱的分布在盾构施工带来较大的难度；由于发育于基岩面附近，部分地段砂(土)洞直接覆盖在灰岩岩石上，砂层中的地下水与灰岩溶洞连通，溶洞互相连通，可能地下水水量很大，会出现严重的地面沉降和建筑物破坏风险

附录

续上表

序号	工点名称	长度(m)	设计参数	地质特点	沿线建(构)筑物	主要风险
5	花果山公园站—花都广场站	左线：1577.357；右线：1596.439	左线：ZDK7+998.000～ZDK9+587.900，长链12.543m；右线：YDK7+998.000～YDK9+587.900，短链6.539m。线路在该区间采用4‰、7.5‰的下坡和6‰的上坡，最大坡长为670m，线路基本敷设在灰岩岩面之上，顶板覆土5.0～10.5m	盾构隧道所穿越地层有砂层、黏土层、残积土层，隧道底部局部穿越灰岩层。灰岩中溶洞见洞率为50%，岩面埋深7～47m。区间下穿段共876m，拱顶主要为填土、粉细砂、中粗砂层，穿越的灰岩段岩石强度33.4～109.9MPa，平均68.1MPa	区间下穿一小学操场及一栋教学楼、狮城新村多栋住宅楼，下穿房屋均为天然基础。区间下穿田美河桥，该桥基础资料尚未收集到。沿线公益大道两侧房屋距离隧道边最近为15m，部分房屋为桩基础	①本区间采用地下线，盾构施工对溶(土)洞的扰动易产生地面沉陷进而诱发地质灾害；盾构施工时，穿越溶洞或溶沟、溶槽时易引起盾构偏位凹凸不平、石牙、石柱的分布也给盾构施工带来较大的难度；由于岩溶多发育在浅部、土洞、溶洞多发育于基岩面附近，部分地段溶洞直接覆盖在灰岩溶洞十分发育，地下水与灰岩溶洞水连通呈互相补给状态，地下水水量很大，溶洞互相连通，可能会出现严重的地面沉降和建筑物破坏。②根据地质资料，该区间穿越田美断裂、断裂带内角砾岩发育，由于岩结晶美断裂、断裂带内角砾岩发育，由于岩结构疏松，致使该地段岩溶十分发育，地下水活跃且丰富，工程地质及水文地质条件复杂，给本区间隧道施工带来一定困难
6	花都广场站—马鞍山公园站	左线：1310.923；右线：1300.630	左线：ZDK9+864.900～ZDK11+165.556，长链10.267m；右线：YDK9+864.900～YDK11+165.530。线路在该区间采用4‰、15.7‰的上坡和4‰、9.2‰的下坡，最大坡长为360m，线路基本敷设在灰岩岩面之上，顶板覆土5.0～10.5m	盾构隧道所穿越地层主要为砂层、黏土层、残积土层，隧道底局部穿越灰岩。灰岩中溶洞见洞率为42.3%，岩面埋深10～27m。区间下穿段共754m，拱顶主要为填土、粉细砂、中粗砂层，穿越的灰岩段岩石强度18.1～93.6MPa，平均56.4MPa	本区间主要沿迎宾大道敷设，两侧房屋平面距离隧道均在30m以上，同时沿线房屋均为20世纪90年代以后修建的，根据房屋调查资料显示均采用桩基础	本区间采用地下线，盾构施工对溶(土)洞的扰动易产生地面沉陷进而诱发地质灾害；盾构施工时，穿越溶洞或溶沟、溶槽时易引起盾构偏位凹凸不平、石牙、石柱的分布也给盾构施工带来较大的难度；由于岩溶多发育在浅部、土洞、溶洞多发育于基岩面附近，部分地段溶洞直接覆盖在灰岩溶洞上，砂层中的地下水与灰岩溶洞水连通呈互相补给状态，地下水水量很大，溶洞互相连通，可能会出现严重的地面沉降和建筑物破坏

续上表

序号	工点名称	长度(m)	设计参数	地质特点	沿线建(构)筑物	主要风险
7	马鞍山公园站—清布站	左线：2612.543；右线：2604.869	设计起点为YDK11+426.800～YDK14+015.300，右线长链24.043m(ZDK11+426.800～ZDK14+011.195，长链20.474m)。线路最大纵坡15.4‰，最小纵坡2‰，区间隧道覆土最大厚度12.7m，最小厚度6m	隧道底以下5m、5～10m及大于10m范围内的见洞率分别为12.3%、18.9%、19.2%。上软下硬段右线长577m，左线长475m，拱顶为黏土、中粗砂层，下穿岩石强度为39～64MPa	全线周边建(构)筑物主要以高压电塔、村屋为主，全线右线房屋监测保护87栋，全线高压电塔保护24座。构筑物为青石河大桥	溶洞见洞率为47.2%，可能造成盾构"栽头"，地面沉陷和突水等工程事故
8	清布站—高增站	5076	由两条圆形隧道及其相关附属工程组成，右线起讫里程YDK16+300.000～YDK17+881.300，YDK17+918.700～YDK19+345，全长3007.6m；左线起讫里程ZDK16+300.000～ZDK17+305.699，YDK17+316.000和ZDK17+305.699，YDK18+400.000和ZDK18+395.699，YDK18+776.000和ZDK18+750.324，ZDK19+314.400，全长2872.327m。区间设有4个联络通道，其线路中心里程依次为：YDK16+718.560和ZDK16+716.070，YDK17+316.000和ZDK17+305.699，YDK18+400.000和ZDK18+395.699，YDK18+776.000和ZDK18+750.324。区间隧道自1号中间风井东侧端发以4‰坡度上坡，下穿机场高速公路北延长段公路后，再以7‰坡度下坡到达机场二期控制用地线，经过2号中间风井后，再以5‰坡度下坡前行，紧接着坡以6.001‰坡度上坡前行，下穿机场要通过道岔明挖段，最终以22‰上坡前行达到站前明挖结束。本盾构区间左右线均包含三组曲线段，左线曲线半径1400m、450m、2000m；右线曲线半径1400m、450m、1400m。线间距13.0～25.5m，轨面埋深14.5～17.0m，线路最大坡度22‰(坡长200m)，左线为22‰(坡长200m)；线路最小坡度为4‰	本区间隧道埋深较浅，盾构隧道所穿越地层主要为砂层、隧道下部穿过灰岩、隧道下方基岩是石炭系上中统壶天群灰岩或石炭系下统大塘阶石磴子组灰岩、灰岩中溶洞发育。隧道底以下5m、5～10m及大于10m范围内的见洞率分别为6.2%、9.4%。上软下硬段右线长400m、左线长367m，拱顶为黏土、中粗砂、砾砂，下穿岩石强度33～66MPa	区间线路主要通过迎宾大道迎宾大道通过106国道交界路口、新建迎宾大道、机场排洪渠、机场高速公路、机场高速公路北延段矮岗村及周边段矮岗公路、高压电塔、部分区段还从鱼塘下方通过	①盾构在软弱地层中始发、到达；②砂层中长距离掘进盾尾密封保证；③盾构在软弱地层中掘进；④刀盘结泥饼；⑤沿小转弯半径的曲线掘进及到达；⑥盾构过岩溶发育地段；⑦盾构过机场矮岗公路；⑧盾构过风化层；⑨盾构过矮岗村；⑩盾构在上软下硬地层中掘进

附录

九号线各标段盾构主要参数

附表 4

主要部件		施工 1 标		施工 2 标		施工 3 标				施工 4 标				施工 5 标			
		飞鹅岭站—花都汽车城站区间		花都汽车城站—广州北站区间		广州北站—花果山公园站区间		花果山公园站—花都广场站区间		花都广场站—马鞍山公园站区间		马鞍山公园站—莲塘村站—清布站区间		1号中间风井—清布站区间		1号中间风井—高增站区间	
		左线	右线	左线	右线	左线	右线	左线	右线	左线	右线	左线	右线	左线	右线	左线	右线
盾构综述	厂商编号	海瑞克 S477	海瑞克 S478	三菱 1735	三菱 1736	三菱 1685	三菱 1686	海瑞克 S455	海瑞克 S456	海瑞克 S541	海瑞克 S337	海瑞克 S828	海瑞克 S829	三菱 1685	三菱 1686	海瑞克 S344	海瑞克 S345
	盾构模式	泥水	泥水	双模	双模	泥水	泥水	泥水	泥水	双螺旋土压	双螺旋土压	双螺旋土压	双螺旋土压	泥水	泥水	泥水	泥水
	开挖直径 (mm)	6280	6280	6280	6280	6280	6280	6280	6280	6280	6280	6280	6280	6280	6280	6280	6280
	整机长度 (m)	78	78	122.9	122.9					73	73	84	84				
	盾构长度 (mm)	7565	7565	8920	8920	8020	8020	8470	8470					8020	8020	8100	8100
	转弯半径 (m)	300	300	250	250	160	160			150	150	150	150	160	160		
	盾尾密封	三排	三排	三排	三排	三排	三排	三排	三排	三排	三排	三排	三排	三排	三排	三排	三排
	总质量 (t)	560	560														
刀盘	刀盘形式	辐条式	辐条式	辐条式	辐条式					辐条式	辐条式	辐条+面板式	辐条+面板式			辐条+面板式	辐条+面板式
	开口率 (%)	28	28			36	36			30	30	35	35	36	36	28	28
	滚刀	6把双刃滚刀,6把中心羊角刀,8把羊角刀	6把双刃滚刀,6把中心羊角刀,8把羊角刀	67把贝壳刀,1把鱼尾刀	67把贝壳刀,1把鱼尾刀					4把中心滚刀,16把正面滚刀,15把边缘滚刀	4把中心滚刀,16把正面滚刀,15把边缘滚刀	4把中心滚刀,20把正面滚刀,11把边缘滚刀	4把中心滚刀,20把正面滚刀,11把边缘滚刀			19把17英寸双刃滚刀	19把17英寸双刃滚刀
	切削刀	64把正面刮刀,12把圆弧刮刀	64把正面刮刀,16把圆弧刮刀	64把正面刮刀,12把圆弧刮刀	64把正面刮刀,12把圆弧刮刀	66把刮刀,42把铲刀,40把先行刀	66把刮刀,42把铲刀,40把先行刀	68把标准切削刀,32把边缘铲刀	68把标准切削刀,32把边缘铲刀	64把正面刮刀,16把圆弧刮刀	64把正面刮刀,16把圆弧刮刀	60把正面刮刀	60把正面刮刀	66把刮刀,42把铲刀,40把先行刀	66把刮刀,42把铲刀,40把先行刀	68把标准切削刀,32把边缘铲刀	68把标准切削刀,32把边缘铲刀
刀盘	泥浆(泡沫)注入点	4	4	6	6	6	6	6	6	8	8			6	6		

续上表

主要部件		施工1标		施工2标				施工3标				施工4标					施工5标			
		飞鹅岭站—花都汽车城站区间		花都汽车城站—广州北站区间		广州北站—花城路站区间		广州北站—花果山公园站区间		花果山公园站—花都广场站区间		花都广场站—马鞍山公园站区间		马鞍山公园站—莲塘村站区间		马鞍山公园站—清布站区间		1号中间风井—清布站区间		1号中间风井—高增站区间	
		左线	右线	左线	右线	左线	右线	左线	右线	左线	右线	左线	右线	左线	右线	左线	右线	左线	右线	左线	右线
刀盘驱动	驱动模式	液压驱动	液压驱动	电机驱动	电机驱动	液压驱动	液压驱动	液压驱动	液压驱动	液压驱动	液压驱动	液压驱动	液压驱动	液压驱动	液压驱动	液压驱动	液压驱动	液压驱动	液压驱动	液压驱动	液压驱动
	最大转速（r/min）	6.1	6.1	3	3	3	3	4.5	4.5	4.5	4.5	6.1	6.1	4.5	4.5	4.5	4.5	3	3	4.5	4.5
	额定转矩（kN·m）	4572	4572	5400	5400	5272	5272	4346	4346	4346	4346	4815	4815	6181	6181	6181	6181	5272	5272	4500	4500
	脱困扭矩（kN·m）	5213	5213	6528	6528	6327	6327	5213	5213	5213	5213	5350	5350	7447	7447	7447	7447	6327	6327	5350	5350
	主驱动功率（kW）	630	630	960	960	1280	1280	630	630	630	630	550	550	550	550	550	550	1280	1280	945	945
	主轴承类型	中间支承式	中间支承式	中间支承式	中间支承式	中间支承式	中间支承式	中间支承式	中间支承式	中间支承式	中间支承式	中间支承式	中间支承式	中间支承式	中间支承式	中间支承式	中间支承式	中间支承式	中间支承式	中间支承式	中间支承式
	主轴承直径（mm）	2600	2600			3200	3200											3200	3200	2600	2600
推进系统	最大推力（kN）	34210	34210	36000	36000	36000	36000	34210	34210	34210	34210	36400	36400	36400	36400	36400	36400	36000	36000	34210	34210
	液压缸数量（个）	30	30	24	24	24	24	30	30	30	30	30	30	30	30	30	30	24	24	30	30
	液压缸行程（mm）	2000	2000	1950	1950	1950	1950	2000	2000	2000	2000	2000	2000	2200	2200	2200	2200	1950	1950	2000	2000
	最大推进速度（mm）	80	80	80（土压）/30（泥水）	80（土压）/30（泥水）	60	60	60	60	60	60	80	80					60	60	60	60
铰接系统	铰接形式	被动	被动	主动	主动	主动	主动	被动	被动	被动	被动	被动	被动	被动	被动	被动	被动	主动	主动	被动	被动
	液压缸数量（个）	14	14	16	16	15	16	14	14	14	14	14	14	14	14	14	14	16	16	14	14
	液压缸行程（mm）	150	150	190	190	190	190	150	150	150	150	150	150	150	150	150	150	190	190	150	150
	回缩力（kN）	7340	7340	32000	32000	24000	24000	7340	7340	7340	7340	7340	7340	7340	7340	7340	7340	24000	24000	7340	7340

附录

续上表

主要部件		施工 1 标 飞鹅岭站—花都汽车城站区间		施工 2 标 花都汽车城站—广州北站区间		施工 3 标 广州北站—花城路站区间—花果山公园站区间		施工 3 标 花果山公园站—花都广场站区间		施工 4 标 花都广场站—马鞍山公园站区间		施工 4 标 马鞍山公园站—莲塘村站—清布站区间		施工 5 标 1 号中间风井—清布站区间		施工 5 标 1 号中间风井—高增站区间	
		左线	右线	左线	右线	左线	右线	左线	右线	左线	右线	左线	右线	左线	右线	左线	右线
泥水循环系统	泥浆进/排浆泵（kW）	350	350	250	250	250/315	250/315	350	350	—	—	—	—	250/315	250/315	350	350
	进浆管首径（mm）	300	300	250	250	250	250	300	300	—	—	—	—	250	250	250	250
	最大进浆流量（m^3）	1100	1100	460	460	480	480	1100	1100	—	—	—	—	480	480	650	650
	排浆管首径（mm）	250	250	200	200	200	200	250	250	—	—	—	—	200	200	250	250
	最大排浆流量（m^3）	—	—	650	650	—	—	—	—	—	—	—	—	—	—	650	650
螺旋输送机	形式	—	—	中心轴式	中心轴式	—	—	双螺旋中心轴式	双螺旋中心轴式	双螺旋中心轴式	双螺旋中心轴式	双螺旋中心轴式	双螺旋中心轴式	—	—	—	—
	内径（mm）	—	—	800	800	—	—	750	750	750	750	750	750	—	—	—	—
	驱动功率（kW）	—	—	300	300	—	—	—	—	—	—	—	—	—	—	—	—
	最大扭矩（kN·m）	—	—	180	180	—	—	225（1级,2级）	225（1级,2级）	225（1级,2级）	225（1级,2级）	225（1级,2级）	225（1级,2级）	—	—	—	—
	最大转速（r/min）	—	—	13.6	13.6	—	—	22	22	22	22	22	22	—	—	—	—
	可通过块石尺寸（mm）	—	—	300×300	300×300	—	—	—	—	—	—	—	—	—	—	—	—
	闸门形式	—	—	双闸门	双闸门	—	—	—	—	—	—	—	—	—	—	—	—
	管路数量（个）	—	—	4	4	—	—	4	4	4	4	4	4	—	—	—	—
泡沫系统	最大注入量（L/min）	—	—	—	—	—	—	—	—	—	—	—	—	—	—	—	—
	控制模式	—	—	自动/手动	自动/手动	—	—	自动/手动	自动/手动	自动/手动	自动/手动	自动/手动	自动/手动	—	—	—	—
	用水量（L/min）	—	—	92	92	—	—	92	92	92	92	92	92	—	—	—	—

续上表

主要部件		施工1标 飞鹅岭站—花都汽车城站区间		施工2标 花都汽车城站—广州北站区间		施工3标 广州北站—花城路站区间—花果山公园站区间		施工3标 花果山公园站—花都广场站区间		施工4标 花都广场站—马鞍山公园站区间		施工4标 马鞍山公园站—莲塘村站—清布站区间		施工5标 1号中间风井—清布站区间		施工5标 1号中间风井—高增站区间	
		左线	右线	左线	右线	左线	右线	左线	右线	左线	右线	左线	右线	左线	右线	左线	右线
人舱	舱室数量(个)	2	2	2	2	1	1	2	2					1	1	2	2
	可容人数(个)	3	3	2	2	2	2	3	3					2	2	3	3
	舱门数量(个)	4	4	4	4	2	2	4	4					2	2	4	4
	工作压力(bar)	3	3	3	3	3	3	3	3					3	3	3	3

附录

九号线盾构掘进进度汇总表

附表 5

线路名称	施工单位	工点名称		盾构编号	盾构厂商	盾构类别	掘进长度(m)	始发时间	贯通时间	累计掘进工期(d)	平均掘进指标(m/月)	盾构掘进情况							
												全断面软土层			灰岩层				全断面硬岩层		
												长度(m)	掘进工期(d)	掘进指标(m/月)	上软下硬地层			长度(m)	掘进工期(d)	掘进指标(m/月)
															长度(m)	掘进工期(d)	掘进指标(m/月)			
九号线							32018			12752	75	21953	5091	129	7633	5122	45	2431	2539	29
施工1标	中铁三局集团有限公司	飞鹅岭站—花都汽车城站	左线	S477	海瑞克	泥水	2259	2013/5/15	2015/5/24	739	92	1456	358	122	803	381	63			
			右线	S478	海瑞克	泥水	2258	2013/6/15	2015/6/30	745	91	1532	392	117	726	353	62			
施工2标	广东省基础工程集团有限公司	花都汽车城站—广州北站	左线	1735	三菱	双模	1682	2014/8/12	2016/3/28	594	85	950	246	116	632	249	76	101	99	31
			右线	1736	三菱	双模	1682	2014/5/15	2015/12/17	581	87	926	214	130	638	282	68	117	85	41
		花果山公园站—花城路站	左线	1685	三菱	泥水	1004	2013/9/10	2015/4/27	594	51				14	229	2	990	365	81
			右线	1686	三菱	泥水	1023	2013/9/26	2015/5/20	601	51				134	250	16	889	351	76
		花城路站—广州北站	左线	1685	三菱	泥水	1019	2015/8/31	2017/1/10	498	61	732	332	66	287	166	52			
			右线	1686	三菱	泥水	1028	2015/10/13	2017/1/17	462	67	861	350	74	167	112	45			
施工3标	广东华隆建设集团股份有限公司	花果山公园站—花都广场站	左线	S456	海瑞克	泥水	1614	2014/4/5	2016/8/31	879	55	1071	524	61	543	355	46			
			右线	S455	海瑞克	泥水	1583	2014/1/4	2016/5/31	878	54	1148	558	62	435	320	41			

续上表

线路名称	施工单位	工点名称		盾构编号	盾构厂商	盾构类别	掘进长度(m)	始发时间	贯通时间	累计掘进工期(d)	平均掘进指标(m/月)	盾构掘进情况								
												全断面软土层			灰岩层					
															上软下硬地层			全断面硬岩层		
												长度(m)	掘进工期(d)	掘进指标(m/月)	长度(m)	掘进工期(d)	掘进指标(m/月)	长度(m)	掘进工期(d)	掘进指标(m/月)
施工4标	中铁十六局集团有限公司	马鞍山公园站—花都广场站	左线	S541	海瑞克	土压	1311	2014/4/13	2016/11/6	938	42	810	81	300	473	451	31	28	406	2
			右线	S337	海瑞克	土压	1301	2014/7/1	2017/4/12	1016	38	780	86	272	488	419	35	33	511	2
		马鞍山站—莲塘村站	左线	S828	海瑞克	土压	2384	2013/11/13	2016/6/25	955	75	1622	134	363	630	635	30	132	186	21
		清布站	右线	S829	海瑞克	土压	2387	2013/12/5	2015/11/29	724	99	1817	142	384	464	356	39	106	226	14
施工5标	广东华隧建设集团股份有限公司	1号中间风井—清布站	左线	1685	三菱	泥水	1737	2010/11/1	2011/9/2	305	171	1593	272	176	144	33	131			
			右线	1686	三菱	泥水	1737	2010/9/5	2011/7/24	322	162	1580	285	166	157	37	127			
		1号中间风井—高增站	左线	S456	海瑞克	泥水	2899	2010/8/30	2013/6/1	1006	86	2494	666	112	393	237	50	12	103	3
			右线	S455	海瑞克	泥水	3114	2010/11/21	2013/5/24	915	102	2583	451	172	508	257	59	23	207	3

注：1. 掘进工期含开仓、换刀、设备故障时间。
2. 全断面软土层指⟨7⟩及⟨7⟩以下地层。
3. 全断面硬岩层指⟨8⟩、⟨9⟩地层。

附录

九号线工程建设大事记　　　　　　　　附表6

序号	时　间	事　件
1	2009-09-28	九号线试验段工程施工5标清布站开工
2	2009-10-09	九号线（花都段）试验性工点正式开工
3	2010-08-28	九号线1号风井—清布站区间盾构始发
4	2010-11	九号线施工1~4标完成土建工程招标。
5	2011-07-21	九号线首段1号风井—清布站区间顺利贯通
6	2011-12-15	九号线施工3标花果山公园站开工
7	2012-03-10	九号线施工4标马鞍山公园站开工
8	2012-04-16	九号线飞鹅岭站及出入段线开工
9	2012-06-30	九号线施工5标高增站主体封顶
10	2012-06-30	九号线施工4标马鞍山公园至莲塘站区间盾构始发
11	2012-07-05	九号线施工5标清布站主体封顶
12	2012-10-23	九号线施工4标花都广场站开工
13	2012-10-24	九号线下穿武广高铁技术方案获原铁道部批复
14	2012-11	九号线新增的莲塘村站完成招标
15	2013-03-15	九号线施工3标花城路站开工
16	2013-05-15	九号线施工1标区间飞鹅岭站—花都汽车城站区间左线盾构始发
17	2013-05-22	九号线施工5标右线盾构区间隧道顺利贯通
18	2013-05-28	九号线花城路站正式动工
19	2013-06-30	九号线莲塘村站开工
20	2013-07-30	九号线施工2标广州北站完成拆迁,广州北站局部开工
21	2013-09-04	九号线施工3标花果山公园站—花城路站区间盾构始发
22	2013-09-23	九号线施工3标花果山公园站—花城路站区间右线盾构始发,实现双线隧道掘进
23	2013-11-13	九号线施工4标马鞍山公园站盾构始发
24	2013-11-30	九号线施工3标花果山公园站主体封顶
25	2013-12-21	九号线施工3标花果山公园站—花都广场站区间右线盾构始发
26	2013-12-31	九号线施工1标飞鹅岭站主体封顶
27	2014-04-13	九号线马鞍山公园站结构封顶
28	2014-05-11	全国首台双模盾构在九号线2标顺利始发
29	2015-01-31	九号线马鞍山公园至莲塘区间双线贯通
30	2015-04-27	九号线花果山公园站花城路区间贯通
31	2015-04-30	九号线莲塘村站主体结构封顶
32	2015-05-20	九号线3标花城路站—花果山公园站区间双线贯通
33	2015-05-24	九号线施工1标左线盾构隧道贯通
34	2015-05-31	九号线花都广场站结构封顶
35	2015-06-30	九号线飞鹅岭站—花都汽车城站盾构区间隧道双线贯通

续上表

序号	时间	事件
36	2015-11-05	九号线广州北站—花城路站下穿京广铁路路基加固工程开工
37	2015-11-29	九号线马鞍山公园站—莲塘村站—清布站区间右线隧道贯通
38	2015-12-28	九号线花都汽车城站—广州北站区间双线贯通
39	2016-05-12	九号线下穿武广高铁路基加固开工
40	2016-06-10	九号线新增清塘站开工
41	2016-06-16	九号线广州北站—花城路站下穿铁路路基加固工程完工
42	2016-06-28	九号线马鞍山公园—莲塘村站—清布站区间双线贯通
43	2016-09-26	九号线花果山公园—花都广场站区间双线贯通
44	2016-12-17	九号线广州北站—花城路站区间双线安全下穿京广铁路、武广高铁客运专线
45	2017-01-10	九号线广州北站—花城路站左线贯通
46	2017-01-11	九号线广州北站主体结构封顶
47	2017-01-17	九号线广州北站—花城路站区间双线贯通
48	2017-04-12	花马区间双线贯通,标志着九号线全线隧道贯通
49	2017-06-30	九号线飞鹅岭—高增站"三权"移交运营
50	2017-12-28	九号线飞鹅岭站—高增站顺利开通(清塘站除外)
51	2018-06-28	九号线清塘站投入运营

后记

九号线作为广州地铁建设史上难度最大的线路之一,面对富水岩溶发育复合地层中地下工程的挑战,广大建设者大胆探索新技术、大力推广新装备,从试验点开工至全线通车耗时八年,历尽艰辛终于成功建成通车,同时以该线路建设采用的技术为主形成的成果获得广东省2020年度科技进步一等奖(见图1)。为了铭记这段历史、总结建设经验、沉淀建设成果,广州地铁组织力量编著了本书。在全书即将定稿之时,笔者仍然在反复追问自己,九号线提供了什么经验教训是让人印象最深刻的?如何在富水岩溶发育复合地层中更好地建设地下工程?笔者拟再从以下四个方面进行回答,期望能给本书读者更多的思考与启发。

图1　广东省科技进步奖一等奖获奖证书

后记

> 盾构下穿武广高铁路基段是九号线工程最大的难点,也是最大的亮点,采用的技术对后续岩溶区地铁下穿铁路路基段设计及施工均具有重要的参考价值和借鉴意义。

九号线是我国首条以浅埋敷设的方式在上部是砂层、下部是灰岩的上软下硬复杂地质条件中穿越高速铁路路基段的地铁线路。其中,武广高铁动车速度高(350km/h),地铁施工期间不能造成轨道板隆起(0mm),最大沉降必须控制在5mm以内。面对这一史无前例的建设难题,广州地铁邀请钱七虎院士(见图2)和王梦恕院士领衔的专家组审查,确定采取国际先进的MJS工法水平加固地铁盾构隧道拱顶至铁路路基下方地层,然后采用泥水盾构掘进通过的方案。MJS工法喷浆压力达到40MPa,成桩半径超过1.2m,九号线是这种工法第一次在砂层及灰岩地区成功应用的地铁工程。盾构在铁路路基段下方约100m范围内必须保持连续平衡掘进,避免开仓换刀情形,严格控制道床变形,最后通过应用整体式镶合金滚刀、环流系统增设碎石机等技术措施成功实现穿越。原计划每天掘进2环,实际每天掘进3~8环。穿越后高铁无砟轨道板最大沉降量为4.62mm(控制值5mm)。实践证明,九号线穿越高铁路基段采取的设计方案及施工技术是成功的。

图2 邀请钱七虎院士指导

> 九号线是广州地铁及国内地铁第一次采用并联式双模盾构施工的地铁线路,相比全线采用单一模式的盾构,其对地层的适应性更强、岩溶地层中掘进功效更高。

岩溶地区盾构选型一直是业内讨论和研究的焦点。

1. 单一模式盾构的局限性

土压盾构在掘进效率、排渣能力方面优于泥水盾构,但沉降控制相对薄弱。在穿越溶洞区域时一旦土仓失压,又无法立即补充介质平衡仓内压力,则很容易出现地面沉降过大的问题。

后记

泥水盾构在地面沉降的精准控制方面有较大的优势,对土仓内压力的平衡控制更为稳定。但在灰岩地层中,盾构推进时切削下来的石块大小不一,易产生块石堵管现象。且土仓内滞排的块石亦会对刀具造成破坏,影响掘进效率,增加施工成本。

2. 双模盾构的优势

随着盾构制造能力和施工技术能力的提升,串联式双模盾构得以发明并应用。九号线更是进一步创新,首次制造并成功应用并联式双模盾构。双模盾构穿越溶洞时,采取以土压掘进控制为主,泥浆辅助应急的总体掘进思路。尤其是应对地表有建(构)筑物无法全面进行岩溶地面处理的区域,双模盾构功效更为突出。

首先,土压模式下可利用泥水系统稳压。尤其在盾构穿越溶洞发育区域和全断面富水砂层时,由于岩溶裂隙很发育、砂层较厚且地下水丰富,盾构掘进容易发生失压(压力偏低)、保压困难、喷涌等现象,此时可快速通过环流系统向刀盘掌子面注入浓泥浆和一定比例的惰性浆,实现稳压或进行保压。

其次,泥水模式下可利用螺旋输送机排出大粒径石块,有效解决泥水模式循环下堵仓的问题。根据现场记录和取样,泥浆管路排石最大为24cm×15cm,而螺旋输送机排出的最大粒径块石为60cm×29cm。结合溶洞的处理及浓泥浆的使用,可保持掘进控制的流畅。

九号线全线共使用16台盾构掘进施工,包括10台泥水盾构、2台双模盾构、4台土压盾构(配置双螺旋输送机)。其中,九号线施工2标花都汽车城站—广州北站区间采用2台并联式双模盾构,该标段的掘进工效、沉降控制、隧道质量相比其他采用单一模式盾构的区间都更胜一筹。双模盾构的成功应用为盾构选型提供多一种选择,发挥双模盾构最大功效的工况有以下两种:一种是线路较长、地质变化较大时,有计划地切换模式能提高掘进效率;另一种是所掘进地层为上软下硬地层且上部有较多建(构)筑物时,为防止地面沉降往往需要建立很高的土仓压力,此时双模盾构是最佳选择。

> **岩溶发育区地质条件极其复杂,为了降低施工难度、控制施工风险,需要在更加精确的地质勘察成果的基础上,深入研究并精准优化地铁线路的埋深设计。**

九号线建设初期对线路的敷设方式及埋深进行了系列的研究及比选,包括高架与地下敷设方式、明挖与盾构工法、线路浅埋与深埋、节能坡的选择等。回顾建设历程,结合典型案例分析原因,九号线线路埋深出现两难的抉择,若埋深太大,则车站施工难度大,即使使用双轮铣施工,仍然是成槽难、代价大;若埋深太浅,则盾构掘进困难,其上部砂层被扰动造成塌方的风险较大。我们发现线路埋深选择和起伏难测的岩土接触面,是岩溶区地下工程风险不确定性的主要因素。灰岩地层的复杂性,体现在以下几点:

(1)岩面高度变化大。考虑到灰岩地层的复杂性,在详细勘察阶段确定孔位间距为15m;同时，施工前再对重点区域和有怀疑的区域进行补充勘察。但在九号线施工过程中，还是发现了灰岩地层的复杂性超出想象，岩面高度变化大，体现在基坑开挖实际岩面比勘察资料揭示得高。据统计，全线多个基坑开挖后发现岩面高度相比勘察资料揭示的高2~4m不等，主要原因是岩面起伏较大、勘察钻孔间距还不够密。

（2）岩面起伏大。九号线5标施工过程中，为了控制岩溶发育地层中的施工风险，经过试验和总结最终确定了连续墙"一槽两钻"（超前钻探）的施工措施。在"一槽两钻"和连续墙成槽施工过程中，发现了岩面高度急剧起伏的特点，在九号线5标2号风井的个别槽段（幅宽6m）范围内出现岩面高差8m的现象。其他标段连续墙施工也存在这种情况。

（3）岩层的不完整性。在九号线3标花果山公园站—花城路站（单线长1km）区间，共计开仓37次。通过开仓观察掌子面，总结出不同地质构造的灰岩地层中存在岩层不完整性的特点：①溶洞发育；②裂隙发育；③岩层破碎；④软硬不均，夹杂高强度硬岩。

九号线线路埋深设计的原则是盾构尽量避开上软下硬、岩土交界面等情况，但鉴于上述灰岩地层的复杂性，存在岩面高度的超预期和岩面高度的急剧起伏情况，使九号线盾构施工无法避开上软下硬地层。因此，今后在岩溶地质条件下建设地下线时，需要更加重视初步设计勘察及详细勘察，进一步加密勘察钻孔，更加精确地查明基岩面标高及其起伏情况，在此基础上，线路选线设计可进一步精细化设计。

> **作为全国第一条岩溶地区地下线路，全线采取的风险预控及应急措施总体有效，可为后续类似地质条件下的地铁建设提供参考。**

1. 车站基坑风险防控

九号线车站方面除飞鹅岭站、花果山公园站外，其他车站基坑底部均为灰岩。在灰岩区的车站基坑施作过程中，或多或少都出现过基底渗水的情况，但由于建设各方提前预想到困难，采取了一系列措施，降低了风险。包括强化车站围护结构设计，围护结构采用地下连续墙、第一道和第二道支撑采用混凝土支撑，加强了围护结构自身的抗变形能力，提高了基坑的安全系数。同时，考虑到开挖范围砂层较厚，为增强围护结构的止水效果，在连续墙间设置两根直径600mm的旋喷桩。

九号线部分车站在基坑开挖到接近基底时均出现了涌水现象，现场处理措施主要为沙袋反压引流，然后在靠近涌水涌砂处的基坑周边钻孔寻找涌水通道，再注双液浆及单液浆封堵。基底涌水虽然经处理后都及时得到控制，全线未发生基坑完全被淹的事故，但对施工工期影响较大。反思发生上述现象，主要与以下岩溶处理及围护结构设计原则有关：

（1）只处理连续墙基底下3m以内的溶（土）洞，3m以下的没有处理；

（2）基坑内基底为岩层时只处理2m以内的溶（土）洞，2m以下的不处理；

（3）基底为微风化岩层时，连续墙只入岩1.5m，即基底下嵌固深度只有1.5m。

后记

当基底为微风化灰岩时,以上设计原则容易造成连续墙底部 3m 以下的溶洞或裂隙与基坑内 2m 以下的岩溶裂隙连通,加上基底为微风化灰岩时需爆破施工,爆破振动将造成岩溶裂隙进一步连通。因而发生了基坑外的砂在岩溶水的带动下通过基坑内灰岩的裂隙涌出的现象。今后应加大连续墙底部的超前钻探终孔深度及岩溶处理深度。

2. 盾构掘进风险防控

受地质情况复杂因素的影响,九号线各区间盾构施工风险极高,过程中发生了几起地面沉陷事件,但都没有造成人身伤亡或对交通造成重大影响。这主要得益于建设者在事前对风险有足够的认知。在花都区迎宾大道、公益路、秀全路、风神大道等市政道路下方掘进时,应急综合工程车跟随盾构掘进,并协调政府及交警部门配合对盾构前方 20m、后方 50m 的车行道进行移动式临时围蔽,安排人员 24h 在地面值守。盾构通过后,检测路面下方无空洞后再开放交通。建设者还组织各管线单位和施工单位建立了应急联动机制,并进行应急演练。通过上述措施,最大限度地降低了盾构掘进造成次生事故的发生概率。

全线盾构掘进困难、换刀困难、工效较低,主要原因是灰岩地层的复杂性超出预期,未能实现原来设计确定的盾构浅埋、尽可能在岩面上掘进的意图,而出现掘进困难的情况主要位于上软下硬地层。由于灰岩面起伏大,刀具易崩损;灰岩上部即是富水砂层且覆土较薄,常压和带压开仓均存在困难,需要采取各种地面加固辅助措施才能开仓。根据花果山公园站—花城路站全断面灰岩的掘进情况,整体上比其他区间上软下硬地段推进更顺利、更可控。因此,今后灰岩地区的线路埋深设计应更加精准,并以最大限度避让上软下硬地层为原则。

由于时间跨度较大、笔者水平有限,本书难以概括九号线建设全貌。在本书定稿之时,笔者再从以上四方面作一个小结,以弥补成书过程中的遗憾。九号线开通运营已将近四年的时间,运营状况良好,事实证明全线的建设是成功的。岩溶地层在我国分布广泛,占国土面积的三分之一,希望此书中总结出的典型案例、关键技术,能对我国其他城市在岩溶发育区开展地铁建设提供少许借鉴。

以上,是为后记。

广州地铁集团有限公司
建设事业总部总工

2022 年 5 月 1 日于广州